U0113340

本书为兴华公益基金会与
中国对外贸易 500 强企业俱乐部联合推出

"一带一路"
沿线国家投资经商环境报告
巴基斯坦分册

REPORT ON BUSINESS ENVIRONMENT OF THE COUNTRIES ALONG
"ONE BELT AND ONE ROAD" PAKISTAN

凌 子◎主编

中国商务出版社
CHINA COMMERCE AND TRADE PRESS

图书在版编目（CIP）数据

"一带一路"沿线国家投资经商环境报告.巴基斯坦
分册／凌子主编.—北京：中国商务出版社，2015.12
　　ISBN 978 - 7 - 5103 - 1422 - 3

　　Ⅰ.①—…　Ⅱ.①凌…　Ⅲ.①投资环境—研究报告—
巴基斯坦　Ⅳ.①F11

　　中国版本图书馆 CIP 数据核字（2015）第 311330 号

"一带一路"沿线国家投资经商环境报告

"一带一路"沿线国家投资经商环境报告巴基斯坦分册
"YIDAIYILU" YANXIAN GUOJIA TOUZI JINGSHANG HUANJING BAOGAO
BAJISITAN FENCE
主编　凌　子

出　　版：中国商务出版社
发　　行：北京中商图出版物发行有限责任公司
社　　址：北京市东城区安定门外大街东后巷 28 号
邮　　编：100710
电　　话：010—64515140（编辑二室）
　　　　　010—64266119（发行部）
　　　　　010—64263201（零售、邮购）
网　　址：http：//www. cctpress. com
网　　店：http：//cctpress@ taobao. com
邮　　箱：cctp@ cctpress. com
照　　排：北京宝蕾元科技发展有限责任公司
印　　刷：北京密兴印刷有限公司
开　　本：787 毫米 ×980 毫米　1/16
印　　张：19.75
字　　数：323 千字
版　　次：2016 年 1 月第 1 版　2016 年 1 月第 1 次印刷
书　　号：ISBN 978 - 7 - 5103 - 1422 - 3
定　　价：68.00 元

编　委　会

编委会主任　阿尔法·依克巴尔　叶简明

主　　编凌　子

编委会成员（以姓氏笔画为序）

于　影	马风涛	王海亮	牛仲君	李　俊
李　杨	李馥伊	李景滢	李倩倩	刘　君
刘丽娟	季　琼	罗　园	赵　言	郝　青
郁　多	郑冠顺	郭周明	袁忠毅	唐祎萌
黄　俊	裴晓蕾	程斌琪		

序　言

习近平主席提出共建"丝绸之路经济带"和"21世纪海上丝绸之路"（简称"一带一路"）区域合作重大倡议，引起了国内外高度重视和热烈反响。"一带一路"秉持开放包容、共商共建理念，倡导沿线国家开展多层面交流合作，通过政策沟通、道路联通、贸易畅通、货币流通和民心相通，实现各国的互利共赢。"一带一路"区域合作的推进，不仅将为沿线国家带来发展新机遇，也会为世界经济注入新动力。

"一带一路"从倡议到行动，已经进入了扎实推进的阶段。一些早期收获项目已经开始实施，亚洲基础设施投资银行应运而生，丝路基金如期建立运行。各国企业高度关注"一带一路"倡议所蕴含的战略机遇，开始研究和推进各类经济贸易合作项目。

充分了解"一带一路"沿线各国的营商环境，是确保这一区域合作倡议顺利实施的基础工作。"一带一路"沿线国家众多，国情千差万别，有的发展水平较高，有的尚处于工业化前期；有的市场环境较好、法律法规健全，有的市场环境复杂、与国际规则尚未接轨；有的基础设施完备，有的国家基础设施还相当薄弱。不仅如此，各国资源禀赋不同，文化习俗各异，法律与商业习惯各具特色，还有的国家政治局面还不够稳定。要在这样一个复杂的环境中顺利开展国际经贸合作，只有深入了解东道国的营商环境，才可能趋利避害，互利共赢。

巴基斯坦是"一带一路"沿线的重要国家，资源丰富，人口众多，也是我国的友好邻邦。中巴两国经济结构互补性强，近年来，中巴双边经贸关系快速发展，不断深化。两国政府倡议推动建设中巴经济走廊，将进一步激发中国企业对巴基斯坦投资的热情。越来越多的中国企业希望了解巴基斯坦，进一步开展各种类型的经贸合作。

为了适应推进"一带一路"倡议的需要，中国对外贸易500强企业俱乐

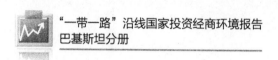
部与兴华公益基金会合作，研究编写《"一带一路"沿线国家投资经商环境报告》，选择巴基斯坦作为首篇。这是落实"一带一路"倡议的重要举措，也是一项基础工作。报告内容丰富，系统全面，从巴基斯坦的政治环境、文化环境，到基础设施、市场环境，从金融服务环境，到税收等政策环境，以及双边投资协定，都做了十分详尽的介绍。报告突出实用性，专章介绍外国企业在巴基斯坦开展投资的手续与流程。

可以预计，本套丛书的出版，将为企业参与"一带一路"建设提供实用的信息，成为企业赴"一带一路"沿线国家开展贸易投资活动的"指南针"、"藏宝图"。

隆国强

2015 年 11 月

序　言

2013 年 9 月和 10 月，中国国家主席习近平在出访中亚和东南亚国家期间，提出了"一带一路"发展合作倡议，旨在与亚非欧等国家建立政策沟通、道路联通、贸易畅通、货币流通、民心相通的命运共同体。"一带一路"是"丝绸之路经济带"和"21 世纪海上丝绸之路"的简称，涵盖 60 多个国家和地区。历史上的"一带一路"区域是世界文明的发祥地，是最发达最繁荣的经济区域，在世界政治经济的历史舞台占有举足轻重的地位。

中国与"一带一路"沿线国家经贸合作源远流长，如今又焕发出新的活力。据统计，2015 年 1－9 月，中国与"一带一路"沿线国家双边贸易总额约为 7428 亿美元，占同期中国进出口总额的 25.6%，其中，对沿线国家出口约为 4550 亿美元，占出口总额的 27.34%；自沿线国家进口 2878 亿美元，占进口总额的 23.2%。在吸收外资方面，"一带一路"沿线国家对华投资设立企业 1604 家，同比增长 19%；实际投入 61.2 亿美元，同比增长 18.4%。对外直接投资方面，中国企业共对"一带一路"沿线的 48 个国家进行了直接投资，投资额合计 120.3 亿美元，同比增长 66.2%。在"一带一路"沿线的 57 个国家新签对外承包工程合同 3059 份，新签合同额 591 亿美元，占同期我国对外承包工程新签合同额的 42.9%，完成营业额 440.2 亿美元，占同期总额的 43.7%。

为了更好践行国家发展战略，积极推动和服务中国企业"走出去"参与"一带一路"建设，兴华公益基金会和中国对外贸易 500 强企业俱乐部共同策划《"一带一路"沿线国家投资经商环境报告》系列丛书，旨在为中国企业全面深入介绍"一带一路"沿线国家和地区的国家宏观经济、产业、贸易、投资等营商环境，全面展示沿线国家发展成就、国家战略与相关政策，使之成为中国企业了解当地市场的必备读物。

中国"一带一路"合作倡议提出后，得到了世界各国的高度关注，沿线国家积极响应，一些国家还提出了与之呼应的国家发展战略和对接计划。作为全天候战略合作伙伴，巴基斯坦是最积极响应中国倡议的国家之一，并在"一带一路"战略倡议中占有特殊重要地位。近年来，中巴经贸合作广泛而深入，涵盖货物贸易、服务贸易、双向投资、工程承包、技术和人才合作、劳务合作、发展援助等各个领域。2013年中巴双边贸易总额首次突破百亿美元大关。2014年中巴双边贸易总额为160.06亿美元，中国取代阿联酋成为巴基斯坦第一大贸易伙伴。2013至2014财年，中国以近7亿美元的投资规模取代美国成为巴基斯坦最大外商投资国。截至2014年年底，巴基斯坦在华投资项目444个，净投资流量2323万美元，占中国使用外商投资的0.02%，累计投资总额1.2亿美元。同时，中国与巴基斯坦在基础设施建设和工程承包领域也拥有大量合作项目。"一带一路"合作倡议的提出，为提升中巴经贸合作水平创造了新的更为广阔的空间。根据中巴两国有关规划，中巴经济走廊将成为一带一路合作倡议的样板工程。鉴于此，我们把巴基斯坦作为《"一带一路"沿线国家投资经商环境报告》的开篇之作。

本书共包括九章。第一章介绍巴基斯坦基本情况、宏观经济、发展战略和规划等。第二章至四章分别从农业和矿业、工业和服务业三个方面介绍巴基斯坦主要产业发展概况、政策体系及贸易投资机会。第五章至第七章分别从对外贸易、国际直接投资、工程承包和劳务合作三个方面介绍巴基斯坦外向型经济发展概况、政策体系及蕴藏的商机。第八章介绍了中国与巴基斯坦双边经贸合作现状。第九章则对贸易投资过程中可能存在的风险进行了提示。

全书力求站在第三方立场，客观介绍巴基斯坦经济、产业、贸易、投资等方面的管理制度、相关政策与商机。本书参考了巴基斯坦政府和研究机构、中国学者和机构、有关国际组织等发布的大量研究成果，力求全面、客观、中立，以事实和数据为依据，尽量减少作者个人的主观判断，以为读者呈现一个客观真实的巴基斯坦。本书不仅是中方企业进入巴基斯坦市场的贸易投资指南，也是中国学者、政府官员和有关机构了解研究巴基斯坦的重要参考读物。需要指出的是，虽然本书在写作过程中尽量站在企业实用角度介绍巴基斯坦的相关政策规定、营商环境及业务流程，但它仍然是一个粗线条的政策框架，只能对巴基斯坦总体营商环境、部分行业领域的政策规定和业务流程进行总体性概括介绍，不可能穷尽中国企业进入巴基斯坦所涉及的所有行业领域、所有政策和所有商业模式。在具体的商业运作中，仍然需要在本书基础上，进一步开展详尽的商业调查，对项目的可行性和实施方案进行有针对性研究。

鉴于写作成稿时间仓促，加之作者掌握的资料及学识水平有限，本书缪误在所难免。请读者批评指正！

兴华公益基金会

中国对外贸易 500 强企业俱乐部

2015 年 11 月

目　录

第一章　巴基斯坦宏观经济与战略规划

第一节　巴基斯坦概况

一、地理环境

巴基斯坦伊斯兰共和国（The Islamic Republic of Pakistan，简称"巴基斯坦"）位于南亚次大陆西北部印度河流域，地处北纬24°~37°，东经61°~75°，南濒阿拉伯海，海岸线长840公里，北枕喀喇昆仑山和喜马拉雅山。东、北、西三面分别与印度、中国、阿富汗和伊朗接壤。国土面积为79.6万平方公里（不含巴控克什米尔地区8.55万平方公里）。

巴基斯坦地形较为复杂，根据不同的地形特征，可分为北部高山区、西部低山区、俾路支高原、波特瓦尔高地、旁遮普和信德平原。山地与高原占据国土面积的3/5。巴基斯坦大部分地区处于亚热带，总体炎热干燥，年均降雨量不到250毫米，1/4的地区降雨量在120毫米以下。巴基斯坦最炎热的时间是6－7月，大部分地区中午气温超过40℃，在信德省和俾路支省部分地区中午气温最高可达50℃以上。气温最低时节是12－次年2月。海拔超过2 000米的北部山区比较凉爽，昼夜温差较大。

巴基斯坦具有丰富的矿产资源。主要矿产资源储备有石油、天然气、煤炭、铁、铝土、铜、铬、铅、锌、金、大理石和宝石等。其中天然气、煤、铜、铬、大理石和宝石储量丰富。但其林业资源比较匮乏，2010年森林覆盖率仅为4.8%。

二、国旗国徽

巴基斯坦国旗：呈长方形，长与宽之比为3:2。左侧是白色竖长方形，宽度占整个旗面的 1/4；右侧为深绿色长方形，中央有一颗白色五角星和一弯白色新月。白色象征和平，代表国内信奉印度教、佛教、基督教、袄教的居民和其他少数民族；绿色象征繁荣，还代表伊斯兰教。新月象征进步，五角星象征光明；新月和五角星还象征对伊斯兰教的信仰。

巴基斯坦国徽：颜色同国旗；深绿色和白色。顶端是五角星和新月图案；中间是盾徽，盾面分为四部分，分别绘有棉花、小麦、茶、黄麻四种农作物。盾徽两侧饰以鲜花、绿叶。下端的绿色饰带上用乌尔都文（巴国语）写着"虔诚、统一、戒律"。

三、历史

"巴基斯坦"一词源于波斯文，意为"清真之国"。巴基斯坦是印度河流域文明的发源地，这片土地上曾经产生了世界上最古老的文明之一——哈拉巴文化。公元前 2000 年左右，原先居住在中亚和高加索一带的雅利安人陆续南下侵入印度河的五河流域，孔雀王朝、贵霜帝国、笈多王朝、戒日王朝先后在此地建立统治。公元 8 世纪，阿拉伯帝国内乱带来的外来移民流入印度南部沿海城市，同时把伊斯兰教引入印度。随后，阿拉伯军队的入侵推动伊斯兰教在该地域广泛传播及居民大规模皈依伊斯兰教。印度穆斯林建立了德里苏丹国和莫卧儿帝国。从 16 世纪起，由于内有统治阶层与印度教徒矛盾激化，导致马拉塔人和锡克教徒起义，外有英国殖民主义者入侵，莫卧儿帝国开始衰微。1857 年，莫卧儿帝国最后统治者巴哈杜尔·沙二世被英国殖民者当局放逐，次年起巴基斯坦随印度沦为英国殖民地。①

在征服印度全境的过程中，英国殖民者同穆斯林各阶层的矛盾日益加深。印度民族大起义后，殖民政府扶植印度教徒，歧视并排挤穆斯林。随着印度资产阶级启蒙运动的展开，复兴穆斯林文化思潮兴起。1863—1886 年，赛义德·艾哈迈德·汗等人创办各式伊斯兰教组织，使穆斯林青年接受西方近代科技教育并逐步树立统一的穆斯林意识。1906 年全印穆斯林联盟在达卡成立。1930 年穆罕默德·伊克巴尔在全印度穆斯林联盟年会上，提出在旁遮普、西

---

① 杨翠柏，刘成琼．列国志——巴基斯坦［M］．北京：社会科学文献出版社，2005：53 - 95．

北边省、信德和俾路支斯坦建立"一个单独的国家"的设想。1940年3月，全印穆斯林联盟通过关于建立巴基斯坦的决议。1947年6月，英国提出"蒙巴顿方案"，实行印巴分治。同年8月14日，巴基斯坦宣告独立，成为英联邦的一个自治领地，领土包括东、西巴基斯坦两部分。1956年3月23日，巴基斯坦伊斯兰共和国成立。1971年3月，因国内矛盾尖锐，加上大国介入，巴基斯坦分裂，东部宣布成立孟加拉人民共和国，同年12月宣告正式独立。[①]

四、社会

巴基斯坦共设4个省（旁遮普省、信德省、开伯尔－普什图省和俾路支省）、首都伊斯兰堡、巴控克什米尔地区（分为吉尔吉特—巴尔蒂斯坦地区、自由查谟和克什米尔地区两个行政区）和7个联邦直辖部落专区。各省下设专区、县、乡、村联会。

巴基斯坦首都为伊斯兰堡，始建于1961年，1965年巴基斯坦首都从拉瓦尔品第迁到此处。伊斯兰堡位于旁遮普省背部的波特瓦尔高原，海拔600米，面积65平方公里，人口110万。

根据巴基斯坦央行统计，2015年巴基斯坦人口1.92亿，人口规模世界排名第六。其中男性比重51.67%，女性人口比重48.33%。[②] 巴基斯坦是多民族国家，旁遮普族人数最多，占63%，余下信德族占18%，普什图族占11%，俾路支族占4%。根据巴基斯坦国父真纳的"两个民族理论"，巴基斯坦穆斯林、非穆斯林和其他巴基斯坦人属于一个民族，而印度教徒、基督教徒等"少数教派"则归为另一个民族。

巴基斯坦宪法规定乌尔都语为国语，英语为官方语言，乌尔都语通行全国，英语广泛用于高等教育、科技、商业、司法、外交等领域。其他主要语言有旁遮普语、信德语、普什图语、俾路支语。

---

① 巴基斯坦历史 http：//baike. haosou. com/doc/6230957 - 6444290. html，浏览于2015年8月。

② 巴基斯坦央行网站 http：//www. sbp. org. pk/departments/stats/NDSP. htm#a，浏览于2015年8月。

五、宗教

根据巴基斯坦宪法规定，巴基斯坦国教为伊斯兰教，伊斯兰教徒占全国人口总数的96%，余下全国人口总数4%的非穆斯林多为印度教徒、基督教徒及少量拜火教徒和佛教徒。巴基斯坦伊斯兰内部派系林立，派别众多，其中，逊尼派自称"正统派"，人数占全国穆斯林的3/4以上，什叶派人数占全国穆斯林的20%左右。巴基斯坦穆斯林的礼拜习俗特别浓厚，教徒每天要礼拜5次，礼拜前必须沐浴净身（分大净、小净）。每年主要宗教活动有朝觐、年度《古兰经》朗诵比赛等。由于浓厚的宗教氛围，巴基斯坦的习俗带着伊斯兰教特点，见面时必须先说"阿斯兰姆阿莱古姆"，即"真主保佑"之意。信奉伊斯兰教的正统穆斯林严格禁酒，在巴基斯坦的外国人不得在公共场合饮酒；穆斯林不食猪肉、动物血液和自死动物，禁忌与猪有关的形象。巴基斯坦穆斯林的很多传统食品需用手抓食，但只能用右手。进入巴基斯坦境内的外国人严禁携带各种酒类、猪肉及猪肉制品等违反伊斯兰教义的物品。①

伊斯兰教徒十分注意男女有别，12岁以上的女性外出需要戴头巾。在公共场所青年男女互不来往，见到女士时，男士一般不主动握手，女士主动伸手时男士才可与其握手；一般朋友见面时可握手，亲密朋友间也可拥抱。在巴基斯坦，严忌男女当众拥抱或接吻，认为当众接吻是一种罪恶，需罚款并坐牢一周。女子上街时，严禁穿着过透、过露的服饰，禁忌别人为女子或与女子拍照，否则将被视为犯有淫荡罪。

巴基斯坦宗教界及某些政治势力厌恶黄色，因为婆罗门教僧侣所穿的长袍（礼服）是黄色。此外，居民视黑色为消极颜色，而绿色、白色、银色、金色及鲜艳颜色较受当地人民欢迎。在数字方面，"13"和"420"在巴基斯坦被认为是不祥数字。

六、重要城市和港口

除首都伊斯兰堡外，巴基斯坦重要城市多为商业或工业重镇。卡拉奇是

---

① 中国驻巴基斯坦商赞处网站 http：//pk. mofcom. gov. cn/article/ddgk/，浏览于2015年8月。

巴基斯坦最大城市和商业中心，为信德省省会。其他重要经济中心城市多位于旁遮普省，如拉合尔、费萨拉巴德、拉瓦尔品第、木尔坦，俾路支省省会奎达为西部重要工业城市，开伯尔－普什图省会白沙瓦则是区域贸易中心。巴基斯坦共有三大深海港，最大港口为卡拉奇港，其次为卡西姆港，二者承担了巴90%以上的海运贸易货物服务。最新建成的瓜达尔港为中方援建巴基斯坦标志性项目，相关配套设施仍在建设过程中。

（一）卡拉奇（Karachi）

卡拉奇是信德省省会，1947—1959年曾为巴基斯坦首都，位于印度河三角洲西北侧，南濒阿拉伯海，城市面积591平方公里，市区人口2 350万（2013年），是巴基斯坦第一大城市和最大的海港、军港，全国工商业、贸易和金融中心，有往来东南亚和中东、非洲、欧洲的国际航空线。

卡拉奇是税收大户，对国家税收贡献约为25%。信德省GDP占全国比重28%－30%，其中大部分为卡拉奇贡献。卡拉奇制造业产值占全国制造业产值比例约30%，跨国公司总部多设在此处。此外，卡拉奇证券交易所是巴基斯坦全国最大的证券交易所。卡拉奇周边遍布许多大型工业园区，包括卡拉奇出口加工园区、SITE工业协会园区、戈亚吉（Korangi）、偏北部工业园区（Northern Bypass Industrial Zone）、卡西姆（Bin Qasim）及北卡拉奇（North Karachi）。园区内企业多为纺织业、医药产业、钢铁产业和汽车业，目前还有许多项目计划在此处落户。卡拉奇世博中心经常举办许多区域性和国际性的展览。20世纪80年代，卡拉奇同中国上海结为友好城市。①

（二）拉合尔（Lahore）

拉合尔是旁遮普省省会，巴基斯坦第二大城市，位于伊斯兰堡东南约300公里，距印巴边界30公里，总面积404平方公里，人口约900万，是卡拉奇之后的第二大金融中心和工业中心，拉合尔证券交易所是全国第二大证券交易所。拉合尔是巴基斯坦历史文化名城，素有"巴基斯坦灵魂"之称，拥有大量的建筑遗产，主要古迹有大清真寺、古堡、夏利玛公园和博物馆等。巴

---

① 卡拉奇政府网站 http://www.kmc.gos.pk/，浏览于2015年8月。

基斯坦独立纪念塔和伊斯兰国家首脑会议纪念碑是独立运动后具有重大纪念意义的著名建筑。

作为巴基斯坦最大省份的省会,拉合尔是巴基斯坦财政预算支出最大的地区,教育和卫生发展最先进。拉合尔具有良好的社会和工业基础设施,广泛且发达的公路网络连接着旁遮普省其他主要城市和开伯尔－普什图省,拉合尔火车站是全国铁路的重要连接点,连通印度和当地国际机场,该国际机场仅次于卡拉奇国际机场。拉合尔主要工业涵盖电信、信息技术、制造业、医药、钢铁、化工、建筑材料产业等,拥有特雷克帕特(Kot Lakhpat)和新桑达(New Sundar)等大型工业园区。其中电子机械和五金产品是拉合尔制造业强项,包括工程机械、塑料片材、汽车轮胎、食品加工机械、医疗用具、制冷机械部件、纺织化学品、软管、不锈钢管、电线/电缆、电力电线杆、电器配件、农业用具、配电变压器、小型断路器等在内的产品多生产于此处,并满足区域、全国及全球市场需求。目前拉合尔批准投资的项目包括音像机械、纺织机械等众多产品,详细目录见旁遮普省政府网站 http://www.punjab.gov.pk/lahore_industry。1992 年,拉合尔与中国西安市结为友好城市。

(三)费萨拉巴德(Faisalabad)

费萨拉巴德是巴基斯坦第三大城市,旁遮普省第二大城市,位于拉维河和杰纳布河冲积平原的中部,拉合尔西 110 公里,面积 1 295 平方公里,总人口约 355 万,是巴基斯坦的纺织业中心。[①]

费萨拉巴德经济以农业和工业为主,GDP 全国排名仅次于卡拉奇和拉合尔,对全国贸易和商业收入的贡献不可小觑。主要农作物为甘蔗、水稻、小麦、玉米、高粱、蔬菜和柑橘类果品,是巴基斯坦著名的水果生产区,也是重要的农产品出口地区。费萨拉巴德工业以轻工业为主,包括纺织品、珠宝、家居、化工、食品加工、肥皂、涂料、药物等。现有 512 个大型企业,其中 328 个纺织企业,92 个工程企业和 92 个化学品和食品加工企业,此外,该地其他企业多生产袜子、地毯、印刷品、医药产品等。距费萨拉巴德仅几公里

---

① 费萨拉巴德政府网站 http://www.faisalabad.gov.pk/,浏览于 2015 年 8 月。

处设立了无水港加蒂，为费萨拉巴德进出口提供了极大便利。①

费萨拉巴德金融服务业发展突出，银行业是当地经济增长的重要支柱。巴基斯坦所有国家和地方性银行都在当地设立总部，包括花旗银行、渣打银行、巴莱克银行、汇丰银行等在内的国际商业银行也在此处开展业务。除银行业外，保险业也在费萨拉巴德蓬勃发展。

（四）拉瓦尔品第（RAWALPINDI）

拉瓦尔品第是巴基斯坦第四大城市，旁遮普省第三大城市，位于伊斯兰堡西南 12 公里，区域面积 5 286 平方公里，人口 450 万（2010），是巴基斯坦武装部队总部所在。1959—1965 年为巴基斯坦的临时首都，旧总统府、总理府、陆军总部和国宾馆等重要场所均在此。

拉瓦尔品第是旁遮普地区重要的工业和商业中心，该地区的主要产业有炼油业、天然气加工业、钢铁产业、木材产业、纺织业、陶器、皮革等，其中轻工业较重工业更为发达。

当前巴基斯坦政府计划在拉瓦尔品第设立一个特别经济区，以促进当地工业发展和吸引外商直接投资。②

（五）卡拉奇港口

卡拉奇港是巴基斯坦最大的深海港，位于南部沿海印度河三角洲的西南部，濒临阿拉伯海，其坐落的海岸线连接霍尔木兹海峡与印度，长达 600 公里，地理位置十分理想，该港口连接阿富汗、中东和中国西部。港口有公路和铁路通达国内各主要城市和工农业区，距机场约 13km。巴基斯坦大部分外贸物资及阿富汗部分进出口货物都经过卡拉奇港。

卡拉奇港口主要有两个码头，分别为卡拉奇国际集装箱码头和巴基斯坦国际集装箱码头——都是在 BOT 基础上成立的私营企业。港口为交通运输提供全天候的航行安全保护，包括邮轮、集装箱船、散货船、杂货船等。该港

---

① 费萨拉巴德发展委员会网站 http：//www.fda.gov.pk/，浏览于 2015 年 8 月。
② 拉瓦尔品第政府网站 http：//rawalpindi.gov.pk/，浏览于 2015 年 8 月。

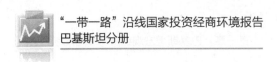
口目前有 30 个干散货和 3 个液体货物装卸泊位，年吞吐量约 2 500 万吨。[①]

（六）卡西姆港口

卡西姆港是巴基斯坦第二大深海港，同样位于印度河三角洲，距卡拉奇东南 35 公里，港口总面积约 4 平方公里，毗邻的周边工业园区占地约 45 平方公里。卡西姆港对内交通位置优越，距高速公路仅 15 公里，距国家铁路干线 14 公里，距金纳国际机场 22 公里，是通往阿拉伯海湾的重要港口。目前，卡西姆港为巴基斯坦全国 40% 以上的海运贸易货物提供服务，2013/2014 财年共处理 2 577 万吨贸易货物，为 1 072 只船只提供服务。[②]

卡西姆港目前共有 9 座泊位提供货物装载，其中铁矿石和煤炭泊位 1 座，为巴基斯坦钢铁公司专用；fotco 原油码头 1 座；多用途散装杂货码头 4 座；卡西姆国际集装箱码头 2 座；Engro Vopak 化学码头 1 座。卡西姆港未来将进行扩建，除加深加宽航道外，还会设立液态货物码头、液化石油天然气码头、谷类码头、多纤维码头并建设贮存设施和海水淡化设施。

（七）瓜达尔港口

瓜达尔港位于俾路支省西部阿拉伯海的海岸，是巴基斯坦第三大深水港。中国政府为该港口建设提供资金和技术援助，港口于 2002 年 3 月开工，2015 年 2 月基本竣工。瓜达尔港距伊朗边境 120 公里，处于波斯湾口，距离全球石油供应主要通道霍尔木兹海峡大约 400 公里，为进出波斯湾的关键航线。瓜达尔港常住人口约 9 万人（2013 年），几乎都是俾路支人。瓜达尔距卡拉奇 630 公里，距奎达 970 公里，距图尔伯德 165 公里。

为促进当地经济增长，瓜达尔拥有一定时间内的经济特区特权，范围覆盖瓜达尔市区和附近已建成与计划中的工业园区。优惠政策包括免税期、取消增值税及其他普遍激励政策。这些优惠同时面向当地投资者和国外投资者。目前，瓜达尔港还在开发过程中，有许多投资机会，港口相关的基础设施如仓储、仓库，与旅游业相关的酒店、旅馆，与工业相关的海产品加工及出口

---

① 卡拉奇港口网站 http：//kpt. gov. pk/Default. aspx，浏览于 2015 年 8 月。

② 卡西姆港口网站 http：//www. pqa. gov. pk/，浏览于 2015 年 8 月。

企业办公场所建设都欢迎外国投资者。此外，港口交通建设如铁路、机场、电信等领域也有很大的投资空间。港口基础设施配建可见：http：//www. gwadarport. gov. pk/portprofile. html；主要管理单位瓜达尔港口管理局，可见：http：//www. gwadarport. gov. pk/home. html；2013/2014 年已批准建设的项目可见：http：//www. gwadarport. gov. pk/project. html.

七、工作时间和节假日

巴基斯坦政府部门每周一至周四上班，周五上午上班，下午休息，周六正常上班，周日继续休息。工作日工作时间一般为上午 9 点至下午 3 点。

重要节日有：

（1）Birthday of Nabi 圣纪节，先知穆罕穆德的诞辰和忌日，伊斯兰历 3 月 12 日，每年公历时间不同，2015 年为 11 月 9 日。

（2）Kashmir Day 克什米尔日，每年公历 2 月 5 日。

（3）Pakistan Day 巴基斯坦国庆日，每年公历 3 月 23 日。

（4）Labour Day 劳动节，每年 5 月 1 日。

（5）Eid－ul－Fitr 开斋节，巴基斯坦最重要的节日，伊斯兰历第 9 个月后，2016 年为 7 月 7－9 日。

（6）Youm－e－Ashura，赎罪节，伊斯兰历每年 1 月 10 日，2016 年为 10 月 11 日。

（7）Independence Day 巴基斯坦独立日，每年公历 8 月 14 日。

（8）Eid – ul – Azha，古尔邦节，又称宰牲节，伊斯兰历每年 12 月 10 日，2016 年为 9 月 11 – 12 日。

（9）Birthday of Quaid – e – Azam 国父真纳诞辰纪念日，每年公历 12 月 25 日。

（10）Christmas Day 圣诞节，每年公历 12 月 25 日。

（11）Day after Christmas 节礼日，每年公历 12 月 26 日。

具体节日详见 http：//www.officeholidays.com/countries/pakistan/2016.php。

八、政治

（一）宪法

巴基斯坦建国后于 1956 年、1962 年和 1973 年颁布三部宪法。1977 年，奇亚·哈克实行军法管制，部分暂停实施宪法。1985 年通过宪法第 8 修正案，授予总统解散国民议会和联邦内阁、任免军队首脑和法官的权利。1991 年 7 月通过的宪法第 12 修正案规定联邦政府有权设立特别法庭和上诉法庭，以打击犯罪，整治社会治安。1997 年 4 月，谢里夫政府在议会上通过宪法第 13 修正案，取消总统解散国民议会和联邦内阁的权利，并将解散省议会和省内阁、任免省督、三军参谋长和参联会主席及最高法院法官的权利归还总理行使。随后，巴基斯坦议会通过旨在严禁议员叛党的宪法第 14 修正案"反跳槽法"。

1999 年穆沙拉夫执政后颁布临时宪法 1 号令，宣布暂停实施宪法。2002 年 8 月，穆沙拉夫颁布"法律框架令（LFO）"，宣布恢复 1973 年宪法和哈克时代宪法第 8 修正案，规定总统有权解散国民会议、任命参联会主席和三军参谋长。2003 年 12 月 29 日，巴基斯坦议会通过宪法第 17 修正案，规定总统经最高法院批准后有权解散议会，与总理协商后有权任免三军领导人。

2010 年 4 月 19 日，宪法第 18 修正案经扎尔达里总统签署生效，总统部分权利移交给总理，并在涉及中央与地方分权等重大敏感问题上做出调整。2011 年 1 月，巴基斯坦议会通过关于高等法院法官任命的宪法第 19 修正案。2012 年 2 月 20 日，巴基斯坦议会通过宪法第 20 修正案，取消了由总统任命看守政府总理的权力，改由总理和反对党领导人协商确定。

（二）议会

巴基斯坦立法机构是国民议会。1947 年建国后长期为一院制，1973 年宪法颁布后实行两院制，由国民议会（下院）和参议院（上院）组成。国民议会经普选产生，参议院按每省议席均等原则，由省议会和国民议会遴选产生。国民议会共 342 个议席，其中 272 席为普选议席。60 席为妇女保留席位，10 席为非穆斯林保留席位，由各政党按普选得票比例分配。国民议会设议长和副议长各 1 人，议员任期 5 年。参议院设 100 个议席，议员任期 6 年，每 3 年改选半数。设主席和副主席各 1 人，任期 3 年。

（三）政党

巴基斯坦实行多党制，现有政党 200 个左右，派系众多。目前全国性大党主要有：

1. 巴基斯坦穆斯林联盟（谢里夫派）（Pakistan Muslim League – Nawaz Sharif）

简称穆盟 – 谢派（PML – N），成立于 1906 年，当时称全印穆斯林联盟，1947 年后改称巴基斯坦穆斯林联盟，现为参议院第二大党，国民议会第一大党。党章规定要在巴基斯坦实现政治、社会和经济改革。领袖谢里夫 2013 年 6 月当选新总理，成为巴基斯坦历史上首位三度出任总理的政治家。该党还在旁遮普省执政。

2. 巴基斯坦人民党（Pakistan People's Party，PPP）

简称人民党，成立于 1967 年 12 月，为参议院第一大党，国民议会第二大党，在信德省执政，主要势力在信德省和旁遮普省，主张议会民主、自由平等、经济私有化。现任党主席为巴基斯坦已故前总理贝·布托之子比拉瓦尔·布托（Bilawal Bhutto）。

3. 正义运动党（Pakistan Tehreek – e – Insaf）

1996 年成立，提出变革、平等等口号，2013 年国民议会选举中获 35 席，成为国民议会第三大党，在开伯尔 – 普什图省执政，主席为巴基斯坦家喻户晓的板球明星伊姆兰·汗（Imran Khan）。

4. 其他党派

其他党派包括巴基斯坦穆斯林联盟（领袖派）（Pakistan Muslim League

（QA））、统一民族运动党（Muttahida Qaumi Movement）、人民民族党（Awami National Party）等。

九、科教

巴基斯坦虽然实行中小学免费教育，但受经济发展水平所限，教育较为落后，学校数量相对于其庞大的人口明显不足。全国共有小学15.8万所，初中2.9万所，高中1.6万所，大学51所。小学入学率和初级教育普及率均较低，能接受高等教育者较少。由于教育资源匮乏，越来越多的贫困家庭将孩子送入宗教学校。巴基斯坦政府目前正大力提高识字率，改善大中专学校的教育设施和条件，同时决定增加教育经费。最近一次普查（2013/2014财年）显示，巴基斯坦10岁及以上人口识字率为60%，其中男性和女性识字率分别为71.3%和48.4%，城市和乡村识字率分别为75.1%和51.2%。2013/2014财年教育经费预算为50.4亿美元，占国民生产总值约1.9%。

1960年，巴基斯坦设立国家科学委员会，1984年批准了第一个"国家科技政策"，1993年颁布第一个《国家技术政策和技术发展计划》，2000年国家科学委员会第二次会议提出的科技发展政策延续至今。2012年巴基斯坦科技局最新推出ST&I政策（National Science，Technology and Innovation Policy），主要关注劳动力技能培训、高等人才培养、提升自主研发开发能力、技术应用和转化为生产力的能力、国际合作以及研发助力等方面的内容。

第二节　巴基斯坦的宏观经济

一、经济总量、经济增长与就业

据国际货币基金组织（IMF）的统计，2014年巴基斯坦是全球第41大经济体，人均GDP 1 343美元，排名152。[①] 世界经济论坛《2014—2015年全球竞争力报告》指出，巴基斯坦在144个国家和地区的竞争力中排129位，这一指标在2011年、2012年、2013年分别为118、124和133位。

---

① 国际货币基金组织《IMF世界经济展望（2015）》，2015年3月。

从巴基斯坦中央银行统计数据看，巴基斯坦 GDP 从 2000/2001 财年起稳步增长，到 2005/2006 财年翻了一番，2006/2007 财年经济发展速度达到顶峰。2008/2009 财年，巴基斯坦经济增长速度降低，增长率一度跌至 0.36%。2009 年以来，在巴基斯坦自身调整努力和国际社会帮助下，其经济运行中的积极因素增多，重要经济指数有所好转。

2014/2015 财年中，巴基斯坦 GDP 为 106 443 亿卢比，第一产业、第二产业、第三产业占比分别为 20.87%、20.30% 和 58.82%，增速分别为 2.88%、3.17% 和 4.95%。从三大产业看，农业增长低于 3.9% 的目标，主要农产品生产均有下降；工业增长远低于 6.8% 的目标，工业生产受能源危机和信贷紧缺影响依然严重；服务业受政府干预最少，表现最好，仅略低于 5.2% 的发展目标。[①] 2014 年 9 月的特大洪水、8－12 月的群众静坐示威活动和国际市场商品价格下降，是导致 2014/2015 财年经济发展不及规划目标的直接原因。但从根本上说，国内安全形势尚不稳定、政府治理效率有待提高、能源供应短缺和税收改革缓慢是制约巴基斯坦经济发展缓慢的深层次原因。

表 1.1　2009/2010—2014/2015 财年巴基斯坦 GDP 情况

财政年度	GDP（百万卢比）	实际 GDP 增长率（%）	农业	制造业	服务业	失业率（%）
2009/2010	8 801 394	2.58	1 939 132	1 851 565	5 010 697	5.6
2010/2011	9 120 336	3.62	1 977 178	1 935 022	5 208 136	6.0
2011/2012	9 470 255	3.84	2 048 794	1 984 316	5 437 145	6.1
2012/2013	9 816 212	3.65	2 103 600	1 996 364	5 716 248	6.2
2013/2014	10 211 456	4.03	2 160 223	2 085 276	5 965 957	6.0
2014/2015	10 644 336	4.24	2 222 337	2 160 685	6 261 314	6.3

数据来源：巴基斯坦中央银行。

注：巴基斯坦的财年为前一年的 7 月 1 日至本年的 6 月 30 日，下同。

---

① 巴基斯坦财政局，Pakistan Economic Survey 2014－2015，2015 年 3 月。

Economist Intelligence Unit（EIU，经济学人智库）2015 年 3 月发布《巴基斯坦国别报告 2015》,[①] 从自然年角度对巴基斯坦宏观经济进行统计和预测。

表 1.2 EIU 对巴基斯坦 GDP 的宏观统计数据

单位/年	2007	2008	2009	2010	2011	2012	2013	2014	2015
实际 GDP（亿美元）	1 521	1 511	1 615	1 745	2 117	2 146	2 213	2 497	2 694
实际 GDP 增长率（%）	4.8	1.7	2.8	1.6	2.7	3.5	4.4	4.8	4.9
人均 GDP（美元）	928	905	950	1 008	1 202	1 198	1 215	1 349	1 432
国内消费增长率（%）	4.3	3.6	-0.5	2.2	4.6	5	2.5	5.4	5.4
失业率（%）	5.3	5.2	5.5	5.6	6.0	6.1	6.2	6.0	5.8
CPI（%）	7.6	20.3	13.6	13.9	11.9	9.7	7.7	7.2	3.9
基准利率（%）	10	15	12.5	14	12	9.5	10.	9.5	7

数据来源：EIU《巴基斯坦国别报告 2015》。

表 1.3 EIU 对巴基斯坦 GDP 的宏观预测数据

单位:%

	2015	2016	2017	2018	2019
GDP	5.8	4.9	4.2	4.2	4.1
私人支出	6.7	5.3	4.5	4.2	4.5
政府支出	4.8	4.5	4.2	5.8	4.8
基准利率	8.0	8.5	9.5	9.38	9.25
国内需求	6.0	5.0	4.4	4.3	4.3
农业	3.1	2.5	2.6	2.7	2.6
工业	7.3	4.0	4.2	3.6	3.8
服务业	6.2	6.1	4.8	4.9	4.8

数据来源：EIU《巴基斯坦国别报告 2015》。

---

① Economist Intelligence Unit, Country Report – Pakistan, United Kingdom . 2015（3）.

EIU 报告认为，受国际大宗商品价格下跌和境外资本回流的预期两方面因素影响，2015/2016 财年巴基斯坦国内私人消费将大大增加，这将推动巴基斯坦 GDP 增长率的提高。但国际油价将从 2016 年下半年度起逐步恢复，导致巴基斯坦 GDP 增长率回落到 4.2% 左右。不稳定的安全形势、结构性失衡的经济和电力短缺将限制全球未来 3 年的经济发展，此外巴基斯坦的低人力资源投资和妇女参与社会生产面临的壁垒会进一步阻碍巴基斯坦从人口红利中受益。

巴基斯坦政府为减少财政赤字，也难以保持 2013/2014 财年财政支出 12.7% 的增速。2017/2018 财年面临新一届政府选举或将导致政府支出再次攀顶。但在此之前，政府对商业银行负债的减少将使得金融机构有更多的资金投向私营企业使其从事生产活动，这对于推动巴基斯坦国内生产也是有很大益处的。

在劳动力市场方面，由于巴基斯坦低龄人口所占比重高，未来劳动力市场规模将继续扩大，国家发展将从人口红利中受益。2013/2014 财年全国劳动力人口超过 6 000 万。就业方面，巴基斯坦社会对于妇女参与社会生产设置了较多壁垒，直接导致妇女就业率水平低下。男性占据劳动力市场的 3/4，女性仅为 1/4。2013/2014 财年劳动力市场调查显示巴基斯坦劳动参与率为 32.3%，较上一财年减少了 0.6%，其中女性劳动参与率略有上升，从 15.6% 上升至 15.8%，而男性的劳动参与率从 49.3% 下降至 48%。从失业率来看，全国总失业率为 6.0%，男性失业率为 5.1%，女性则高达 8.7%。城市失业率 5%，男性失业率 4.4%，女性失业率 6.6；而在农村失业率 8.0%，男性失业率 6.4%，女性失业率 19.4%。[①] 相较之下，农村女性在就业受到的歧视更加严重。

表 1.4 巴基斯坦劳动参与率及失业率

单位:%

	总体失业率	男性	女性	总体劳动参与率	男性	女性
全国	6.0	5.1	8.7	32.3	48.0	15.8
城市	5.0	4.4	6.6	29.4	49.7	7.7
乡村	8.0	6.4	19.4	33.8	47.2	20.1

数据来源：巴基斯坦统计局《2013/2014 财年劳动力市场统计报告》。

———————————

① 巴基斯坦统计局网站 www.pbs.gov.pk，《LABOUR FORCE SURVEY 2013 - 2014》，2015 年 3 月。

表1.5　劳动力人口规模

单位：百万

	2012/2013 财年			2013/2014 财年		
	总体	男性	女性	总体	男性	女性
全国	59.74	45.98	13.76	60.10	45.65	14.45
农村	41.23	29.89	11.34	41.14	29.10	12.04
城市	18.51	16.09	2.42	28.96	16.55	2.41

数据来源：巴基斯坦统计局《2013/2014财年劳动力市场统计报告》。

二、货币政策与物价水平

为抑制通货膨胀，应对卢比对美元汇率的迅速贬值势态，自2014年年初，巴基斯坦央行收紧货币政策，提高再贴现率，持续推行紧缩性财政和货币政策，再贴现率一度达到最高点10%。在通货膨胀及外部账户赤字恶化趋势停止后，巴基斯坦央行于2014年11月开始降低0.5%的再贴现率，并在2015年1月货币政策会议上继续削减，将其降至8.5%，截至2015年5月24日，巴基斯坦央行宣布继续下调再贴现率至7%，创42年来新低。在全球经济复苏缓慢、大宗商品价格低迷、国内食品供给量上升的预期下，巴基斯坦未来一段时间CPI将较平缓，有助于巴基斯坦央行持续实行较为宽松的货币政策。EIU认为，[①] 巴基斯坦的宽松货币政策将持续至2016年中期，直至原油等大宗商品价格上升导致通货膨胀再起时转换为更谨慎中立的货币政策，这一阶段预期为2016年中期至2019年。

巴基斯坦央行在2015年7月发布的货币政策文件中表示，[②] 由于宏观经济指标的改善，CPI大幅下滑，对外账户得到改善，财政赤字持续缩小和IMF对巴基斯坦中长期贷款还款期限延迟都极大地鼓舞了市场情绪。近几个月国际信用组织逐步调高巴基斯坦国家主权评级。近期内，其宽松的货币政策立

[①]　Economist Intelligence Unit，《Country Report – Pakistan》，United Kingdom . 2015年3月20日。

[②]　巴基斯坦央行 http：//www. sbp. org. pk/m_ policy/mon. asp《Monetary Policy Statement July 2015》，2015年7月。

场将不会改变，并相信较低的基准利率有助于拉低市场融资成本，促进经济增长。巴基斯坦各企业对央行的持续降息表示欢迎，但他们同时对低利率政策的可持续性持观望态度。因为巴基斯坦 CPI 存在诸多不稳定因素，并且政府部门占据过多的银行流动性，私营部门从中获益空间并不太大。对此次降息最为乐观的当属巴基斯坦房地产业。

　　巴基斯坦的物价水平在 2014 财年前一直保持一个较高的状态。2007年后，巴基斯坦在很长一段时间内面临严重通货膨胀的困扰，2013 年前 CPI 未曾低于 10%。受 2010 年及 2011 年严重自然灾害影响，巴基斯坦 2011 年食品行业物价上涨 18%，总 CPI 为 13.7%。在 EIU 的统计数据中，该年度巴基斯坦通胀甚至达到了 20%。[①] 居高不下的通货膨胀抵消了巴基斯坦人均 GDP 增长，甚至导致人均收入实际下降。巴基斯坦物价猛涨的原因主要在于：食品、燃料和其他商品的全球价格高涨造成这类产品进口价格逐步升高，政府向中央银行借款来弥补财政赤字造成货币投放过多，从而导致巴基斯坦卢比贬值加剧问题的严重性，政府赤字严重又迫使其逐步取消对燃料、食品和电力的财政补贴。为应对快速上行的通货膨胀，巴基斯坦央行不得不实行紧缩货币政策。2014 年巴基斯坦宏观经济指标有所好转，虽然未能达到该财年发展规划，但都显示了经济振兴的趋势。CPI 从 2014 年 7 月的 8.6% 持续下降至 2015 年 6 月的 4.5%。因此，巴基斯坦央行决定未来一段时间继续实行宽松的货币政策，以低融资成本拉动国内经济发展。

表 1.6　2010—2015 年巴基斯坦物价水平

CPI	2010	2011	2012	2013	2014	2015
平均	10.1	13.7	11.0	7.4	8.6	4.5
食品	12.9	18.0	11.0	7.1	9.0	3.5
非食品	8.3	10.7	11.0	7.5	8.3	5.3

　　数据来源：巴基斯坦中央银行。

---

　　① Economist Intelligence Unit,《Country Report – Pakistan》, United Kingdom . 2015 年 3 月 20 日。

三、财政状况及外汇储备

巴基斯坦长期面临较高的财政赤字。2014/2015 财年政府支出同比上升 7.9%，超出预算 1.6%；收入却不达预期，低于预算 5.9%。其中税收收入超出预算 6.9%，境外收入超预算 3.3%，主要缺口在资产收入，预算为 6 710 亿卢比，实际只收入 6 030 亿卢比，下降 12.7%。公共服务支出 25 304 亿卢比，占总支出 60%，国防支出 7 200 亿卢比，占总支出 17%。①

表 1.7　2009/2010—2014/2015 财年巴基斯坦财政收支表

单位：百万卢比

财年	2009/2010	2010/2011	2011/2012	2012/2013	2013/2014	2014/2015
财政收入	2 496 448	2 107 150	2 170 537	1 902 815	3 681 022	3 832 739
财政支出	2 585 557	2 559 367	3 109 732	3 478 354	4 057 293	4 235 111
占比重	−6.2%	−6.5%	−6.8%	−8.2%	−5.5%	−3.8%

数据来源：根据巴基斯坦财政局网站数据整理。

2015—2019 财年中，巴基斯坦政府最主要的任务就是减少财政赤字。为此，巴基斯坦政府制订了相关计划，2014 年 8 月政府宣布，通过提高税收，2013/2014 财年的政府赤字已经减少到当年 GDP 的 5.5%，上一财年这一数字还高达 8.2%。在非税收收入方面，对移动 3G 和 4G 牌照的拍卖也对财政收入增长带来了巨大贡献。巴基斯坦政府对 2015/2016 财年设置了更高的目标，把赤字缩减到 GDP 的 4%。EIU 认为，要达到这一目标还较为艰难。他们认为，通过努力，2014/2015 财年的财政赤字可以缩减到 GDP 的 4.6%，但更可能的是到 2015/2016 财年才会实现。未来年度中，巴基斯坦政府需要承受巨大压力去控制财政支出。因为对 EFF（The Economic Freedom Fighters）贷款的偿还是巴基斯坦持续性的固定支出。比 2014 年更低的 2015—2016 年国际原油价格能大大减少政府对电力

① 巴基斯坦财政局 http：//www.finance.gov.pk/fb_ 2014_ 15. html《Budget in Brief 2014/2015》，2015 年 6 月。

行业的补贴。政府通过提高税收来解决财政收支问题的过程虽然艰难，但随着查漏补缺和某些免税条例将逐步被取消，政府收入将从私有化和间接税中大大受益。EIU 预计，2018/2019 财年巴基斯坦政府财政收支赤字将缩减到 GDP 的 4%。①

巴基斯坦在 2012/2013 财年曾陷入外汇储备危机，外汇储备从上一财年的 153 亿美元骤降至 110 亿美元，同时还面临国际援助贷款到期还本付息的压力。但 2014/2015 财年前 10 个月，得益于境外公民资本汇回与国际油价下跌带来进口成本下降，巴基斯坦经常账户赤字同比减少一半。截至 2015 年 6 月，巴基斯坦的外汇储备为 187.06 亿美元，同比 2014 年 6 月增长 32.27%，保持在安全稳定线上。随着巴基斯坦外汇储备趋于稳定，卢比贬值压力下降。2015 年 8 月，美元兑巴基斯坦卢比的汇率为 101.9，保持一个较为稳定的势态。

表 1.8　巴基斯坦外汇储备

单位：百万美元

财年	2009/2010	2010/2011	2011/2012	2012/2013	2013/2014	2014/2015
外汇储备	16 750.4	18 243.8	15 288.6	11 019.9	14 141.1	18 705.7

数据来源：巴基斯坦央行。

四、国内市场消费水平与发展空间

巴基斯坦国内有 1.92 亿消费者，是整个中东、非洲和南亚地区的第五大市场（位列印度、南非、沙特阿拉伯、埃及之后），巴基斯坦人口结构呈三角形，有不断增长的年轻人群和中产阶级，内需强劲，② 是一个快速发展的消费市场。近年来，巴基斯坦中产阶级对进口产品需求不断增强，日用品需求增长尤其迅速。

---

① Economist Intelligence Unit，《Country Report – Pakistan》，United Kingdom. 2015 年 3 月 20 日。

② 美国商务外事司 & 美国国家发展局《Doing business in Pakistan》，2014。

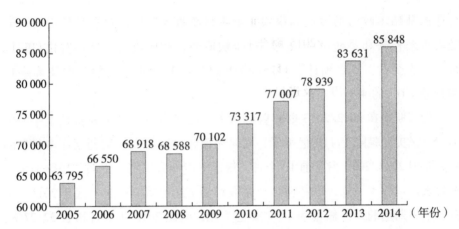

图 1.1　2005—2014 年巴基斯坦国内消费市场规模（单位：百万美元）

数据来源：EIU 数据库。

表 1.9　2006—2014 年巴基斯坦国内消费市场增长率

单位：%

年份	2006	2007	2008	2009	2010	2011	2012	2013	2014
增长率	4.32	3.56	−0.48	2.21	4.59	5.03	2.51	5.94	2.65

数据来源：EIU 数据库。

巴基斯坦联邦统计局 2010/2011 财年的调查显示，巴基斯坦国民储蓄约占 GDP 的 15%，消费支出中，饮食占 43.1%，住房占 15.2%，着装占 5.7%，交通占 5.6%，余下 12.8% 为其他生活开支。

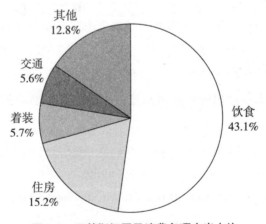

图 1.2　巴基斯坦国民消费各项支出占比

因为巴基斯坦的批发零售市场非常发达，由 1 000－1 500 家经销商组成巨大的销售网络。2014/2015 财年批发零售业增长 3.4%，相比上一财年 3.9%回落 0.5 个百分点，离目标 6.1%的增长目标较远。[①] 这部分需求主要靠农业和工业部门的产出以及进口来满足。消费品生产部门是推动巴基斯坦经济发展的重要角色，在 2005/2006 财年中，对 GDP 增长的贡献率一度高达 44%。但随着非消费品制造业的崛起，以及部分进口产品的替代，该产业占比逐年下降。2014/2015 年产值占 GDP 的 41.2%，在 2013/2014 财年中占 41.6%。

国际组织看好巴基斯坦国内消费市场。EIU 认为，巴基斯坦年轻人口不断增多，政府大兴基础设施建设，与近年内国际大宗商品价格的回落都将继续推动巴基斯坦国内消费支出的高速增长。因此，EIU 对巴基斯坦 2015—2018 年的消费增长预测均高于 5%，认为在 2018 年甚至达到 8%。

表 1.10　EIU 对巴基斯坦国内消费水平增速的统计及预测

单位:%

年份	2011	2012	2013	2014	2015	2016	2017	2018	2019
实际消费支出增长	4.6	5.0	2.5	5.4	5.4	5.6	5.3	8.0	5.5

数据来源：EIU 国别报告。

第三节　巴基斯坦的国家发展战略

一、国家发展规划

一个国家的发展离不开清晰明确的长期战略规划。巴基斯坦发展、规划和改革委员会（Ministry of Planning, Development & Reform Government of Pakistan）是负责国家发展战略研究与制定的部门，全国性的中长期国家经济发展战略与目标、短期经济发展规划、年度经济发展计划均由该部门研究制定。

---

① 巴基斯坦财政局，《Pakistan Economic Survey 2014—2015》，2015 年 3 月。

2014 年，巴基斯坦发展、规划和改革委员会出台了《2025 年远景》。①
此前，计划委员会曾制定公布《2030 年展望》（Vision 2030），但不幸的
是，由于政治变动，这一愿景所计划的各项措施并未得到很好地执行。为
了团结巴基斯坦人民，共同创建美好未来，巴基斯坦发展、规划和改革委
员会最新发布《2025 远景》，为巴基斯坦描述了未来发展蓝图——"巴基
斯坦梦"，即构建一个繁荣兴旺、公平正义、包容并蓄、充满活力的社会，
这是巴基斯坦独立运动追求的核心目标。从 1947 年起，巴基斯坦政府为社
会经济发展制订了诸多前沿计划，由于国内局势不能保持安稳，成果往往
不尽如人意。但《2025 远景》表明巴基斯坦政府持续推动本国发展的坚定
决心，依靠国家管理层和民众的力量，将巴基斯坦建设成为一个崭新的
国家。

巴基斯坦发展面临诸多困境，挑战来自全球社会环境、全球经济发展、
国家安全和国内政治稳定等方面。过去 10 年中，巴基斯坦疲于应付恐怖主
义、极端组织对社会、经济、人口安全的冲击，偶然袭来的恶劣气候，全球
经济危机的波及，能源短缺，经济发展停滞等种种情况。历史上其他国家也
曾面临过相似的情况，并将这种困境转化为机遇，巴基斯坦希望通过《2025
远景》指明现实合理的经济发展路径，实现稳定的国家管理，保持政策的持
续性。这一战略规划将帮助巴基斯坦扭转发展格局，把不利发展因素转化为
史无前例的发展机遇，实现国家民族复兴。

巴基斯坦宏观经济目标分三个阶段实现：2014—2025 年发展成世界排名
前 25 的经济体；在核心指标上，2025—2035 年发展成为区域及全球经济的领
头羊；在 2047 年独立 100 周年纪念日时，成功跻身全球前十大经济体。

巴基斯坦政府认为，亚洲四小龙曾经的表现可作为巴基斯坦的借鉴。巴
基斯坦设定的雄心勃勃发展目标都曾在这些国家上得以体现：高水平的公民
权利（包括医疗健康服务、受教育机会、消除贫困和妇女参与社会工作），快
速稳定、充满包容性的经济发展，完善的法律体制，民主透明的社会管理，
食品、水源、能源安全，私营部门积极健康发展，持续性的科教投资，与周

---

① 巴基斯坦发展、规划和改革委员会，《Pakistan – Vision – 2025》，2014 年 5 月 29
日。

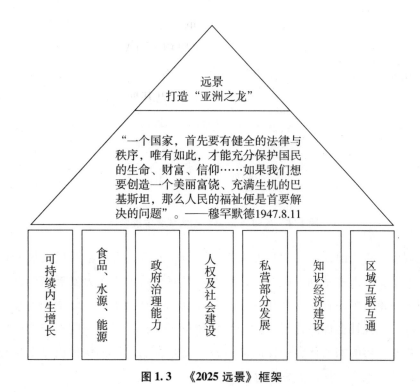

图 1.3　《2025 远景》框架

边国家的和睦友好发展。《2025 远景》最直接的目标就是将巴基斯坦打造成为下一个亚洲之龙。

《2025 年远景》的实现以民众对该战略的坚定支持、政局稳定与政策连续、国内安全与国际环境和平、完善法律体系、社会公平为基础，提出支持巴基斯坦未来的 7 大优先发展领域，包括人权及社会建设、知识经济建设、私营部门、食品水源和能源安全、提高生产力、提升集中治理能力、增强竞争力和互联互通建设。

（一）人权及社会建设

为改善巴基斯坦人民生存质量和提高社会发展程度，让人们从未来的经济增长中受益，《2025 远景》提出要增强人力和社会资本实力，计划大力增加在人口和社会发展领域的财政支出。在教育领域，一方面要加大基础教育投入，力争在 2018 年公共教育支出提高到 GDP 的 4%，解决巴基斯坦目前人口识字率低、适龄儿童辍学率高的情况；另一方面加强高等教育建设，扩大

图 1.4 《2025 远景》七大优先发展领域

招生规模，将当前在校生 150 万人提高到 500 万人，为巴基斯坦发展知识经济打下坚实的人才基础。此外，巴基斯坦政府将致力于大力发展国民基础卫生建设；重点关注青年一代生存状况；提高妇女社会地位，鼓励妇女参与社会劳动；加强社会保障建设，为弱势群体提供庇护；促进不同教派之间的和谐，构建包容的宗教社会；并同样重视文化艺术的发展和保护巴基斯坦珍贵文化遗产，致力于提高国民体育能力。

（二）持久稳定的内生增长

过去发展过程中，巴基斯坦对外部援助过度依赖，受外因影响较深。为保持国内经济社会持续稳定快速发展，《2025 远景》决定转变发展模式，更多地调动国内积极因素，形成内源式增长模式，以税收改革、加强科学研发和技术创新、出口贸易驱动经济发展、吸引外商直接投资等为抓手，自力更生，打造内生驱动、城乡平衡的社会。

巴基斯坦政府致力于维护宏观经济稳定发展，决心构建平稳的经济发展构架，支持国内各经济因素的运行，充分利用各潜在的经济增长点。为此，巴基斯坦决心削减财政赤字，在此基础上加大基础设施建设投入，支持巴基斯坦现代化发展进程，为国民经济增长提供充分的、可负担的资源；提高出口竞争力，改善经常项目赤字情况，增加盈余。私营部门将发挥经济增长引擎作用，农业和中小企业的现代化是经济发展的补充驱动。私营部门的投资将受益于财政赤字减少，此外，巴基斯坦政府还将进一步改善营商环境，吸引更多外商直接投资。到 2025 年，通过全方位改革来提高国家劳动生产率，使其翻两番。

为实现该战略，巴基斯坦政府将从以下几个方面进行努力：（1）引导占经济比重50%以上、吸收就业人口73.5%以上的非正规经营企业发展，使其规范化，在强有力的监管环境下为其提供积极的鼓励促进政策。（2）改革税收体制，提高税收占国民收入的比重；提高营商环境，加强信贷扶持，为外商投资提供"一站式"服务；促进出口贸易发展，从出口低附加值原材料转换至高附加值产品生产，完成产业升级，完整的供应链将大大提高巴基斯坦区域贸易和国际贸易的竞争力。（3）鼓励巴基斯坦海外移民将资源、先进技术和经验带回国内。（4）平衡城乡经济发展，打造智慧城市。（5）完善社会保障，确保社会公平和稳定。

（三）加快体制改革，提高政府治理能力

为建立民主政府，加快法制化进程，提高治理能力，巴基斯坦政府提出一系列体制改革措施，包括对现有政府机构进行重新审视、改组，建设新的监管体制，完善国家法律框架，减少军队对政府干预等，致力于打造一个反应迅速、包容、问责透明、高度负责的政府系统。

（四）能源、水资源及食品安全

能源、水资源及食品安全对经济可持续发展不可或缺，为保证向公众提供充分、可靠、清洁且成本低廉的能源、水资源及食品，巴基斯坦将加强政府部门和私营部门的合作，加大在这些领域的投资力度，通过一系列工程项目来弥补当前巨大的能源缺口和水资源缺口，增加社会食品生产。

在能源领域，为消除电力缺口，到2025年完全满足国内电力需求，巴基斯坦政府鼓励各领域能源生产和利用，包括混合油、天然气、水电、煤炭、核能、太阳能、风能和生物质能等，并且正在大范围地探索本国的页岩气储量。目前规划的大型工程多为水电、煤矿和核能。《2025 远景》要求尽快完成达苏（Dasu）水电站项目与巴沙（Diamer Bhasha）水电站项目，二者合计发电量 9 500 兆瓦，以及充分挖掘塔尔（Thar）煤矿和嘎达尼（Gaddani）电力园区的潜力，实现发电量 6 600 兆瓦。此外，巴基斯坦政府在积极关注节能减排、减少电力生产、运输损耗的工程项目。巴基斯坦政

府强调，中巴经济走廊将为巴基斯坦的电力发展战略提供坚实依靠。一方面，巴基斯坦目前具有巨大的能源节约效益，通过使用高功率效率的设备，可能节省15% –20%的国家能源消费，巴基斯坦政府欢迎节能减排和提高效率的工程项目；另一方面，鼓励私人部门对巴基斯坦电力发展的投资与合作。

水资源领域，巴基斯坦政府要求以增加储水量，加强水资源管理、减少各行业水资源浪费、通过合理化定价提高水资源利用率，控制、减少和消灭水资源污染等各种方式，来缓解本国面临的水资源压力。其中，农业/农村用水占据全国用水量的95%，改变巴基斯坦广大农村地区用水方式、提高灌溉率迫在眉睫。

食品安全领域，巴基斯坦政府希望到2025年时，能够使"任何人、任何时候，都有途径并且有能力去获得他健康所需要的充分的、安全的、富有营养的食物"。为此，巴基斯坦政府希望通过以下途径解决食品安全问题：（1）为最贫困人口制定长期救济政策；（2）创建一个高效、现代化和多样化的农业部门，完善与之相关的能源和基础设施建设，确保稳定和充分的国内食品供应和高质量的产品出口；（3）优化农业生产线和供应线；（4）力求供应链能够提供稳定、丰富、营养均衡的食品，保证国民身体健康；（5）应以可持续方式进行农产品生产，提高资源利用率。

（五）投资与创业带动经济增长

在这一发展蓝图中，巴基斯坦政府立志将本国打造为一个充满投资吸引力的国家，坚定认为投资和创业能够进行社会资源的有效配置，带动巴基斯坦经济发展，从而达到设定的目标。当前在巴基斯坦营商面临的最大障碍就是政府腐败、政策不稳定、公共部门支出过高导致私人部门挤出、基础设施不足，以及官僚化的管理，此外，国家干预过多也是巴基斯坦对外投资吸引力降低的原因。为此，巴基斯坦政府决定提出以下措施解决这些问题：（1）设立有效的监管框架，制定明确而友好的产业与竞争政策，将商业法庭分离出来，提高商业纠纷处理效率，简化管理办法，加强知识产权保护等；（2）弥补基础设施不足的缺陷，包括交通、通信、水资源和能源等；（3）保持宏观经济的稳定性；（4）增强公共部门和私营部门合作，加强私营部门在基础设施建设方面发挥作用；（5）综合包括财政政策、货币政策在内的其他方面因素，协同创造良好投资环境，设立经济特区、出口加工区、工业园区等，为投资提供一揽子服务。其中，《2025 远景》重点强调大力发展中小企业，加强中小企业信贷扶持，改善中小企业生存环境，让中小企业更好地为经济发展服务。

（六）发展知识经济，提高竞争力

创新、价值创造和不断提高的竞争力是立于世界强国之林的关键，每个国家持续健康的发展都离不开知识和科技的驱动。巴基斯坦政府认为在经济全球化发展的情况下，为提升本国工业/制造业、农业、服务业在全球的竞争力，必须通过知识经济实现效率、质量和生产率的提高，增加本国企业在全球的市场份额。为实现这一目标，巴基斯坦政府决定在以下几个方面进行努力：（1）提高初级教育和医疗保健的质量，大力发展高等教育，打下知识经济的坚实基础；（2）提高产品市场效率和劳动力市场效率，建立更为成熟的金融市场；（3）促进信息通信技术的发展，促进产业信息化建设；（4）提高国内市场需求，积极扩大国外市场；（5）充分发挥规模效应和集群效应，进行产业升级，以创新驱动企业发展；（6）建立工业园区和企业孵化中心，加强知识在实体经济中的运用等。

（七）现代化的交通基础设施建设和区域互联互通

交通运输业占巴基斯坦 GDP 的 10%，并提供 6% 以上的就业岗位。《2025远景》寻求建立一个高效综合的运输系统，为本国经济发展服务。交通基础设施建设将包括以下几个方面：（1）公路。将全国公路网络从 260 000 公里增加至 358 000 公里，道路密度提升至 0.45 公里/平方公里。（2）铁路。将速度从 95 公里/小时提升至 120～140 公里/小时，主线轨道增加一倍，通过现代化技术提高运输能力。交通基础设施将贯穿国内南北和东西经济走廊，连接中国及其他中亚国家。（3）航空。加强航空基础设施建设，提高货运处理和客运承载能力，以满足现代化的全球产业供应链需要。（4）港口。巴基斯坦港口需要大量的投资以升级设备和港口基础设施建设，提高货物处理效率和服务标准，在航运服务竞争中取得优势。

目前，巴基斯坦交通基础设施建设领域具有大量的投资机会，道路运输承担了全国95%以上的客运和货运规模，铁路设施极度缺乏。同时，巴基斯坦拥有超过1 000公里的海岸线，专属经济区24万平方公里，均属于开发区。卡拉奇港和加西姆港处理国内95%以上的贸易货物，瓜达尔港投入使用后将成为巴基斯坦第三大深水港，但该港口的建设还有待完备。此外，中巴经济走廊提供的大型建设项目有喀喇昆仑高速公路升级、南北走廊交通建设、瓜达尔港口和国家贸易走廊交通连接、中国西部和巴基斯坦输油管道建设等。中巴经济走廊为巴基斯坦的发展提供了一个前所未有的发展机会，帮助巴基斯坦整合区域和国际发展，以瓜达尔港口为支点，成为东南亚贸易和制造业中心。

专栏：《2025远景》具体目标

1. 公民权利

巴基斯坦将提升人民生活水平放在七大优先发展领域的第一位。在联合国开发计划署（The United Nations Development Programme，UNDP）发布的2013年人权发展报告中，巴基斯坦在187个国家中位列第146位，该人权发展报告主要考核的指标为健康、教育以及生活质量。

（1）最迟于2018年，对教育的投入将提升至GDP的4%；

（2）小学入学率提升至100%，人民识字率90%以上；

（3）将高等教育覆盖率从7%提升至12%，博士数量从7 000增至15 000；

（4）增加的人口获得经改善的医疗条件比例从48%提升至90%；

（5）显著提升性别平等指数，使其达到1；妇女劳动参与率从24%上升至45%；

（6）将婴儿死亡率从0.74%降至0.4%以下，孕妇死亡率从2.76%降至1.4%以下；

（7）肝炎、糖尿病、胃肠炎、心脏病等病发率下降50%；

（8）至少获得两项世界运动会冠军，并在亚洲运动会上获得至少25块奖牌。

---

2. 经济增长指标

（1）到 2025 年，巴基斯坦成为全球前 25 经济体，达到中上收入国家水平；

（2）将贫困指数降至目前的一半；

（3）将外商直接投资从目前的 60 亿美元提高至 150 亿美元；

（4）将税收收入从当前 GDP 占比 9.8% 上升至 18%。

3. 政府部门体制改革和公共部门现代化

当前全球政治稳定指数排名全球倒数 1%，到 2025 年，这一指数要提升至全球前 50%，并消灭恐怖主义和暴力。按照世界银行的治理标准，控制并治理国家腐败程度，改变当前全球排名倒数 13% 这一情况。

4. 能源、水资源和食品安全

（1）实现电力生产翻两番，达到 42 000 兆瓦；提供能担负国家运行的不间断的电力；到 2025 年，生产电力将可以满足 90% 的人口需求，而非当今的 67%；

（2）降低平均每单位能源生产成本的 1/4，通过减少 10% 的运输损失，提升 15% 的生产效率来实现；

（3）增加国内电力供给，自给占比达到 50% 以上；

（4）将节能电器使用率提高到 80%；

（5）将水资源储备容量增长至 90 天，将水资源在农业中的使用效率提升 20% 以上，保证所有巴基斯坦干净饮用水的供给；

（6）将达不到食品安全保障人口的占比从 60% 减少到 30%。

5. 私人部门引领的经济增长

（1）在世界银行的营商环境报告中，位列全球前 50；

（2）将私营部门海外投资（通过汇款方式）从 140 亿美元增长到 400 亿美元；

（3）创造 5 个以上巴基斯坦全球品牌（超过 50% 的销量来自巴基斯坦之外的其他国家），使"巴基斯坦制造"成为质量保证；

（4）发展知识经济，创造附加价值；

（5）在世界经济论坛发表的全球竞争力报告中跻身前 75 位；

（6）使劳动和资本生产率翻三番；

（7）提高巴基斯坦的世界银行知识经济指数，从2.2提升至4.0，将互联网普及率提升至50%；

（8）将访巴游客数量提升至200万人次。

6. 现代化基础设施建设和区域交通联通

（1）将公路覆盖密度从32km/100平方公里翻两番，提升至64km/100平方公里，并将铁路运输占比从4%提升至20%；

（2）每年出口250亿美元到1 500亿美元。

《2025年远景》承担着四重重任：第一，符合巴基斯坦本国和其他国家经济发展利益，具有国内国外预期一致性。第二，这是一份阐明雄心勃勃的国家发展目标，规划巴基斯坦未来发展的具体道路，制定了兼顾人权、社会、经济发展的连续性战略。第三，为巴基斯坦复兴描绘了蓝图，致力于建设一个可持续性发展和充满包容性的平台，使巴基斯坦所有公民受益，让这个国家实现民族复兴，步入世界强国之林，并以此迎接巴基斯坦独立运动100周年纪念日。第四，将弘扬巴基斯坦本土精神，在这种精神的鼓舞下追求全方位发展，达成各项目标，支持巴基斯坦在国际舞台上有更加良好的表现，向世界展示一个热情向上、积极发展的巴基斯坦形象，创建国家品牌，实现"巴基斯坦之梦"。

二、各省发展规划

（一）旁遮普省

旁遮普省是巴基斯坦工业和农业最发达、人口最多的省份。2015年3月，旁遮普省计划发展部发布最新五年规划《旁遮普省发展战略2018》，[①] 其发展重点与巴基斯坦联邦政府的远景战略思想相同。这份五年规划文件指出旁遮普省发展面临的诸多困境：制造业产能利用不足、出口发展停滞、劳动力和

---

① 旁遮普省政府计划发展委员会，《PUNJAB GROWTH STRATEGY 2018》，2015年3月。

资本利用率低下、失业率居高不下而劳动力技能偏低、安全形势严峻等，要求积极拉动内生增长来克服这些困难，将旁遮普省打造成为安全、充满活力、工业化和现代化的繁荣经济体，并让人民从经济发展中受益，提高人民权利和生活质量。

旁遮普省政府认为，推动经济增长和社会发展的关键在于以下六个方面：

（1）促进旁遮普省 GDP 增长。通过规模效应提高劳动生产率，升级基础设施和解决能源短缺问题以改善投资环境，改革政府治理，积极开发新的经济增长点，推动城镇化发展并充分发挥城市集群效应。

（2）促进私营部门投资复苏，带动私营部门主导经济发展。

（3）就业增加带来经济增长。大力扶持能够吸引大量劳动力的产业，增加人力资源投资，提高新增就业质量。

（4）促进出口贸易发展，专注于出口导向型经济增长。

（5）完善社会福利和保障机制，为人民提供高质量的教育、医疗健康、安全保护服务，重点关注贫困和弱势群体。

（6）有效改善旁遮普省安全局势，完善政府管理和法律体制。

省政府最新五年规划目标将重点放在经济、就业、社会安全与稳定等方面。到 2018 年，旁遮普省要达到年均 8% 的实际经济增长，每年私营部门投资不少于 175 亿美元，出口贸易年均增长 15%。就业方面，培养出不少于 200 万的专职培训毕业生，每年新增高质量就业岗位不少于 100 万。此外，省政府还致力于建立完善的法律体系和社会管理秩序，减少犯罪，缩小与印度和孟加拉国的安全形势差距。

（二）俾路支省

俾路支省是巴基斯坦最大的省份，也是经济发展相对比较落后的省份。巴基斯坦扶贫基金（Pakistan Poverty Alleviation Fund，PPAF）在 2013 年发布《俾路支省发展战略——经济社会发展蓝图》,[①] 帮助俾路支省做全方面的发展规划。

---

① 巴基斯坦消除贫困基金会，《Balochistan Strategy》，2013 年。

在经济发展方面，不同于其他 3 个省份具有人口资源优势，由于人口资源稀缺，俾路支省并不擅长劳动密集型产业，农业和工业发展相对落后。俾路支省经济规模占巴基斯坦全国 GDP 中的比重仅为 4% 左右，未来经济增长要大力依靠服务业发展。PPAF 以三方面为抓手，支持俾路支省社会经济发展。

（1）解决最贫困人口和弱势群体的生存问题，显著提升人们的生活水平。

（2）显著增加金融服务供给，加深俾路支省与国家、国际市场的联系。

（3）加强富有效率和可持续性发展的社会公益团体的权利，提升其能力，让其在帮助俾路支省贫困人口摆脱生活困境过程中发挥更大作用。

在公民权利方面，PPAF 希望在 2015 年实现饥饿人口减半，实现初级教育普及，人民医疗健康状况得到改善，确保环境可持续发展。在经济发展方面，由于俾路支省农业人口仅占总人口的 1/3，农业收入较低，非农业活动收入是该省主要收入来源，因此建议推动该省非农业发展，保障收入多元化和减少贫困，充分利用当地自然资源创造收入，同时促进出口贸易增长，增加俾路支省与其他区域的经济联系。

（三）开伯尔—普什图省

开伯尔—普什图省是巴基斯坦最小的省，位于巴基斯坦西北边境，是普什图族和其他民族的家乡，农业是其经济的重要分支。同旁遮普省一样，开伯尔—普什图省政府 2014 年发布《开伯尔—普什图省全面发展战略 2014—2018》。① 开伯尔—普什图社会发展较其他 3 省缓慢，一直面临比其他 3 省更严重的问题：公共服务严重不足，司法体系不公现象屡见不鲜，失效的法律和失序的社会管理，随处可见的政府不作为等。这些都严重影响人民的生活水平，省政府也因此招致众多不满与非议。此外，过去 10 年中，开伯尔 - 普什图吸收了约 300 万阿富汗难民，承受着军事动荡、极端恶劣气候偶有发生、电力供给极度紧缺的压力，严重制约了开伯尔 - 普什图省过去 10 年的经济发展。为改变这一情况，省政府决定在未来 5 年中竭力解决这些问题。全面发

---

① 开伯尔—普什图省政府，《INTEGRATED DEVELOPMENT STRATEGY 2014—2018》，2014。

展战略（Integrated Development Strategy，IDS）就是在这种情景下提出的，它综合了省政府此前提出的《综合发展战略》（Comprehensive Development Strategy，CDS）、《经济增长战略》（The Economic Growth Strategy，EGS）等发展规划，尝试通过建设透明、腐败程度较低的政府管理体制，保障社会安全，保障人民基本权利和私有财产。IDS 是省政府提高人民生活质量、消除不公平现象、为人民创造繁荣社会的最重要助力。

IDS 关注全方位的社会发展问题，其中着重强调经济发展、社会安全、消除贫困、公民权利四个方面。省政府认为，推动经济发展的助力主要在于城镇化、区域贸易与区域交通、服务贸易出口收入三方面。这主要是因为：开伯尔－普什图省 83% 的人口居住于农村地区，城镇化发展潜力巨大；该省位于巴基斯坦南北经济走廊顶端，连接卡拉奇港口与阿富汗和中亚，具有区域贸易发展的先天地理优势；2012/2013 财年，巴基斯坦收到 130 亿美元的海外务工人员收入汇回，并占据 GDP 规模的 5%，其中每 4 个在外务工巴基斯坦人中便有一个是开伯尔－普什图省人。充分发挥这三个因素的发展潜力，可以有力推动该省经济发展。

第四节　巴基斯坦的对外关系

一、对外政策

巴基斯坦奉行独立和不结盟外交政策，注重发展同伊斯兰国家和中国的关系。致力于维护南亚地区和平与稳定，在加强同发展中国家团结合作的同时，发展同西方国家的关系。支持中东和平进程，主张销毁大规模杀伤性武器，呼吁建立公正合理的国家政治经济新秩序。重视经济外交，要求发达国家采取切实措施，缩小南北差距。目前已同世界上 120 多个国家建立了外交和领事关系。

二、巴基斯坦同其他伊斯兰教国家的外交关系

巴基斯坦同伊斯兰国家一直保持友好关系，把发展和巩固同伊斯兰国家的关系作为其外交政策的支柱之一，并为促进伊斯兰国家间的团结与合作发

挥积极作用。巴基斯坦特别重视同沙特的关系，与沙特政治、经济和军事关系密切。进入 21 世纪以后巴基斯坦和土耳其关系迅速升温，2010 年 7、8 月间，巴基斯坦发生历史罕见的特大洪灾，土耳其向巴基斯坦提供了大量无偿援助，援助金额在伊斯兰国家中位居前列。

三、巴基斯坦同美国的外交关系

冷战期间，巴美关系密切。此后，巴基斯坦因核试验和政变招致美国制裁。"9 · 11"事件后，巴基斯坦参加国际反恐战争，助美反击恐怖主义，并采取措施打击国内极端主义势力。美国奥巴马政府上台后，出台对阿富汗、巴基斯坦的新战略，加大对巴基斯坦军事和经济投入。2009 年 10 月，美国出台 5 年内向巴基斯坦提供 75 亿美元援助的"克里 – 卢格法案"。两国建立了战略对话机制。同时，两国间信任赤字严重。巴基斯坦对美国无人机频频进入巴基斯坦北瓦济里斯坦部落区打击恐怖主义十分不满。2011 年，受本·拉登在巴基斯坦境内被击毙、美国和北约越境空袭巴基斯坦边境哨所事件等影响，巴基斯坦关闭境内北约后勤补给线，一度中断同美国高层互访。美国暂停部分对巴基斯坦军事援助。两国关系降至冰点。

2012 年以来，两国高层逐渐恢复接触。2012 年 4 月，巴基斯坦会议通过关于调整对美国关系和整体外交政策的指导原则，要求美国尊重巴基斯坦主权，就越境空袭事件无条件道歉，停止无人机越境打击等。7 月，美国就越境空袭事件正式道歉，巴基斯坦随后重开北约后勤补给线，两国关系逐步得到改善。2013 年 6 月谢里夫总理执政后，主张改善与美国关系，同时反对美国对巴基斯坦进行无人机袭击。7 月底，美国国务卿克里访问巴基斯坦，双方同意重启巴美战略对话。10 月，谢里夫总理访问美国，会见美国总统奥巴马，双方同意建立持久合作伙伴关系，美国宣布恢复向巴基斯坦提供 16 亿美元经济和军事援助。11 月，美国无人机在巴基斯坦境内击毙巴塔利班头号人物马赫苏德，导致巴基斯坦政府同巴塔和谈进程停滞。巴基斯坦对此表示强烈反对，两国关系受到冲击。随后，巴美政府仍坚持改善双边关系政策，并于 2014 年 3 月重启巴美战略对话。

四、巴基斯坦同印度的外交关系

巴印于 1976 年复交。2004 年以来，巴印启动全面对话进程，双边关系持续缓和。2008 年上半年，两国启动第五轮全面对话，并首次开通跨克什米尔控制线贸易。11 月，印度孟买发生重大恐怖袭击事件，印度指责巴基斯坦境内组织有染，两国关系骤然紧张。经过国际社会斡旋，两国紧张局势有所缓和。2009 年，印度总理辛格分别同巴基斯坦总统扎尔达里和总理吉拉尼在上海合作组织峰会与不结盟首脑会议期间进行会晤。2010 年 2 月，巴基斯坦外秘巴希尔同印度外秘拉奥琪在新德里举行外秘级对话。4 月，两国总理在南盟峰会期间会晤。2011 年 2 月，两国外交部宣布重启对话进程，包括克什米尔、反恐、水资源等 8 个议题。3 月，应印度总理辛格邀请，巴基斯坦总理吉拉尼赴印度观看板球世界杯印巴间的半决赛，并与辛格会晤。2012 年 4 月，巴基斯坦总统扎尔达里以私人身份访问印度，成为 2005 年以来首位访问印度的巴基斯坦国家元首。2014 年 5 月，巴基斯坦总理谢里夫受邀出席印度新一任总理莫迪的宣誓就职仪式。8 月，由于巴基斯坦驻印高级专员会见印控克什米尔地区"泛党自由大会"领导人，印度宣布取消两国外秘级对话。10 月以来，巴印在控制线附近连续发生交火，造成双方至少 17 人死亡，双方相互指责对方挑起事端。2015 年 3 月，印度外秘苏杰生访问巴基斯坦。7 月，上海合作组织乌法峰会期间，巴基斯坦总理谢里夫和印度总理莫迪举行会晤，两国关系出现积极势头，但并未恢复全面对话。

五、巴基斯坦同中国的外交关系

中国和巴基斯坦是山水相依的友好邻邦，两国人民有着悠久的传统友谊。自 1951 年 5 月 21 日建交以来，两国交往密切，双方友好合作关系经受了国际和国内的风云变幻，堪称不同社会制度国家间关系的典范。在国际事务中，双方互相支持，积极配合，成为维护亚洲地区和平与稳定的重要因素。两国有着全天候的传统友谊和全方位合作关系，在各个领域的互利合作关系不断发展，时任国家主席胡锦涛评价两国为"好邻居、好朋友、好伙伴、好兄弟"。2010 年 12 月，在两国正式建交 60 周年前夕，时任总理温家宝对巴基斯坦进行正式访问，与巴基斯坦总理共同宣布 2011 年为"中巴友好年"，两国

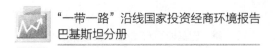
举行了一系列纪念和庆祝活动，进一步巩固和深化了两国传统友谊和务实合作。2012 年 6 月，扎尔达里总统来华出席上海合作组织领导人会议。2013 年 5 月，李克强总理对巴基斯坦进行国事访问，两国发表关于深化两国全面战略合作的联合声明。2013 年 7 月和 2014 年 2 月巴基斯坦新任总理谢里夫和巴基斯坦新任总统马姆努恩·侯赛因分别访华。2014 年 4 月谢里夫总理来华出席博鳌亚洲论坛 2014 年年会，2014 年 5 月侯赛因总统来华出席亚信峰会。2015 年是双方商定的“中巴友好交流年”。2015 年 4 月，习近平主席对巴基斯坦进行正式访问，两国签署《中华人民共和国和巴基斯坦伊斯兰共和国建立全天候战略合作伙伴关系的联合声明》，巴基斯坦是目前中国唯一的全天候战略合作伙伴。2015 年 9 月 3 日，巴基斯坦总统侯赛因出席中国人民抗日战争暨世界反法西斯战争胜利 70 周年阅兵活动，与此同时，巴基斯坦方队也应邀参与本次阅兵仪式。

第二章　巴基斯坦农业、矿业和建筑业

第一节　巴基斯坦农业

一、农业发展概述

农业是巴基斯坦国民经济中的重要部门，也是巴基斯坦经济成长的主要动力之一，农业在整个GDP中占20%~25%。巴基斯坦约有75%的人口生活在农村，从事农业生产或与农业有关工作。农业劳动力占巴基斯坦总劳动力的66.5%。巴基斯坦农业以种植业为主，畜牧业基础较好，渔业比较发达，林业发展落后。农业对保障粮食安全、实现经济全面增长、减少贫困和实现工业化起着重要作用。巴政府决心使农业成为高效的、高生产力的和高盈利的部门，提高人民的生活质量，消除人民饥饿和营养不良等问题。巴基斯坦农业的宏观指标见表2.1。

表 2.1　巴基斯坦农业宏观指标

指标	2010	2011	2012	2013	2014
农业增加值/GDP 百分比	21.18	21.62	20.06	25.32	25.12
人均农业增加值（亿美元）	947.46	—	1 073.91	1 080.28	1 083.24
农村人口（亿）	1.11	1.13	1.14	1.13	1.14

资料来源：世界银行。

巴基斯坦农业在过去60多年里取得很大进展，但各时期增长率各有不同。①

---

① http：//www. nationsencyclopedia. com/economies/Asia－and－the－Pacific/Pakistan－AGRICULTURE. html.

巴基斯坦2005财年到2011财年农业增长率见表2.2。畜牧业和渔业一直呈增长态势，主要作物和次要作物增长率不稳定，但总作物增长率呈上升趋势。

表2.2 巴基斯坦农业增长率

单位:%

年度	合计	主要作物	次要作物	畜牧业	渔业	林业
2005—2006	6.3	-3.9	0.4	15.8	20.8	-1.1
2006—2007	3.7	8.3	-1.3	2.8	0.4	-29.5
2007—2008	1.5	-3.0	4.9	3.8	11.0	-8.5
2008—2009	4.0	7.8	-1.2	3.1	2.3	-3.0
2009—2010	0.6	-2.3	-7.7	4.3	1.5	2.2
2010—2011	2.4	-0.2	2.7	4.0	1.9	-0.4
2011—2012	3.1	3.2	-1.3	4.0	1.8	1.0

资料来源：巴基斯坦联邦统计局。

巴基斯坦主要农产品有棉花、小麦、大米、蔗糖、水果、蔬菜，以及牛奶、牛肉、羊肉和鸡蛋。巴基斯坦主要农作物产量指数见表2.3。除棉花外，其他主要作物均大致呈上升趋势。

表2.3 主要农作物产量指数 (以2005—2006财年为基准年)

作物	2011—2012	2012—2013	2013—2014
小麦	110.3	113.8	118.8
甘蔗	139.5	135.7	145.6
水稻	111.1	99.8	122.5
棉花	104.4	100.1	98.1

资料来源：巴基斯坦联邦统计局。

巴基斯坦是农产品贸易大国，巴基斯坦2011财年至2013财年主要进出口农产品见表2.4和表2.5。大米、肉类与棉花是最重要的出口农产品，其中大米和肉类出口额相对稳定，2012财年棉花出口额下降，但2013财年有所增长。小麦出口额逐年大幅下挫。棉花和乳制品是巴基斯坦最重要的进口农产品。其中，乳制品和小麦进口额逐年增长，糖进口额基本平稳，棉花进口额下跌幅度很大。

表 2.4　巴基斯坦主要出口农产品

单位：百万美元

	大米	小麦	糖	棉花	肉类
2011—2012	2 075.415	62.344	20.659	479.881	212.106
2012—2013	1 876.229	29.702	431.161	167.441	224.432
2013—2014	2 108.204	3.197	304.816	208.171	237.120

资料来源：巴基斯坦中央银行。

表 2.5　巴基斯坦主要进口农产品

单位：百万美元

	乳制品	小麦	糖	棉花
2011—2012	158.587	0.461	6.167	969.747
2012—2013	160.604	101.269	5.375	532.156
2013—2014	238.131	155.611	5.727	449.410

资料来源：巴基斯坦中央银行。

（一）种植业

巴基斯坦是全球至少 25 个农产品的前 10 大生产商，拥有世界最大的密集和多样的运河灌溉网络。[①] 2013—2014 财年，巴基斯坦农业增长率为 2.1%。主要农作物有小麦、大米、棉花、甘蔗等。表 2.6 显示 2010—2014 年主要农作物产量，其中小麦、甘蔗和棉花的产量较为稳定，大米与玉米的产量在 2013 财年直线上升，主要是由于新一代抗虫害生物技术的普及。

表 2.6　2010—2014 年主要农作物产量

单位：万吨

	2010/2011	2011/2012	2012/2013	2013/2014
小麦	2 521	1 359	2 421	2 528
大米	482	616	553	6 798
玉米	370	433	442	4 527
甘蔗	5 530	5 839	6 375	6 649
棉花（万包）	1 146	1 359	1 303	1 279

资料来源：巴基斯坦财政部年度经济报告 2013/2014 年。

---

① http：//www.pbit.gop.pk/chineses/agriculture.html.

1. 棉花

巴基斯坦是世界第四大棉花生产国和第三大棉花消费国,15%的耕作土地都被用于棉花种植,大约有160万农民以种植棉花为生。棉花主要产于旁遮普省和信德省。由于棉花是巴基斯坦最重要的经济作物,年棉花产量是衡量巴基斯坦经济的晴雨表。2014年,棉花生产占巴基斯坦GDP的8%,雇佣了17%的全国劳动力,创造了54%的外汇收入。同时,棉花也是巴基斯坦支柱产业——纺织业的原材料之一。① 巴基斯坦2015年棉花产量预计较2014年提高12%,比近10年平均产值高10%。棉花产量增长的原因之一是巴基斯坦农民受邻国印度、中国的农民启发,热衷于种植转基因棉花。2014年,巴基斯坦95%的棉花种植面积都种植了Bt棉花②。此外,国际市场形势、竞争性农作物价格、生产要素供应和政府政策都对棉花种植面积和棉花产量起着重要影响。

2. 甘蔗

巴基斯坦是世界第七大产糖国,甘蔗种植面积约105万平方公顷,占耕地总面积5%左右,年产糖量约为400万吨,平均产糖率为8.69%,绝大部分甘蔗种植在旁遮普省和信德省。蔗糖业每年创造超过17亿美元的收入,提供超过7万个直接就业岗位和1万个间接就业岗位。巴基斯坦年人均糖消费量约为25千克,高于国际平均水平。2015年,巴基斯坦预定5 500万吨甘蔗产量的目标很可能被超过,已经做好甘蔗丰收的准备。③ 巴基斯坦生产的甘蔗为全国85间制糖厂提供原料。除去糖业,甘蔗在巴基斯坦也被用于医用酒精、燃料乙醇,甘蔗渣是纸张,以及是发电厂的原料之一。

3. 水稻

水稻是巴基斯坦主要农作物之一,水稻产量占全国粮食产量的17%,种植面积超过250万平方公顷,占全国耕种面积的11%。全国4个省份中,旁遮普省是最大的水稻种植省份,占全国水稻种植面积的69%,产量占59%。

---

① Clay, M, Hamilton. Cotton and Products Annual 2014 [R]. Pakistan: USDA Foreign Agricultural Service, 2014.

② Bt棉花:体内融合了BT杀虫基因,能够稳定地合成BT杀虫蛋白,并能有效地减轻棉铃虫等相关害虫的危害,降低农药用量的一种转基因棉花。

③ 李奇伟. 巴基斯坦甘蔗科研生产考察报告 [J]. 甘蔗糖业,2010 (6):14-40.

目前，巴基斯坦水稻年产量为世界第 11 位。2015 年巴基斯坦大米产量为 690 万公吨，大米出口量世界第 6，占全球总交易量的 10%，出口大米占外汇交易的 13%，是继棉花出口后巴基斯坦第二大外汇来源。① 其中，出口的巴斯马蒂（basmati）香米占此米世界交易量的 25%，因此巴斯马蒂（Basmati）香米是主要的稻米出口品种，也是旁遮普省生产的世界著名香米。巴斯马蒂香米是由印度河、差那巴河、瑞比河、刹特勒加河和简和那母河的河水以及喜马拉雅山的雪水共同灌溉而生的，米粒细长、香气扑鼻，煮熟后米粒韧性好，深受国际市场的青睐。②

4. 小麦

小麦是巴基斯坦的主要农作物之一，占耕种面积的 40%，构成巴基斯坦居民食物摄入的 37%，贡献了 10% 的 GDP。小麦主要种植省份为旁遮普省和信德省，共占 88% 的小麦产量。自 20 世纪 60 年代以来，小麦产量一直呈现稳步增长趋势，2014 年达到 2 500 万吨，种植面积约 860 百万公顷，成为世界第 7 大小麦产国。2015 年，利好的水资源和天气条件使巴小麦产量有望超过 2014 年产量，种植面积将达 880 百万公顷。③

5. 柑橘

巴基斯坦是世界第 10 大柑橘生产国，种植面积为 193 212 公顷，每年增加 5%。一共有 187 种柑橘水果，其中较为出名的有橘子、橙子、柠檬等。巴基斯坦的特产 Kinnow 属于橘子类。巴基斯坦是世界最大的 Kinnow 生产地，约占世界的 95%。其中，旁遮普是 Kinnow 的种植中心，供应优质、高档柑橘类水果。④2009—2013 年巴基斯坦柑橘产量见表 2.7。

6. 芒果

芒果是巴基斯坦仅次于柑橘的第二大水果，过去几十年中，芒果产量呈现出健康增长，年产量从 1958—1959 财年的 13 万吨增长到 2007—2008 财年的 175.4 万吨，在 2013—2014 财年突破 190 万吨大关。巴基斯坦是世界第 4

① World Rice Production 2015/2016［EB/OL］. https：//www. worldriceproduction. com.

② 周行. 巴基斯坦的水稻生产概况［J］. 世界农业，2007（4）：1–3。

③ Clay，M，Hamilton. Grain and Feed Annual 2014［R］. Pakistan：USDA Foreign Agricultural Service，2014.

④ Trade Development Authority of Pakistan，Report on export of kinnow，2010.

大芒果生产国,仅次于印度、中国和泰国,在全球芒果产量中的份额为4.6%,主要生长在旁遮普省和信德省。2008 年,旁遮普省贡献了国家78.3%的芒果产量,信德省贡献了21%。[①]表 2.8 显示 2010—2011 至 2013—2014 财年巴基斯坦芒果种植面积与产量。

表 2.7   巴基斯坦 2009—2013 年柑橘总产量

年份	产量(百万吨)
2009	2.13
2010	2.15
2011	1.98
2012	2.15
2013	2.15

资料来源:FAOSTAT。

表 2.8   巴基斯坦 2010—2011 财年到 2013—2014 财年芒果种植面积与产量

年份	芒果种植面积(万公顷)	芒果产量(万吨)
2010—2011	17.19	188.59
2011—2012	17.20	191.90
2012—2013	17.20	189.3
2013—2014	17.25	190.5

资料来源:巴基斯坦农业部。

(二)畜牧业

巴基斯坦牲畜数量全球第三,在 2012—2013 财政年度贡献了 11.9% 的GDP。巴基斯坦的肉类需求每年增长约 6%,禽类产量占肉类总产量的20%。[②]

1. 畜牧养殖与加工

畜牧业是巴基斯坦的主要农业产业之一,占农业附加值的49%,有 3 000

---

① Sindh Board of Investment, Prefeasibility – Mango pulping unit and dry mango products, 2010.

② http://boi.gov.pk/Sector/SectorDetail.aspx? sid = 1.

多万农民从事畜牧养殖业，平均每家每户养3头牛、6头羊，主要产品有牛奶、牛肉、羊肉、家禽与羊毛，家畜和家畜制品占巴基斯坦总出口额的8%。因此，巴是全球第8大肉牛饲养国和第10大肉羊饲养国。[①]

2. 奶制品

巴基斯坦是世界第五大牛奶产国，奶制品产业创造了超过700万个就业岗位。95%的牛奶由小规模的拥有2-3只产奶牛的小牛场生产。水牛和奶牛是牛奶的主要来源，62%的牛奶来自水牛，34%的牛奶来自奶牛。旁遮普省和信德省是生产牛奶的主要省份，旁遮普省的牛奶产量几乎是信德省产量的三倍。[②]

（三）渔业

巴基斯坦海岸线从印度到伊朗有1100公里，海洋区域超过陆地面积的30%，有非常丰富的鱼类资源，为巴基斯坦渔业发展提供了得天独厚的自然条件。其中，海洋捕捞业占渔业总产量的57%，是渔业唯一的出口创汇来源。巴基斯坦的渔业为约30万人提供直接就业，为40万人提供间接就业。2010年渔业产品出口占总贸易额的1.1%，主要鱼类有：鲻鱼、石斑鱼、鳗鱼、草鱼、印度鲮等。[③]

二、主管部门及发展规划

（一）旁遮普省农业局

1. 职能

旁遮普省农业局职能全面，其中与中国投资者相关的有：（1）农业借贷与援助；（2）地区性农业规划与政策制定；（3）研究农场管理问题；（4）预算、账目与审计事务处理；（5）农业有关法律法规的执行。更多旁遮普省农

①　方敏. 巴基斯坦的畜牧业投资机会［J］. 中国牧业通讯，2006（14）：59。

②　Food and Agriculture Organization of the United Nations. Dairy Development in Pakistan［R］. Pakistan：Umm e Zia，T. Mahmood and M. R. Ali，2011.

③　明俊超，闵宽洪，陈兴婷. 巴基斯坦渔业发展概况［R］. 科学养鱼，2013（4）：53。

业局职能请访问：http：//www. agripunjab. gov. pk.

2. 工作规划

工作规划的目的在于：提高农村生产效率；改善巴政府解决食品安全问题的现状；减少农村与城市间的收入差距；维持农业资源的供给。

（二）畜牧与乳制品发展委员会

畜牧与乳制品发展委员会（LDDB）旨在促进乳制品、肉类、禽类和畜牧业发展。LDDB 希望畜牧业与乳制品发展不仅能减少贫困人口，还可以作为巴基斯坦农业增长的驱动。LDDB 规划的目标有：（1）规划、促进和帮助在乳制品、肉类、禽类和畜牧业的投资；（2）通过研究发现畜牧业与乳制品行业的发展瓶颈，并提出应对措施；（3）帮助推广畜牧业产品；（4）组织、促进和协助生产者所持有的协会；（5）协助传播畜牧业先进的科技发展成果。

（三）旁遮普省渔业管理局

旁遮普省渔业管理局规划的职能有：（1）保护、管理和发展自然渔业资源；（2）执行旁遮普省渔业纲要；（3）提高渔业在巴基斯坦经济中的比重；（4）合理利用未被开发的渔业资源，使渔业生产最大化；（5）为人民提供营养丰富的鱼肉。

（四）农业发展规划

巴基斯坦政府的农业发展战略为：（1）培养专业人才，使农民的生产力提升；（2）与外国合作培育新型品种，以最大可能提高农业产量；（3）积极推广农业新技术；（4）政府加大对农民机械、灌溉等基础设施的投入；（5）发展未被开采的可耕地；（6）在国际场合宣传巴农业产品，提升国际竞争力。

三、农业发展的相关政策

巴基斯坦欢迎外商投资，中国企业在巴基斯坦投资农业的有利条件有：巴基斯坦与中国互为友好邻邦，巴基斯坦人欢迎且信任中国投资；农业项目投资属于 D 类（以农业为基础的产业），即允许外国资金直接流入。具体体现在：（1）投资领域开放。外国企业可在农业土地开发、水滩开发、果蔬培育、农产品加工、灌溉技术开发、饲料基地建设、农产品销售等领域向巴基斯坦投资。（2）鼓励措施。外国企业若投资巴基斯坦农业，可享受以下措施[①]：允许外资完全控股；允许多种形式的投资；允许利润、资本和红利汇回；可跳过联邦政府审批进行投资；公司化农业经营享受信贷自由；没有投资上限或下限；对土地使用面积没有最高限制，且可在租期 50 年后续租 49 年；不对进口农业机械设备征关税和销售税；农业所得税优惠；不受现行劳工法限制；不对公司化农业经营转让的土地征税；第一年享受厂房和机械设备投资额 3/4 的减税。

（一）棉花

巴基斯坦政府采取自由贸易政策，对棉花出口和进口均不设立量化限制或关税，所有贸易纠纷都通过国际棉花协会（International Cotton Association）解决。

棉花和纺织品是巴基斯坦最大的出口组成部分，因此对棉花收成、生产、消费、市场、进出口等方面的政策都会对整个国家经济产生深远影响。巴基斯坦提升棉花产量的策略有：增加棉花种植面积、鼓励使用生物科技种子、补贴肥料、控制病毒和害虫、发展媒体活动等。欧盟超普惠制（GSP Plus）使巴基斯坦纺织业和棉花种植省收益。旁遮普省政府新成立研究向欧盟出口棉花的专项内阁小组。[②]

（二）甘蔗

巴基斯坦联邦政府不收购甘蔗，并不制定全国统一甘蔗收购价。各省政府、农会组织和制糖企业协商后，制定各省的甘蔗收购价。巴基斯坦对原糖征收 15% 的关税，对食糖征收 16% 的消费税。[③]

---

① 驻卡拉奇总领馆经商室. 中国投资巴基斯坦农业大有可为［N］. 国际商报，2004 - 05 - 31：008。

② Clay，M，Hamilton. Cotton and Products Annual 2014［R］. Pakistan：USDA Foreign Agricultural Service，2014.

③ Orestes，H，Vasquez. Pakistan Sugar Annual［R］. Pakistan：USDA Foreign Agricultural Service，2013.

（三）水稻

为促进大米出口，巴基斯坦制定了以下政策：

1. 加大对水稻种植的财政投入，着力提高大米质量和生产量

巴政府着重协助研制优良稻种，培训稻农对农药、肥料、虫药和农业机械的使用，提高生产效率。

2. 统一大米行业规范，成立大米出口商会

巴基斯坦大米出口公司（Rice Export Corporation of Pakistan）在新中国成立初成立，但由于大米行业日益国际化、全球化，由单一机构管控大米出口的弊端愈加明显。因此，1987—1988 年间，巴基斯坦政府向私人领域开放大米出口经营。与此同时，为规范行业，大米出口商协会（Rice Exporters Association of Pakistan，REAP）由商业部、食品农牧部和计划委员会共同成立。自此，大米出口进入摆脱垄断的新纪元。自 1992 年起，巴基斯坦政府要求所有大米出口从业者必须加入 REAP。REAP 在国内外发挥的作用主要有：（1）制定行业标准；（2）连接业界与政府；（3）协助宣传；（4）制定行业发展目标。

3. 推动巴大米出口，积极促进商务外交和贸易谈判

4. 在国际组织中争取对巴有利条件

（四）小麦

巴基斯坦政府对硬质小麦和普通小麦进口均征收 10% 的关税。自 20 世纪 50 年代以来，巴基斯坦政府就对小麦产业实施很强的干预措施。通过省食品部门和巴基斯坦农业储藏和服务公司（PASSCO），政府收购国内 1/3 的小麦产出。收购价、小麦售价和跨省小麦运输都被政府掌控。现有政府干预项目很大程度上限制了小麦产业的私营发展。延续现有旨在支持农民、平抑价格波动和补助所有消费者政策会给巴基斯坦公共支出带来沉重负担，是不利于可持续发展的。[①]

---

① Dmitry, Prikhodko. Pakistan Review of the wheat sector and grain storage issues ［R］. Pakistan：FAO Investment Center, 2013.

（五）柑橘

巴基斯坦制定的柑橘出口政策有：（1）柑橘产品与生产流程需定期通过 HACCP 和 ISO22000 的检验；（2）出口柑橘需要经过实验室检验，通过 ISO17025 标准；（3）为保证柑橘质量，采摘后需立刻冷藏，一般国家要求 2℃冷藏不少于 20 天。

（六）芒果

巴基斯坦政府制定的芒果出口政策①有：（1）从巴基斯坦空运出口到中国、欧洲、加拿大、伊朗、科威特和巴林的芒果包装规格必须为 1.5、2、2.5、3、3.5、4、4.5、5、5.5、6、6.5、7、7.5、8kg 中的一种，误差率在 5%以内。（2）除非得到巴基斯坦商务部批准，芒果出口不得早于每年 5 月 20 日。（3）芒果出口商需定期将样本送到 PCSIR 实验室接受检验，检验项为可食用树叶和水质量。

（七）畜牧养殖与加工

巴基斯坦吸引对畜牧养殖与加工业投资的政策②有：（1）进口 35 马力以下和 100 马力以上拖拉机只征收 10%的关税；（2）所有农业机械免征中央消费税；（3）外国资本最高可占农场总资本的 60%；（4）对土地使用面积没有最高限制，且可在租期 50 年后续租 49 年；（5）可为农场建设提供信贷支持；（6）所得利润和红利免税，且允许汇回；（7）出口加工过的禽肉产品的代扣所得税从 1.25%降为 0.75%。

（八）乳制品

巴基斯坦禁止未加工牛奶在市场上销售。③自 2012 年起，决定将加工牛奶、酸奶、奶酪、风味牛奶、黄油和奶油的销售税取消。另外，肉类和乳品

---

① Islamabad Chamber of Commerce&Industry, Report on mangoes from Pakistan.

② 方敏. 巴基斯坦的畜牧业投资机会［J］. 中国牧业通讯, 2006（14）：59。

③ 刘卫国. 巴基斯坦将禁止未加工牛奶上市［EB/OL］. http：//karachi. mofcom. gov. cn/aarticle/jmxw/200309/20030900125252. html.

加工机械的进口关税降至零。①

（九）渔业

巴基斯坦2001年公布《巴基斯坦渔业法案》，明确提出欢迎外国公司开发与合作。外国公司可在捕捞同时引进捕捞渔船，提高捕鱼效率。此外，渔船出航费为每次2 000美元，30天内必须返港；所有渔船必须安装GPS定位系统。②

四、中巴农业贸易投资机遇与风险

（一）棉花

巴基斯坦是棉花净进口国，首要原因是国内对用于纺织高质量棉花的强势需求。2015年巴基斯坦棉花总进口量达260万包（bale），比2014年降低23%。2014年高进口量主要来自于欧盟超普惠制（GSP Plus）后巴基斯坦纺织业的高需求。至今为止，印度棉花出口在巴基斯坦市场占有最大优势，每年通过陆路向巴基斯坦出口约200万包的未加工棉花和纺线。巴基斯坦倾向印度棉花出口是由于低廉的交易费用：印度的交易费用为2%，而北方国家的交易费用为5%。

巴基斯坦纺织业愈加依赖进口美国ELS/Pima棉花和未污染的高地棉花来满足生产更高品质纺织品的需求。实际上，巴基斯坦已是美国ELS/Pima棉花的主要进口国之一。巴基斯坦公司经常进口高地棉花的原因是国产棉花经常以各种形式被污染。污染问题经常在收割和染色过程中发生。数据表明，污染使棉花成本增高10%。

巴基斯坦棉花出口在2015年将达到50万包，在2014年的基础上增加25%。巴基斯坦曾是中国棉纱进口的最大供应国，2012年占据中国市场40%左右的份额。然而，随着中国产能限制导致的需求转移，印度取代巴基斯坦占据中国市场的主导地位。2013年巴基斯坦在中国的份额降至28%，并在

---

① 明俊超，闵宽洪，陈兴婷．巴基斯坦渔业发展概况［R］．科学养鱼，2013（4）：53.

② 明俊超，闵宽洪，陈兴婷．巴基斯坦渔业发展概况［R］．科学养鱼，2013（4）：53.

2014 年继续下降。① 但是，由于近几年中国政府和投资者在巴基斯坦投资和中巴经济合作的深入，巴基斯坦棉花出口在中国市场更受欢迎。

> **专栏：中国－巴基斯坦联合棉花生物技术实验室备忘录**
>
> 2015 年 4 月，中国和巴基斯坦政府签署中国科学技术部和巴基斯坦科学技术部关于建立中国－巴基斯坦联合棉花生物技术实验室备忘录，旨在研究具有新生物特性的棉花品种，从而提高棉花产量。

（二）甘蔗

鉴于中巴甘蔗业的合作领域，中国企业可以瞄准以下几方面来进行投资：

（1）巴实验室、仪器等基础设施的准备和建设；

（2）中国优良甘蔗品种的引进和试验；

（3）甘蔗专用肥料的研究和生产；

（4）以甘蔗糖厂滤泥、蔗糠、炉灰等废弃物为原料的生物肥料厂的建立；

（5）节水抗旱设施的提供，如地膜、喷灌机等；

（6）低残留化学农药、螟虫等害虫防治技术的提供。

> **专栏：中巴甘蔗业合作备忘录**②
>
> 中国广州甘蔗糖业研究所与巴基斯坦签订了甘蔗业合作备忘录，其中涉及的合作领域包括：
>
> （1）适合巴基斯坦情况的早熟、高产、高糖、抗旱的甘蔗新品种的培育；
>
> （2）甘蔗栽培技术；
>
> （3）植物保护与抗虫病技术；
>
> （4）甘蔗研究设施的建设；
>
> （5）生物和检疫技术；
>
> （6）巴基斯坦甘蔗科研人员的培训。

---

① 萨吉德·拉提夫·谢赫. 中国巴基斯坦合作潜力大［EB/OL］. http://www.cottonchina.org/news/pubzmb.php? articleid=167197.

② 李奇伟. 巴基斯坦甘蔗科研生产考察报告［J］. 甘蔗糖业，2010（6）：14－40.

（三）水稻

巴基斯坦国内与国际大米贸易愈来愈注重大米质量。因此，巴基斯坦现在急需整合水稻种植和营销方案来满足全球市场的需求。巴基斯坦专注于出口长、特长香米品种——巴斯马蒂香米，主要出口欧盟、阿联酋、澳大利亚、美国等国家。此香米品种在国际市场上的价格可达到每吨 567 美元，而糙米价格仅为每吨 240 美元。2014—2015 年度，巴基斯坦出口大米 393 吨，比上年增长 6%。但由于国际米价下跌，巴基斯坦出口产值减少，从上年的 21.6亿美元跌至 20.3 亿美元。

中国对巴基斯坦大米需求强劲，2013—2014 年度巴基斯坦向中国出口大米 353 675 吨，产值 1.28 亿美元。事实上，巴基斯坦有能力每年出口中国 60—70 万吨大米，因此巴基斯坦将对华出口更多大米。2014 年 7 月至 2015 年 6 月，巴基斯坦对中国出口巴斯马蒂香米共 656.63 百万吨，产值 651 747.83美元；出口非巴斯马蒂香米 280 912.59 万吨，产值 109 729 963.84 美元。由此可见，中国对巴基斯坦大米的需求更多集中在非巴斯马蒂品种上。[1]

中国不仅是巴基斯坦重要的大米出口国，也是巴基斯坦杂交水稻项目重要的合作者。早在 2009 年，中巴就曾合作研究杂交水稻项目，在中国专家赴巴考察期间帮助巴基斯坦研制了 IRRI 型大米。

专栏：红莲型杂交水稻之父

2014 年，巴基斯坦农业顾问委员会官员特意来华寻访"红莲型杂交水稻之父"、中国工程院院士朱英国先生，并为红莲型杂交水稻在巴基斯坦的广泛种植对其表示感谢。最重要的是，巴农业顾问委员会希望中国能在红莲型杂交水稻和其他杂交水稻品种方面与巴开展更多、更深层次的合作。

---

① 程鹏. 巴基斯坦或将向中国出口更多大米［EB/OL］。http：//www. askci. com/chanye/2015/01/30/133314kujv. shtml.

中巴水稻合作的另一座里程碑是建立杂交水稻研发中心的合作协议。2014 年，巴基斯坦农业研究理事会（PARC）、袁隆平农业高科技股份有限公司（YLHTACL）与拉合尔农业研究和服务有限公司（GAR&SPL）共同签署建立杂交水稻研发中心（HRRDC）合作协议，主要目的是为巴基斯坦研发出优良杂交水稻品种，结合巴基斯坦本地水稻品种和中国领先的杂交水稻培育技术，提高巴基斯坦水稻种植水平，实现水稻大幅增产。[1]

此外，中巴还经常就水稻培育话题开展交流活动。2015 年 3 月 9 日至 13 日，中国水稻研究所副所长应巴基斯坦卡拉奇大学化学和生物科学国际中心邀请，率专家 4 人携带新培育出的育种赴巴基斯坦进行交流，并签署加强水稻科技合作、杂交水稻开发等协议。[2]

（四）小麦

直至 2000 年，巴基斯坦都是小麦净进口国。2000 年起，巴基斯坦小麦进出口量由国内产量和需求决定。从 2010 年起，巴基斯坦成为小麦净出口国，但小麦进出口都需遵循严格的贸易制度。隶属于巴基斯坦政府的巴基斯坦贸易公司（TCP）制订了包括出口限制和进口投标等政策。2013—2014 年度，巴基斯坦小麦总出口量达 70 万吨，且阿富汗是最主要的小麦交易伙伴。巴基斯坦与阿富汗间密切的小麦贸易主要归功于易于获得和传统贸易纽带。巴基斯坦小麦进口量不固定，2013 年 1 月起开始投放政府库存小麦，以此取代小麦进口。然而，2014—2015 年度，小麦进口量取决于巴基斯坦高质小麦产量是否能满足国内市场需求。欧盟、俄罗斯、加拿大、美国、乌克兰和哈萨克斯坦是小麦进口主要来源国。

尽管巴基斯坦政府对小麦进出口有严格的掌控，中国企业可着手从以下两个方面入手投资巴基斯坦小麦产业：（1）因为巴政府和纳税者为购买小麦、运输和储藏提供经济支持，小麦商和磨坊主没有为改善基础设施而投资的动

① 世界农化网. 隆平高科与巴基斯坦两家机构签订杂交水稻研发协议［EB/OL］。http：//cn. agropages. com/News/NewsDetail——7886. html.

② 中国水稻研究所. 我所代表团赴巴基斯坦开展交流合作［EB/OL］。http：//www. chinariceinfo. com/recent/201503/8538. html.

力。巴基斯坦意识到比起公共投资，公私联营模式（PPP）投资是改善小麦储藏系统的更好选择，中国企业可积极投资有关改善小麦储藏的项目。①
（2）有关企业也可加速杂交小麦的研究，与巴签署合作协议。2014年世界种子大会上，中种杂交小麦种业与巴基斯坦佳德农业研究与服务（私营）有限公司签订"中国巴基斯坦杂交小麦产业化合作协议"，意味着国内优质杂交小麦品种将向巴基斯坦大规模投放。中国企业可抓住这一良机，积极投资将在巴基斯坦建设的杂交小麦研究院等建设项目、所需的研究基础设备等相关领域。②

（五）柑橘

巴基斯坦柑橘主要向阿富汗、俄罗斯、阿联酋、乌克兰、印度尼西亚、菲律宾和其他阿拉伯半岛与东南亚国家出口。根据表2.9，2010—2014年巴基斯坦柑橘出口额逐年攀升，呈健康增长态势。

表2.9　2010—2014年巴基斯坦柑橘出口额

单位：美元

年份	2010	2011	2012	2013	2014
柑橘出口额	106 092	138 651	155 877	171 384	192 577

资料来源：联合国国际贸易中心。

巴基斯坦《黎明报》2008年8月26日报道，随着一个载有26吨柑橘集装箱运往中国，巴基斯坦柑橘首次在中巴自由贸易协定框架下进入中国市场。中巴自由贸易协定规定对巴基斯坦园艺产品，如柑橘、芒果、蔬菜，进入中国时给予零关税便利。

投资方面，目前还没有中国企业赴巴基斯坦投资柑橘业的记录，但澳大利亚一直鼓励企业积极投资巴基斯坦柑橘业，因此中国企业可以借鉴澳大利亚企业的投资模式，并尝试开创出适合自己的投资路径。

2012年，澳大利亚果汁制造企业就与巴基斯坦种植柑橘的农民和中东投

---

① Dmitry, Prikhodko. Pakistan Review of the wheat sector and grain storage issues［R］. Pakistan：FAO Investment Center, 2013.

② 廖爱玲. 中国杂交小麦将"种进"巴基斯坦［N］. 新京报, 2014 – 05 – 28：A11.

资者合作，在巴基斯坦投资建立果汁加工厂。在此之前，澳大利亚企业就投入到巴基斯坦高等教育领域，为以后的投资做好人才储备工作。澳大利亚在巴基斯坦建立果汁加工厂的目的是利用澳大利亚先进的果汁制造工艺，提高巴基斯坦果汁的质量与生产效率，从而更好地开拓出口市场，尤其是海湾地区。[①]

中国企业在巴基斯坦建立水果加工厂最好充分利用其独特的柑橘品种——Kinnow。若建立一个每小时加工 10 吨 Kinnow 的工厂，每天工作 8 小时，一个季节 135 天就可以加工 10 800 吨 Kinnow。此加工厂约需 2 英亩土地，建造费和机械投入共约 1 981 万卢比（约 120 万元人民币）。此外，购买原材料也需 5 040 万卢比（约 300 万元人民币）。项目总投资约 7 021 万卢比（约420 万元人民币）。Kinnow 加工厂的工作流程是:[②]

清洗→吸干水分→打蜡→吸干水分→分级→装箱→称重→冷藏→运输

在巴基斯坦建立 Kinnow 加工厂的风险：（1）Kinnow 收成不稳定，且成熟周期很长；（2）巴基斯坦柑橘业还在发展阶段，缺少竞争性；（3）采摘、运输、装箱和冷藏环节技术落后，中国企业最好采用先进的技术方法；（4）Kinnow 加工需要大量劳动力，可能面临劳动力短缺问题。

（六）芒果

巴基斯坦芒果出口量基本平稳，2013—2014 财年比上一财年有所下降，主要出口到阿联酋、沙特阿拉伯、阿富汗、荷兰、伊朗、德国和卡塔尔。巴基斯坦芒果出口额稳步上升。

表 2.10 巴基斯坦 2010—2014 财年芒果出口量及出口额

年份	芒果出口量（万吨）	芒果出口额（百万美元）
2010—2011	8.96	33.80
2011—2012	8.51	36.62

① Shoaib – ur – Rehman, Siddiqui. Australia plans investment in citrus sector of Pakistan [EB/OL]. http://www.brecorder.com/top – news/108/56158 – australia – plans – investment – in – citrus – sector – of – pakistan – tim – george –. html, 2012 – 05 – 05.

② Lahore Agriculture Business Division, Kinnow Processing Plant, 2011.

续表

年份	芒果出口量（万吨）	芒果出口额（百万美元）
2012—2013	10.35	48.65
2013—2014	8.60	48.37

资料来源：巴基斯坦联邦统计局。

从 2010 年开始，巴基斯坦开始向中国出口芒果。对巴基斯坦芒果业来讲，中国是一个全新而又"潜力巨大"的市场。中国的潜在市场价值约 2 500 万美元，目前巴基斯坦芒果出口商已从中国获得大量订单并将逐步增加出口量。

巴基斯坦是全球第三大芒果产出国，但其出口量不到产量的 5%。多年来巴基斯坦商人也在果浆生产、脱水加工和包装方面希望中国厂商提供相应设备及技术。其中，果浆生产与脱水加工是巴基斯坦芒果业最重视的两个发展方面，中国企业可以着手投资。

1. 芒果果浆生产项目

（1）项目介绍。芒果果浆有着重要的附加价值，在本地和出口市场都有着较大的需求。因为巴基斯坦当地果汁饮料市场在过去 5 年有非常高的增长速度，果浆需求激增。

生产芒果果浆的公司可以通过增加经营天数和加入番茄来提高回报率和收益率。芒果果浆生产流程为：洗好芒果→去石子→提炼果浆→酸化→杀菌→冷藏。

（2）固定成本。芒果果浆生产项目的固定成本主要包括建筑与设备费用，总固定成本 28 000 万~29 000 万卢比（合人民币 1 700 万~1 800 万元）。

表 2.11 芒果果浆生产固定成本

	成本（万卢比）	约合人民币（万元）
芒果加工设备	12 500	750
番茄酱加工设备	6 000	360
其余机械与加工设备	4 000	240
冷藏设备	1 000	60
5 英亩土地	2 500	150
建筑费用	2 760	166

资料来源：信德省投资局。

（3）可变成本与毛利润。芒果果浆生产项目的可变成本主要包括芒果果浆的原材料与生产工具费用，生产每吨果浆的总可变成本在 58 470 卢比左右（合人民币约 3 500 元）。

表 2.12　芒果果浆生产可变成本（每吨芒果果浆）

	数量	成本（卢比/吨果浆）	成本（人民币元）
芒果	1.615 吨	32 300	1 938
无菌袋	4.7 个	3 300	200
大桶	4.7 个	9 870	592
加工费	—	8 000	480
日常管理费用	—	5 000	300
总可变成本	—	58 470	3 500

资料来源：信德省投资局。

以每天生产 99.2 吨果浆、工作 50 天为例，若芒果果浆的价格为每吨 75 000 卢比（约合人民币 4 500 元），此项目可产生的毛利润大概为 8 200 万卢比（约合人民币 492 万元）。

表 2.13　芒果果浆生产毛利润

每天工作时间	16 小时	16 小时
每天生产果浆量	99.2 吨	99.2 吨
工作天数	50	50
总生产果浆量	4 960 吨	4 960 吨
总收入	3.72 亿卢比	2 232 万元人民币
总可变成本	2.90 亿卢比	1 740 万元人民币
毛利润	0.82 亿卢比	492 万元人民币

资料来源：信德省投资局。

2. 芒果脱水加工项目

（1）项目介绍。脱水后的芒果产品在全世界都十分受欢迎，主要分为芒果干和芒果皮两种。芒果干由芒果片制成，是一种重要的高附加值产品，芒果皮由芒果果浆制成。除了巴基斯坦所有主要的芒果种植国都生产芒果干或芒果皮。巴基斯坦只有一个生产芒果干的试点工厂，小批量地供应当地和出口市场。Sindhri 芒果的独特味道使之非常适合加工为芒果干。

生产芒果干的流程为：洗好的芒果→剥皮→切片→放入盘中→使用太阳能脱水机脱水 7 – 8 小时→使用燃油脱水机脱水 5 – 6 小时→包装。

（2）固定成本。芒果干生产项目的固定成本主要包括脱水机与切片设备的费用，总固定成本大约 165 000 卢比（约合人民币 74 700 元）。

表 2.14　芒果干生产的固定成本

	成本（卢比/个）	约合人民币（元）
太阳能脱水机	50 000	30 000
燃油脱水机	70 000	42 000
不锈钢切片桌	25 000	1 500
切片	5 000	300
不锈钢清洗槽	15 000	900
刀	40	2. 4

资料来源：信德省投资局。

（3）可变成本与毛利润。芒果干生产项目的可变成本主要由芒果成本与人工成本组成，生产 1 千克芒果干的可变成本约为 250 卢比（合人民币 15元）。

表 2.15　芒果干生产的可变成本（每天）

	数量	成本（卢比）	约合人民币（元）
芒果	70 千克	14 000	840
工人	12	2 400	144
燃料	—	900	54
电	—	100	6

资料来源：信德省投资局。

以每天生产 65 千克芒果干，一共工作 60 天为例，若芒果干的价格为每千克 500 卢比（约合人民币 30 元），此项目可产生的毛利润约 91 万卢比（约合人民币 5.46 万元）。

表 2.16　生产芒果干的毛利润

总产量	3 900 千克	3 900 千克
总利润	1.95 百万卢比	11.70 万元人民币
总可变成本	1.04 百万卢比	6.24 万元人民币
毛利润	91 万卢比	5.46 万元人民币

资料来源：信德省投资局。

（七）畜牧养殖与加工

2014 年，巴基斯坦肉类出口达 2.3 亿美元，比 2013 年增长 9.5%。[①] 其中，88% 的肉类产品出口至阿拉伯国家、伊朗和越南。

中国企业可重点关注投资畜牧基础机械、农场和生产羊肉方面。由巴基斯坦的投资激励政策可以看出，巴基斯坦鼓励农业机械进口、农场开发和肉类加工。这是因为巴基斯坦农业机械相对落后，农业生产效率低下；现有适于耕地面积只占总耕地面积的一半，大约 900 万公顷荒地由于缺水、偏僻、缺乏资金等问题被闲置；巴基斯坦人民喜食羊肉，但羊肉价格在肉类中价格偏高，满足不了市场需求，大约仍有 1 万公顷草地适宜牧羊。除羊肉以外，巴基斯坦本地还缺乏牛肉加工业。巴基斯坦政府欢迎中国在巴基斯坦设立合资企业，提供加工技术和设备。此合资企业还可将出口市场扩大到中亚、西亚、南亚等穆斯林国家。[②]

（八）乳制品

尽管巴基斯坦家禽数量众多，但每年平均花销 4 000 万美元进口配方牛奶，是进口配方牛奶花销最大的国家之一。乳制品产业面临产奶生产力低下的问题主要缘于缺少系统化的繁殖改进项目、缺乏富含营养的饲料和不当的农场管理。巴基斯坦动物平均产奶量是发达国家的 1/8 ~ 1/6。因此，必须提高产奶生产力，彻底改善奶制品产业现状。

---

①　中国驻巴基斯坦大使馆经济商务参赞处．巴基斯坦肉类产品出口增长 [EB/OL]。http：//pk. mofcom. gov. cn/article/jmxw/201501/20150100857720. shtml.

②　方敏．巴基斯坦的畜牧业投资机会 [J]．中国牧业通讯，2006（14）：59。

就巴基斯坦乳制品产业问题，中国企业可从以下方面入手投资，提高巴乳制品产能：① （1）建立奶牛养殖基地，采用科学养殖法；（2）确保每个牛场配有专业兽医；（3）进口营养饲料；（4）提高巴氏杀菌等技术。

巴基斯坦奶粉制品很多经由新加坡再出口至中国，所以中巴投资公司表示，巴基斯坦很适合蒙牛、伊利等企业来巴设厂投资，这样就能省去出口中间环节。

（九）渔业

巴基斯坦渔业是出口导向产业，国内消费量小，年出口量呈上涨趋势。2012—2013 年，出口渔业产品约 3.17 亿美元，2013—2014 年约 3.67 亿美元。② 2015 年 7、8 两月，巴基斯坦渔业产品出口额 4 331.1 万美元，比 2014 年同期增长 35%。

巴基斯坦渔业合作主要是以合作捕捞的方式，外国公司向巴基斯坦渔证持有人分期缴纳购证费，岸上食物委托代理公司打理，捕捞与销售完全自主。1998 年，就曾有 10 条中国船在巴基斯坦 35 海里以外深海捕鱼。

专栏：中国企业在巴基斯坦捕鱼的模式③

中国企业在巴基斯坦合作捕鱼有两种模式：购买渔证深海捕鱼和公司属地化。上海远洋、大连金石和丹东海顺都曾通过购买渔证在巴基斯坦海域深海捕鱼，产品可销往中国和欧盟。福建长乐中水华农远洋渔业公司采用公司属地化，以巴基斯坦人合资方名义在当地注册公司，船舶入巴籍，降低捕捞成本。

---

① 滑国华. 巴基斯坦奶业发展现状及存在的问题［J］. 中国奶牛，2005（6）：56 - 58。

② Muhammad, Mohsin. A Preliminary Study on Fisheries Economy of Pakistan：Plan of Actions for FIsheries Management in Pakistan［R］. Pakistan：Canadian Journal of Basic and Applied Science.

③ 中国商务部. 巴基斯坦渔业发展现状及中巴合作展望［EB/OL］。http：// wenku. baidu. com/link? url = AU _ uE _ gN1caWwcp4H - u _ 1 _ LrQOIkSvoQNQn3ks5 _ VULmp - y _ FQu _ xb3b3qrTfHYcdiXZezHqGLvs _ Sqa64iH5EUCw1WFZgsziK2vIuHiwSa.

另外，中国企业在巴捕鱼还要注意以下几方面：30天返航限制、燃油价格高昂和渔港设施较差。

第二节　巴基斯坦矿业

一、矿业发展概述

巴基斯坦有着巨大的矿产储藏，包括贵金属、石材、工业矿物、岩石盐、煤等等，但许多的矿藏还未被开发，主要是由于缺乏资本密集的投资。2012—2013财年，矿业增长7.6%。巴基斯坦的宝石与珠宝行业有着很大的优势。宝石原料丰富、生产成本低，以及有才华的、精力充沛的和辛勤工作的工匠都是巴宝石业的特点。

（一）石油和天然气

巴基斯坦石油和天然气行业正在经历私有化过程。巴基斯坦政府已经宣布私有化，其在Qadirpur气田占股份的37%。此举措主要是为提升石油和天然气产业的生产效率，缩小供需缺口。[①] 到2015年，巴基斯坦对石油和天然气的需求将占亚太区总需求的1.51%，石油和天然气供应将占亚太区总供应量的0.73%。每天石油消耗量由2001年的21.42百万桶上升到2010年的27.11百万桶，又增加到2015年的30.64百万桶。同样，每天石油生产量将由2001年的8.35百万桶上升到2010年的8.91百万桶，2015年产量大约维持2010年水平。2010年，巴基斯坦共消耗天然气4 890亿立方米，2015年对天然气需求将达6 330亿立方米。2010年共产4 120亿立方米，2015年将产出5 480亿立方米，天然气进口量将大幅增加。[②]

（二）金属矿

1. 铜和金矿

巴基斯坦铜矿石储量约5亿吨，主要集中在裨路支省和西北边境省。铜

---

① EconomyWatch. Pakistan Oil and Gas Industry ［EB/OL］. http：//www. economyw-atch. com/world－industries/oil/pakistan－oil－gas. html.

② http：//globserver. cn/node/7538.

矿品质主要为低品位至中等品位。其中，山达克、雷克迪克和西部斑岩铜复合体最为人所知。山达克铜资源量超过 1 000 万吨，矿石储量 4.13 亿吨，平均铜含量 0.45%。雷克迪克一浅生矿床的铜资源量为 1.083 亿吨，铜含量为 0.3% 至 0.7%。西部斑岩杂岩体地区有一个 5 公里长的矿脉，总资源量有 1 028.7 万磅铜，未来 10 年可生产 25 万吨铜。[1]

巴基斯坦有较大的金矿储藏，主要分布在北部山带和岛弧区域。北部山区沿喀拉昆仑山脉延伸带不规则地分布着金矿，金含量从 2 克/吨到 330 克/吨。旁遮普省的吉尼奥德地区和信德省的塔帕卡县已经确定 13 处含金地带。雷克迪克的铜金矿也有较高的金储量，平均含金 0.24 克/吨。

2. 铁矿

巴基斯坦铁矿石品位一般不高，但储量有 14 亿多吨，主要分布在旁遮普省和裨路支省。卡拉巴赫.赤查里铁矿是最大的铁矿，矿石储量约 3.5 亿吨，含铁 30% –34%。迪尔邦德铁矿是巴第二大矿床，矿石储量约 2 亿吨，铁含量 35% –40%。[2] 巴基斯坦钢铁产业发展滞后，大多设备和技术过时，国内产能满足不了需求。钢铁冶炼厂以国外进口废铁为主要原料，生产出的钢铁制品主要供应国内需求，10 年前年均产量只有 24 322 公吨。但近四年随着冶炼技术的提升和外国企业的协助，年均铁矿石产量达 341 700 公吨。[3] 钢铁产品主要包括生铁、钢锭、钢坯、电镀钢、角钢等。巴基斯坦政府提出 2015 年钢铁产量将达到 1 000 万吨，到 2020 年前实现 1 500 万吨。同时，还将完善开采、炼制技术和工艺，尽量减少对进口钢铁的依赖。巴基斯坦钢铁企业中仅有一家国营企业，为巴钢铁公司（巴钢），但巴基斯坦正积极推进巴钢私有化进程。

3. 铅锌矿

巴基斯坦铅锌矿主要分布在俾路支省的库兹达和拉斯贝拉地区，3 个最大

---

① 中国驻巴基斯坦大使馆经济商务参赞处. 巴基斯坦主要矿产资源情况［EB/OL］。http：//www. mofcom. gov. cn/aarticle/i/jyjl/j/200411/20041100307639. html.

② 中国驻巴基斯坦大使馆经济商务参赞处. 巴基斯坦主要矿产资源情况［EB/OL］。http：//www. mofcom. gov. cn/aarticle/i/jyjl/j/200411/20041100307639. html.

③ Natural, Resource, Wing. An Overview of Mineral Potential of Pakistan［R］. Pakistan：Ministry of Petroleum&Natural Resources，2013.

的铅锌矿床分别是杜达、贡嘎、苏迈地区，其中杜达铅锌矿最具有开采价值。杜达铅锌矿矿脉长 1 100 米，厚度 10 – 200 米，宽度 200 米，确定储量 686 万吨，待确定储量 343 万吨，锌含量 11.34%，铅含量 2.01%。

（三）煤炭

巴基斯坦煤炭资源丰富，居世界第七位，总量在 1 860 亿吨左右，主要分布在信德省、裨路支省、旁遮普省和西北边境省，其中信德省的储量约为 1 850 亿吨，裨路支省 2.17 亿吨，旁遮普省 2.35 亿吨，西北边境省 9 000 万吨。巴基斯坦较大的煤田大多集中在信德省，其中最大的煤田是塔尔煤田，储量 1 755 亿吨，第二大是储量 37 亿吨的宋达 – 萨塔煤田，第三大是储量 13 亿吨的拉克拉煤田。[①] 巴基斯坦在亚洲是含褐煤最多的国家，煤炭资源储量中 97% 属于褐煤，其余仅有 3% 为次烟煤或烟煤。

（四）矿产品

1. 花岗岩和大理石

巴基斯坦大理石储量大，产量稳定。众所周知的高质量细纹大理石分布在俾路支省的贾盖一带，特别是在西部和中部尤为集中。其中主要的石矿有 Zard Kan、Patkok、Julhi、Butak、Mashki Chah、Tozghi 和 Zeh。贾盖一带大理石开采始于 20 世纪 50 年代，但大理石生产一直缺乏持续性。[②]

2. 宝石

巴基斯坦北部和西北部环绕着兴都库什、喜马拉雅和喀喇昆仑山脉，独特的地质结构使该国蕴藏了丰富的宝玉石资源。巴基斯坦拥有 80 万克拉红宝石、87.5 万克拉祖母绿及 500 万克拉橄榄石储量，宝石储量位居全球第五。巴基斯坦大部分宝石都分布在北部地区，大约全世界 30% 的宝石都埋藏在北部及相邻阿富汗的几个省区域内。[③] 巴基斯坦在国际宝石市场中的较高地位源

---

① 中国驻巴基斯坦大使馆经济商务参赞处. 巴基斯坦主要矿产资源情况 [EB/OL]. http：//www.mofcom.gov.cn/aarticle/i/jyjl/j/200411/20041100307639.html.

② Government of Balochistan. Mineral Reserves in Balochistan [EB/OL]. http：//www.balochistan.gov.pk/~balochi/images/minespdf/Mineral%20Reserves%20in%20Bln%.

③ 贺斌. 巴基斯坦宝石业探秘 [N]. 光明日报，2015 – 01 – 25：06。

于盛产的宝石种类，有祖母绿、红宝石、黄玉、电气石、石榴石、水苍玉、锆石、金红石、石英、金红石石英、铯绿柱石、磷灰石、尖晶石、韭角闪石、榍石、玛瑙、黝帘石、绿帘石、电气石、透辉石、紫水晶、白钨矿、月亮石、宝石蓝和萤石。其中，祖母绿和红宝石极富盛名。巴基斯坦祖母绿可与哥伦比亚祖母绿媲美，盛产的红宝石也不亚于缅甸红宝石。此外，巴基斯坦的粉红宝石举世闻名，实属罕见。无论是淡粉红、深粉红、玫红色还是藕荷色宝石，都活跃于巴基斯坦宝石市场。①

二、主管部门及发展规划

（一）巴石油自然资源部

1. 职能

巴基斯坦石油自然资源部成立于 1977 年，旨在为经济发展提供充足的、可持续的石油和天然气。同时制定石油与自然资源（包括矿业）的政策。

2. 行业发展规划

石油自然资源部采用撤销管制、自由化和私有化的方法发展石油、天然气与矿业。与此同时训练并引进行业专业技术人才，提高石油与自然资源行业整体效率。

（二）巴基斯坦矿业发展公司

巴基斯坦矿业发展公司隶属于石油自然资源部，目标为带动开采、挖掘、分离、溶化、加工等各个环节的发展，以及宣传与运输矿物、金属和宝石。官网提供了一些矿区的详细资料，供投资者了解从而做出更谨慎的投资决策。此外，还为投资者提供咨询服务，以帮助投资者更好更快地融入矿业市场。

（三）矿业发展规划

《2013 年国家矿业政策》指出，巴基斯坦矿业 5 个发展方向是：（1）增

---

① 涂竞. 巴基斯坦宝玉石行业现状及发展前景分析 ［EB/OL］。http：//www. yushi6. com/yushi/html/taiguozhubaozhan/2013/1121/10865. html.

加矿业在巴基斯坦国民经济中的比重；（2）通过营造稳定和有利投资环境，增强巴基斯坦在全球矿业投资中的竞争力；（3）确保国家与省政府之间有关法律法规实施的有效合作；（4）确保巴基斯坦矿产资源的开采、发展和生产的可持续性；（5）鼓励小规模的私营企业积极参与矿业发展。①

三、矿业发展的相关政策

巴基斯坦矿业欢迎外商投资，中国企业投资巴基斯坦矿业的有利条件有：一是巴基斯坦与中国互为友好邻邦，巴基斯坦人欢迎且信任中国投资。二是矿业投资属于 A 类（高附加值工业和产品出口型工业），具体政策有：（1）进口机械设备仅收 5% 的低关税。（2）外国企业可拥有公司的全部股权。（3）外国投资者在矿业开采上投资必须超过 3 亿卢比。（4）允许红利、资本和利润返还。（5）首次折旧机械设备成本的一半。（6）卢比和外国货币可在经常项目下自由兑换。（7）外国企业需持有矿业开采特许权才能合法地进行矿物开采，包括初步探测许可证、勘探许可证、矿藏持有许可证和矿物开采许可证。非金属类矿物开采许可证由省政府颁发，金属类矿物开采许可证由石油自然资源部颁发。（8）免除矿物出口销售税。（9）不对矿产开发商征收除特许使用费外的任何税赋。（10）外国企业无需经过政府许可即可建立冶炼厂。②

（一）石油和天然气

石油和天然气投资属于 A 类（高附加值工业和产品出口型工业），具体政策有：（1）外国企业无需经过政府许可建立炼油厂。（2）投产前 4 年免收石油产地使用费。（3）近海石油开采的公司收取 40% 赋税，陆上石油开采收取 50% 至 55%。（4）可从任何渠道进口柴油和原油，也可出口生产剩余产品。（5）进口关税和税收在投产后收取 3%。（6）为鼓励石油和天然气产业发展，制定了以下激励政策：完全开放石油和天然气投资领域；增加勘探井数，从每年 15 口增加到每年 100 口；将石油日产量增加到 10 万桶；将天然气日产量

①　National Mineral Policy – 2013 ［R］. Pakistan：Ministry of Petroleum and Natural Resources，2013.

②　刘卫国. 巴基斯坦矿产资源与矿业投资政策 ［EB/OL］. http：//karachi. mofcom. gov. cn/article/ztdy/200411/20041100309866. shtml.

增加到 50 亿立方英尺；将成品油进口减少到占总消费量的 90%；建设全国输油管线，以削减成本，减轻道路运输压力；增加石油储备，从 19 天增加到 45 天；为政府提供研究和开发支持；淘汰含铅汽油，将柴油含硫量从 1% 降到 0.05%，提倡用液化天然气代替柴油；鼓励跨境清洁能源（天然气）贸易，加强南亚地区能源合作。①

（二）铜和金矿

巴基斯坦所有省份都征收资源税，普通金属资源税税率为 2%。资源税按矿物销售或转让的总价每月征收。此外，巴基斯坦恢复对废铜出口征收 25% 的调节税。2014—2015 财年，为减少黄金走私行为，将黄金进口关税从 5% 下调到 0.05%。

（三）铁矿

巴基斯坦对钢铁制品实行分类征税制度，对于本国不生产的钢铁制品有关税优惠。生铁、还原铁、钢铁废碎料为零关税，钢锭、钢坯、合金钢、不锈钢的关税为 5%。对本国生产的钢铁制品，如冷热轧钢材收 10% ‑25% 的关税。至 2009 年 3 月，调查钢铁产品反倾销案件 3 起，所涉产品均为镀锡薄钢板。2015 年 7 月 1 日起，不锈钢棒、角钢、方钢和线材将取消进口税。

（四）铅锌矿

巴基斯坦 2012 年上调冷卷和热镀锌进口关税，对所有进口二级质量扁平材征收 20% 的关税，优质进口产品根据工业用户和商业用户的不同，进口税率分别为 0‑5% 和 5%‑10%，但通常进口产品多以二级质量为主。

（五）煤炭

对煤炭领域进口机械征收 5% 的销售税，免关税，对煤炭进口征收 1% 的关税。

---

① 刘卫国．巴基斯坦矿产资源与矿业投资政策［EB/OL］．http：//karachi. mofcom. gov. cn/article/ztdy/200411/20041100309866. shtml.

（六）花岗岩和大理石

巴基斯坦将划拨 5 亿卢比来发展大理石和花岗岩业，主要用于建造两个机械场地和一个矿山模型，促进 3 座矿山的改进和建造一座培训中心。①

（七）宝石

巴基斯坦所有省份都征收资源税，宝石税率为 10%。资源税按矿物销售或转让总价每月征收。近年来，巴基斯坦采取了多项措施促进珠宝、玉石行业发展，特别在扩大出口方面不断推出优惠措施，包括简化估价和通关手续，减免原材料、工具和设备进口关税以及相关退税等，有效促进珠宝、玉石出口逐年增长。②

四、中巴矿业贸易投资机遇与风险

（一）石油和天然气

2010 年巴基斯坦平均每天进口石油 1 820 万桶，2015 年将达到 2 175 万桶。主要从中国、日本、印度和韩国进口石油，2015 年只向马来西亚出口石油。

巴基斯坦石油自然资源部在 2015 年 7 月宣布，巴基斯坦已开始建造全长 700 公里的管道，专门用于从中国进口液化天然气。

专栏：振华石油获巴基斯坦两个区块 100% 油气开采权③

2007 年 3 月 29 日，振华石油和巴基斯坦石油自然资源部签订合同，标志着振华石油获得巴基斯坦两个陆上区块 100% 的石油天然气勘探许可证，项目总投资将超过 2 亿美元。巴基斯坦石油公司是其第二大国有石油公司，此项目振华石油将向巴基斯坦石油公司转让 49% 权益。这是中国石油工程首次通过中巴政府合作获得油气项目。

---

① 石汇网. 巴基斯坦政府大力扶持大理石和花岗岩［EB/OL］。http：//www. stone. tm/news/detail_ 132. html.

② 贺斌. 巴基斯坦宝石业探秘［N］. 光明日报，2015 - 01 - 25：06.

③ 中国商务部. 振华石油获巴基斯坦两个区块 100% 油气开采权［EB/OL］. http：//www. oilchina. com/newshtml/syxw/20070330/news2007033009124513321.

（二）铜和金矿

巴基斯坦山达克产的粗铜连续几年都排在中国海关进口粗铜统计的第一名。中国不仅大量进口巴基斯坦粗铜，中国企业还在巴基斯坦投资铜矿开采项目，且已取得很好的经营业绩。

> **专栏：中冶集团开采巴基斯坦山达克铜矿**[①]
>
> 2001 年中冶集团获得巴基斯坦山达克铜金联合企业 10 年的租赁经营权。该项目由中冶集团资源开发有限公司租赁经营，并且租期已延至 14 年。铜矿设计矿石处理量为 450 万吨/年，每年可生产铜精矿为 1.58 万吨金属量。铜矿拥有 300 多名中国员工和 1 100 多名巴基斯坦员工。2003 年 8 月铜矿正式恢复生产，2003 年收入达 4 500 万美元。山达克铜金项目是目前中冶集团所有海外有色金属矿山类开发项目中最早进入投资回报期的项目，取得了非常好的经营业绩，截至 2006 年年底该项目已经取得的经营总收入是最初投资的 12.6 倍，已被中冶集团列为四大主业板块之一。该矿还曾被巴基斯坦政府誉为"中巴合作典范"。

此外，巴基斯坦雷克迪克地区有着超乎预计的铜金储量，探明储量位居全球前列，巴基斯坦正式成立雷克迪克铜金矿出口加工区。中国企业已获得该地区部分矿区的开采权。

黄金进口方面，巴基斯坦政府决定自 2015 年 7 月 31 日起的 30 天内禁止进口黄金，因近期巴基斯坦黄金进口呈现不正常剧增。2015 年 1 - 6 月，巴基斯坦进口了 929.7 亿卢比的黄金，而 2012 年同期只进口了 191.32 亿卢比。仅在 2015 年 7 月的前 26 天，黄金进口更是高达 525.49 亿卢比。[②]

---

① 中商情报网. 近年来中国海外铜矿项目开发现状 [EB/OL]. http://www. askci. com/freereports/2008 - 08/2008813101913. html.

② 中国驻巴基斯坦大使馆经济商务参赞处. 巴基斯坦暂停进口黄金 [EB/OL]. ht-tp://pk. mofcom. gov. cn/article/jmxw/201307/20130700222952. shtml.

> **专栏：长沙中色公司启动巴基斯坦铜和金矿勘查项目**①
>
> 　　长沙中色公司将在雷克迪克地区，利用勘探资料编制该区西南部约 17 平方千米区域的详查报告，开展综合研究。由于雷克迪克地区重要的战略位置，长沙中色公司的成功进入，为该公司乃至中色地科公司抢占战略要地、开展南亚地区资源勘查和开发奠定了基础。

（三）　铁矿

　　钢铁是巴基斯坦进口大项之一，每年进口 1 000 万 – 1 500 万吨。2014 年 1 月以来，巴基斯坦从中国进口了约 10 万吨钢坯和热卷，价格为 6 万 ~ 6.2 万卢比/吨，当地价格为 6.8 万卢比/吨，使国内钢厂销量大跌。2014 年年底，巴基斯坦国内钢厂认为低价进口中国钢材对当地钢铁市场损失很重，要求停止中国钢材倾销。

　　尽管如此，中国企业还是在巴基斯坦铁矿勘探领域占据一席之地。其中，中冶集团已在巴基斯坦钢铁投资与开采领域取得可喜成果。

> **专栏：中冶集团在巴钢铁业的成果**
>
> 　　2014 年 4 月 2 日，中冶集团与巴基斯坦旁遮普省政府签署协议，勘探吉尼奥德区吉尼奥德 – 拉杰的铁矿资源。如果铁储量足够丰富，旁遮普省将会建造巴历史上第一座利用当地铁矿进行冶炼的钢铁公司。截至 2015 年 3 月，中冶集团已探测出铁矿石储量 5 亿吨。中冶集团已表示有兴趣在该地区建立钢厂。②
>
> 　　2015 年 7 月 30 日，中国冶金科工集团公司和中国中钢集团公司均有意投资巴钢铁公司（PSM）。PSM 是巴基斯坦老牌国营钢铁企业，但因效益不好，巴基斯坦政府有意将其私有化。中冶和中钢分别会见巴基斯坦工业生产

　　①　中色地科矿产勘查股份有限公司 . 长沙中色公司启动巴基斯坦铜金矿勘查项目 [EB/OL] . http：//www. sinotech – zsdk. com/news/85/786. html.

　　②　中国经济网 . 巴基斯坦发现大规模矿产 [EB/OL] . http：//intl. ce. cn/specials/zxgjzh/201503/04/t20150304_ 4721214. shtml.

部部长，并就合作事宜进行探讨。巴基斯坦承诺对中资钢铁企业提供一切可能的支持，希望能够找到双方互利共赢的合作形式。[①]

（四）铅锌矿

杜达铅锌矿项目是中巴矿业合作的龙头项目之一，目前由中冶集团公司联合湖南株冶有色金属公司和黄沙坪铅锌矿共同建设。

专栏：中巴双方杜达铅锌矿项目[②]

巴基斯坦杜达铅锌矿项目总投资为 7 264 万美元，该矿位于巴基斯坦卡拉奇以北 200 公里，平均海拔高度 550 米，采选能力为 660 000 吨/年，基建时间 2.5 年，矿山服务年限 14 年。中冶集团全面负责矿山的建设、运营和销售。中国最大的锌制造商湖南有色金属集团在铅锌矿中拥有部分产权，冶炼的所有铅锌都提供给国内母公司。中冶集团公司联合湖南株冶有色金属公司和黄沙坪铅锌矿共同建设三方合作方式也创造了在海外开发资源性项目的新模式。

（五）煤炭

巴基斯坦煤炭进口近年大幅增长，2007 年进口 200 万吨，2009 年近 400 万吨，2010 年近 500 万吨。中国企业在巴基斯坦投资煤炭业项目较多，显示出巴基斯坦对外国投资的重视与欢迎。

专栏：上海电气将在巴基斯坦开展煤电一体化项目[③]

2015 年 4 月，上海电气与华信资源责任有限公司签署《巴基斯坦塔尔煤

---

① 西本新干线. 中国钢铁企业有意对巴基斯坦钢铁公司进行投资［EB/OL］。ht-tp：//www. 96369. net/news/201508/channelid - 14 - columnid - 16 - 339596. html.

② 中冶金科工集团有限公司. 巴基斯坦杜达铅锌矿项目［EB/OL］。http：//www. mcc. com. cn/Item/29. aspx.

③ 李香才. 上海电气将在巴基斯坦开展煤电一体化项目［EB/OL］。http：//www. cs. com. cn/ssgs/gsxw/201504/t20150422_ 4694445. html.

田一区块煤电一体化合作协议》。华信资源责任有限公司是一家依据巴基斯坦法律在巴基斯坦成立的煤矿能源公司。该煤电一体化项目为中巴经济走廊能源规划工作组优先实施项目清单中项目，未来将投资塔尔煤田一区块坑口 4x350MW 或 2x660MW 电厂建设。本次合作协议签订后，上海电气将与华信资源尽快建立煤电一体化开发联络小组，就煤炭开发和投资的具体模式进行讨论。

除煤电一体化项目合作，巴基斯坦旁遮普省政府与中国机械设备工程股份有限公司签署了合作勘探与开发旁遮普省煤炭资源谅解备忘录。中国机械设备工程股份有限公司将在旁遮普省建造一座发电厂，以当地煤炭为燃料来源，旁遮普省适用于发电的煤炭储量达 6 亿吨。①

> **专栏：露天煤业 1 000 万美元投资巴基斯坦煤矿公司②**
>
> 2015 年 6 月 4 日，露天煤业与巴基斯坦信德安格鲁煤矿公司签订了《股本投资谅解备忘录》和《技术服务谅解备忘录》。露天煤业计划向信德安格鲁煤矿公司投资 1 000 万美元可累计的优先股，票面利率为 14.9%。优先股不具投票权，不可转换。目前，信德安格鲁煤矿公司正在塔尔二区块建设一座 380 万吨产能的露天煤矿。矿建期完成，露天煤业将会得到优先于其他股东分红的优先权。

（六）花岗岩与大理石

巴基斯坦大理石出口近年来呈上升趋势，2012—2013 财年较上一年增长43%，2013 年出口额达 5 亿美元。中国是巴基斯坦大理石最大进口国，其次是阿联酋、沙特和意大利。

---

① 聚煤网. 中国与巴基斯坦签署煤炭勘探与开发谅解备忘录［EB/OL］。http：//global. jcoal. com/news/html/1403/20140318_ 204683. html.

② 证券时报网. 露天煤业 1 000 万美元投资巴基斯坦煤矿公司［EB/OL］。http：//kuaixun. stcn. com/2015/0604/12285395. shtml.

（七）宝石

巴基斯坦－中国联合工商会相信与中国合作是巴基斯坦宝石业未来的出路。尽管巴基斯坦宝石储藏量丰富，由于缺乏开采技术，有许多宝石矿尚未被开采。因此，巴基斯坦需要与中国合作，借助中国先进的宝石开采、切割和抛光技术，让巴基斯坦从宝石矿业中获利。今后还可以拓宽中巴贸易范围，将宝石出口到中国。巴基斯坦政府还邀请中国宝石界专业人才赴巴基斯坦培训巴基斯坦工人，甚至建造专门的宝石技术培训与研究院。[①]

第三节　巴基斯坦建筑业

一、建筑业发展概述

建筑业是巴基斯坦经济举足轻重的产业之一，正处于快速发展中。建筑业为巴基斯坦创造了 30% 的直接和间接工作，其中建筑业从业人数为劳动业就业总数的 5.8%，为经济发展和就业水平做了巨大贡献。2006—2007 年，巴基斯坦建筑业增长 17.2%，2005—2006 年增长 16.1%。[②]

巴基斯坦有一半以上住房已经使用超过 50 年，人民居住条件相当恶劣。此外，有很多居民还居住在农村或简易房中，对住房有刚性需求。巴基斯坦城市地区每年至少建设 30 万套住房，2014 年需建设大约 130 万套住房才能满足市场需求。目前，巴基斯坦建筑业项目大多被私营企业承包，部分基础设施项目以公私合营的模式进行。巴基斯坦政府欢迎外国企业来注资，为私营部分注入新鲜血液。一般，较大型项目如高速公路、铁路、飞机场等，需要与外国企业合作建设，因为本地公司需要外国公司技术、设计的指导和监督。较小项目，如厂房和楼盘等，由巴基斯坦自行承建。[③]

---

①　贺斌. 巴基斯坦宝石业探秘 ［N］. 光明日报，2015 - 01 - 25：06.

②　Rizwan U Farooqui and Syed M Ahmed. Assessment of Pakistani Construction Industry - Performance and the Way Forward ［R］. USA：Florida International University，2008.

③　中国商务部驻巴基斯坦使馆经商处. 巴基斯坦建筑业发展现状与前景 ［EB/OL］. http：//pk. mofcom. gov. cn/aarticle/ztdy/200803/20080305410936. html.

据巴基斯坦工程理事会（PEC）统计，大部分建筑公司都与外国公司有合作、合资关系。中建、上海建工等中国企业在巴基斯坦拥有较高的知名度与市场份额。除建筑技术，巴基斯坦也依赖建筑材料进口来满足本国建设。巴基斯坦房地产开发一般可以分为三类：公寓楼、住宅小区和别墅。房地产开发热点城市主要在伊斯兰堡、拉合尔、卡拉奇等大城市。海滨城市卡拉奇吸引了海湾和其他国家很多房地产开发商来投资。

二、主管部门及发展规划

（一）旁遮普省规划与发展局

旁遮普省规划与发展局的职能全面，其中与中国投资者相关的有：（1）制定公私合营（PPP）战略；（2）预算、账目与审计事务处理；（3）审核发展项目方案的可行性；（4）发展规划有关法律法规的执行。更多旁遮普省规划与发展局职能请访问：http：//www.pndpunjab.gov.pk/our_functions.

（二）建筑业规划

巴基斯坦政府意识到建筑业对经济发展的重要作用，开始积极发展建筑业，包括房地产、基础设施等。发展建筑业不仅可以提高人民生活质量，改善国家建设水平，还可以带动相关产业发展。因此，巴基斯坦鼓励私营企业，尤其是外国企业投资巴基斯坦建筑业。

三、建筑业发展的相关政策

巴基斯坦建筑业现有政策符合投资者需求，体现了自由化、私有化和便利化的特征。外国公司必须与当地公司成立合资公司，并获得证券交易委员会批准，才可以进行房地产开发。建筑业对外政策可细分为土地政策和房地产开发政策。①

---

① 王永军.巴基斯坦房地产市场。［EB/OL］.http：//www.mofcom.gov.cn/aarticle/i/dxfw/cj/200804/20080405502580.html.

（一）土地政策

建筑公司获得土地必须通过统一透明的拍卖获得，但不包括低收入家庭住房和医院、学校和公园等非盈利项目。

（二）房地产开发政策

巴基斯坦年住房量约有 30 万套的缺口，因此建筑业为国际投资者提供了广阔的投资空间。巴基斯坦公布了一些有关"人人住房"的政策，用以振兴经济增长驱动力之一的建筑业。这些政策包括：（1）大量减少进口建筑用料的关税和赋税，包括原钢、钢产品、建筑机械和设备；（2）通过将房地产持有信息录入电脑，减少信息不确定性；（3）通过签署自由贸易协定来吸引国外投资者。[①]

除此之外，巴基斯坦的房地产开放政策内容还包括：（1）每年房地产开发公司的预扣税款不超过 1%，印花税和注册费低于总税额的 1%；（2）房地产公司机器设备可向银行申请贷款；（3）外国建筑公司在融资、担保、罚则等方面与当地公司享受同等待遇；（4）所有建筑项目都应询问巴基斯坦当地专家意见，以避免争端；（5）所有新建经济适用房，建筑面积应在 125.4 平方米以内，使用面积应在 92.9 平方米以内，5 年内免除所有税收；（6）由于不同地理位置的环境差异，巴基斯坦为不同地区建筑提出不同要求，如伊斯兰堡的房屋必须配备先进的防震设计；（7）巴基斯坦鼓励引进建筑材料和生产建筑材料技术，但建议多使用本地材料以降低成本。

熟悉建筑业政策后，外国建筑公司应遵循以下开发程序：提交项目；在报纸上刊登无异议声明；审查项目计划；土地抵押；施工；监督及风险控制。[②]

---

① Build Asia. Housing & Construction Industry of Pakistan［EB/OL］. http：//www. buildasia. net/page. php? id = 143.

② 王永军. 巴基斯坦房地产市场。［EB/OL］. http：//www. mofcom. gov. cn/article/i/dxfw/cj/200804/20080405502580. html.

四、中巴建筑业贸易投资机遇与风险

尽管巴基斯坦有丰富的大理石、石灰石等建筑材料储藏，但较低的加工水平限制了原料供应，因此除水泥、沙石等基础材料外，需要从中国进口建筑设备和装修材料，如家具、灯具等。中国建筑建材行业发展迅速，在国内项目积累了丰富的建筑工程经验，因此有一些建筑类企业积极响应"走出去"战略，并在当地获得良好口碑。例如，中国建筑工程集团（中建）、北京城建、上海建工等国内建筑巨头已在巴基斯坦设立代表处，并已开创可喜局面。

尽管越来越多的中国企业在巴基斯坦建筑业取得成功，进入建筑市场还需注意以下几点：（1）任何企业首次进入巴基斯坦市场都需征求驻巴使馆经商处的意见；（2）做好巴基斯坦建筑市场调研，了解市场需求，做到知己知彼；（3）与巴基斯坦合作方开展友好合作，尽快熟悉市场行情；（4）为增强企业融资能力，投标时占据优势，可向巴基斯坦银行提出融资申请，拓宽融资渠道；（5）作为国外建筑企业，将品牌打响至关重要，可尽力参与标志性项目，如知名酒店、道路等工程；（6）认识巴基斯坦恐怖袭击等安全问题，做好安全评估和危机应急准备。

第三章　巴基斯坦工业

巴基斯坦工业基础薄弱，整体规模不大，结构单一，以轻工业为主。纺织业部门是其最重要的工业部门，也是巴基斯坦出口创汇的最主要的产品。巴基斯坦政府在支持传统产业如纺织业、皮革业的发展之外，也积极推动技术密集型产业，如新能源产业、医药制造业和汽车制造业的发展。中国企业做投资产业决策时，可以考虑巴基斯坦传统优势产业和当前巴基斯坦政府政策推动力度较大的产业。

第一节　巴基斯坦工业概述

巴基斯坦国内工业部门主要分为采掘业、制造业、建筑业以及能源行业。巴基斯坦工业基础薄弱，工业整体规模不大，仅占 GDP 的 20% 左右，受整体情况制约，各子行业规模以及企业规模也较小。巴基斯坦工业门类比较单一，轻工业规模明显大于重工业。主要的工业部门有纺织业、冶金与金属加工业、燃料和电力工业、机械制造业、化肥工业、水泥工业、化学工业、制糖业、烟草业、造纸业、采矿业、IT 业、小型工业和手工业等。其中，棉纺织品生产和服装制造业是巴基斯坦最大的产业，对外出口商品 60% 以上均来自这两个产业，并吸收了制造业中 40% 的人口。而能源、IT 业和中小型工业则是近年来发展最快的部门。工业部门在 2013—2014 财年，是三大产业中增长速度最快的产业，增速达到 5.8%。[①]

制造业是巴基斯坦经济增长的关键部门，占巴基斯坦 GDP 的 13.2%，就业

[①] State Bank of Pakistan, Annual Report FY2014 - Growth, Investment and Savings, 2014.

人数占总就业人数的 14.16%，仅次于农、林、渔业（43.48%）以及批发、零售、维修机动车辆（14.58%）。[①] 其中，大型制造业（Large Scale Manufacturing）[②] 占 GDP 的 10.6%，占制造业总产值的 80% 以上；小型制造业（Small Scale Manufacturing）[③] 占 GDP 的 1.7%；剩余的制造业（主要指屠宰业）占 GDP 的 0.9%[④]。从 2014 年 7 月至 2015 年 3 月，巴基斯坦大型制造业受能源短缺和棉纱出口削弱的影响，增长率比上年同期水平降低 2.1%，降至 2.5%。跟上年同期水平相比，木制品、机械产品、纸和纸板制品、食品饮料和烟草、橡胶制品等产品部门出现负增长；钢铁制品、汽车、电子产品、医药、皮革产品等产品部门增长非常迅速，同时纺织业、肥料等传统产品部门保持低速稳步增长。下表 3.1 显示了截至 2015 年 3 月巴基斯坦制造业前 10 大产品部门。

表 3.1　巴基斯坦制造业前 10 大产品部门（2014 年 7 月—2015 年 3 月）

单位：%

产品部门	大型制造业占比	增长率
纺织业	20.92	0.5
食品饮料和烟草	12.37	− 1.03
焦炭和石油产品	5.51	4.73
铁和钢铁制品	5.39	35.63
非金属矿产品	5.36	2.56
医药	3.62	6.38
汽车	4.61	17.02
肥料	4.44	0.95
纸和纸板制品	2.31	− 7.26
电子产品	1.96	8.21

数据来源：Federal Board of Finance, Pakistan Economic Survey 2014—2015.

---

① Pakistan, statistics of population, labourforce, and employment, 2014 – 15, 2015.

② 大型制造业：指按照巴基斯坦 1934 年工厂法案建立的或者符合注册要求、雇佣人数在 10 人及以上的的制造业。包括维修和服务性行业。（来源：巴基斯坦统计局，http：//www.pbs.gov.pk/content/industry）

③ 小型制造业：不包含在大型制造业外的其他制造业。（来源：巴基斯坦统计局，http：//www.pbs.gov.pk/content/industry）

④ Ministry of Finance, Pakistan Economic Survey 2014—2015, http：//www.finance.gov.pk/survey_ 1415.html, Ministry of Finance, 2015.

根据产品部门在工业的占比以及增长情况，结合巴基斯坦对重点产业的扶持情况，本部分选取纺织业、汽车制造业、医药业、皮革产业以及新能源产业来着重介绍，发掘中国企业赴巴的贸易和投资机会。

第二节　纺　织　业

一、产业地位及竞争力

巴基斯坦是世界上第四大棉花生产国，第三大棉花消费国。[1] 在巴基斯坦，棉花的生产和加工解决了超过 1 000 万人口的就业，在加工和零售行业产生数十亿美元的收入，对经济的贡献率极大。相应地，纺织业在巴基斯坦国内是最重要的制造业部门，拥有包括从棉花种植到轧棉、纺纱、织布、染整和服装生产在内的完整的生产链，在加工的各个阶段都有巨大的增值潜力。过去 10 年里，全球纺织和服装业保持稳定增长，巴基斯坦在全球纺织和服装业份额一直在 2% 的水平上下浮动。

表 3.2　巴基斯坦和世界纺织业和服装业对比情况

单位：10 亿美元

	2005	2006	2007	2008	2009	2010	2011	2012	2013
世界纺织业产值	202.4	220.4	240.4	250.2	209.9	250.7	294.0	286.0	306.0
世界服装业产值	276.8	309.1	345.8	361.9	315.1	351.5	412.0	423	460
总计	479.5	529.5	586.2	612.0	524.0	602.2	706.0	709.0	766.0
巴基斯坦纺织业产值	7.0	7.5	7.4	7.2	6.5	7.8	9.1	8.7	9.3
巴基斯坦服装业产值	3.6	3.9	3.9	3.9	3.4	3.9	4.6	4.2	4.5
总计	10.6	11.4	11.2	11.0	9.9	11.8	13.7	12.9	13.8
世界份额	2.23	2.15	1.91	1.81	1.88	2.00	1.94	1.81	1.8

数据来源：WTO。

纺织业部门贡献了工业增加值的 1/4，雇佣劳动力占工业劳动力的 40%，

---

[1]　Ministry of Finance, Annual Plan 2014—2015, Ministry of Finance, 2015.

消耗银行提供给制造业部门 40% 的信贷，部门产值占 GDP 的 8% 。除去季节性和周期性波动，纺织产品出口占巴基斯坦出口一半以上，平均在 54% 的水平。

表 3.3 巴基斯坦纺织产品出口

单位：百万美元

	2007—2008	2008—2009	2009—2010	2010—2011	2011—2012	2012—2013	2013—2014	2014.7—2015.3
棉花和棉纺织品	10 071	9 308	9 754	13 147	11 778	12 652	13 143	9 785
合成纤维纺织品	490	319	446	608	546	406	383	274 292
羊毛和羊毛纺织品	216	145	137	132	121	122	125	92.90
纺织品出口总值	10 777	9 772	10 337	13 887	12 445	13 180	13 857	10 294.19
总出口	19 224	17 782	19 290	24 810	23 624	24 515	25 131	17 930.90
纺织品占出口比例	56%	55%	54%	56%	53%	54%	55%	57%

数据来源：巴基斯坦纺织部。

二、主管部门及产业发展规划

2004 年，巴基斯坦政府建立纺织部，专门负责之前由商务部、国家食品安全和研究部、工业生产部负责的与纺织业相关事项，对巴基斯坦纺织业发展进行规范管理。

（一）巴基斯坦纺织部的主要职能

巴基斯坦纺织部的主要职能主要包括：

（1）编制纺织业 5 年发展规划。规划内容包括纺织业发展的 5 年目标和议程，诊断制约巴基斯坦纺织业发展的因素，对内阁批准通过的、对纺织业发展有影响的干预手段加以分析和披露。

（2）与国际性组织合作发起技能发展计划，以提高纺织业部门产品附加值。这些国际组织如联合国、韩国国际协力团、国际劳工组织。当前，巴基斯坦与韩国国际协力团建立巴韩服装技术研究所，其中，韩国国际协力团出资1 280万美元，其余资金由巴基斯坦政府推出的公共领域发展计划提供。

（3）与国内其他相关部门合作管理和规范纺织业发展。纺织部与其管理下的巴基斯坦中央棉花委员会共同管理棉花生产，同时加强对委员会以及其他研究机构的监管。纺织部与国家食品安全和研究部共同合作管理，确保为棉花种植者提供高质量的棉花种子，对种子公司进行规范，提高种子培育水平。纺织部也与商务部有密切联系，商务部为纺织部对外的双边和多边谈判提供顾问咨询协助。

（4）其他与纺织业发展相关事项。如发起推动国内服装城基础设施建设的计划，服装城的规范管理，维护在线注册数据库以对纺织业产业链的动态加以掌握，定期与棉花作物评估委员会召开会议以制定产业发展目标及给农民提供培养项目等。

（二）巴基斯坦《纺织业政策2014—2019》目标

根据巴基斯坦纺织部发布的《纺织业政策2014—2019》，纺织部的目标在于将巴基斯坦打造成纺织业及出口高附加值纺织产品的领先国家。具体的目标有：

（1）纺织产品的产品附加值在5年内翻一番，从10亿美元/百万包/年增长至20亿美元/百万包/年；

（2）纺织产品出口5年内翻一番，从130亿美元增长至260亿美元；

（3）推动对纺织机器和技术的投资，增加50亿美元；

（4）提高混合纤维中的非棉含量，从14%提高到30%；

（5）改善产品结构，服装部门占比从28%提高到45%；

（6）加强现有纺织公司的竞争力，建立新的具有竞争力的公司；

（7）为中小企业提供支持和激励政策，鼓励中小企业专注于生产产品附加值高的纺织产品；

（8）支持计划和举措中加强信息和通信技术的运用；

（9）强化国内纺织部门对国内和国际劳工及环境规则和惯例的遵循和服

从意识；

（10）鼓励纺织部门运用现代化的管理手段来提高生产效率，降低生产耗损；

（11）鼓励纺织企业集群发展，强化现有纺织业的集群竞争力；

（12）对纺织部门工人进行职业培训，以提高其生产技能，创造更高的人口平均产量；

（13）创造300万的新就业岗位；

（14）对专业人士和监管部门人员进行专业技能培训；

（15）采取措施降低营商成本，增加营商便利。

三、产业发展的相关政策

纺织部在《纺织业政策2014—2019年》中推出一系列政策，旨在提高巴基斯坦纺织业的竞争力，促进纺织业可持续性发展。当前巴基斯坦纺织业政策重点在于提高本国纺织业的独立性，通过提高对信息和计算机技术的使用来提高产业竞争力，优化产业价值链，同时关注中小企业发展，推动产业集群发展。具体来说，巴基斯坦对于纺织业发展的相关政策如下。

（一）预算保证

（1）国内税费退税。政府将对出口纺织产品的价值（基于FOB价格）比前一年出口增加10%的出口商进行退税。退税率根据产品不同各不相同，分别为：服装4%，制成品2%，加工纤维1%。该退税措施将在政策期内保持有效，但与每年新通过的预算计划要保持一致。

（2）融资便利。从2014年7月起，巴基斯坦国家银行将其出口再融资计划的利率从9.4%降到7.5%。纺织业增值部门可以通过"长期融资安排"申请长期贷款，贷款期在3～10年，贷款利率为9%，用于产品和技术升级。该融资安排在政策期内保持有效，贷款利率会随着出口再融资计划和长期融资安排的贷款利率改变而做相应的调整。

（3）销售税机制。一般情况下，联邦税收局对出口产品销售税退税需要3个月时间。对出口纺织产品，联邦税收局建立了快速退税通道。

（4）进口机器设备的关税。从上一个5年规划开始，纺织部门进口机器设备不需缴纳关税。巴基斯坦通过 809 号特殊监管令将这一优惠延续到 2016 年。

（5）技能培训。巴基斯坦推出 5 年培训计划，对如服装业和制成品的纺织业增值部门工人进行技能培训。培训分为两个阶段，由职业培训机构和工厂共同执行。

（二）政策干预

（1）促进关税合理化。进口关税对于国内生产者具有一定保护作用，但超过有效保护税率的进口关税会造成过量保护，增加国内销售的利润率。这种状况对出口并没有任何鼓励作用。国家关税委员会为纺织部门的价值链各个环节均提供了保护。巴基斯坦推出"视同进口基础"（Deem Import Basis）计划来鼓励人造纤维的使用，保护国内涤纶短纤的生产。该计划下，巴基斯坦用官方检测系统对出口产品中的人造纤维含量进行检测。然后由投入产出系数组织（Input – Output Coefficient Organization）根据出口产品的人造纤维含量制定不同的退税税率。联邦税收局还推出简化临时进口计划的措施。同时，建立超普惠制委员会（GSP + Committee），用于研究纺织产品出口趋势，为联邦税收局提供相关数据。此外，巴基斯坦严打纺织品走私行为。

（2）推动产品多元化。当前巴基斯坦出口产品种类非常单一。巴基斯坦正努力推动纺织品出口多元化，打造由儿童服饰、内衣裤、沙滩装、休闲服、产业用纺织品、土工织物、医用织物组成的多元化纺织品出口结构，增加出口产品附加值。基于此目的，巴基斯坦加强与外国专家、捐助机构及国际知名大学合作。当前，巴基斯坦政府与国家纺织大学、巴基斯坦纺织研究所已经建立合作关系。同时，巴基斯坦建立产品发展和创新基金，用于发展新产品、识别原材料和供应链，为中小企业提供信息传播的服务。此外，为纺织业企业家开展研讨会和培训，指导企业家们开展新的业务，同时促进产品的多元化。

（3）开展技术升级基金支持计划。在政策期内，巴基斯坦继续为中小企业提供技术升级的基金支持，推动巴基斯坦国内纺织业与国际标准接轨。

（4）支持中小企业发展。主要有三条措施：①对现有产业链各部分集群进行测绘、调查和诊断分析，完善产业集群区配套，如引进营销公司、测试实验室、培训中心、国际和国内认证机构等，进而在集群区内设立新大学或大学的工程技术分校区等。②开展商业门户网站，方便企业直接通过网络进行商业合作。③给予每年出口额在前50的中小企业在业务发展、出口营销、组织构建、信息技术使用等多方面的便利，加快其出口增长，推动其上市。

（5）扶持竞争能力低下的部门。巴基斯坦为纺织业中竞争力较为弱的部门建立产品开发中心，提供机械设备以及相关的培训，这些部门如地毯和手工纺织品等。同时，纺织部还与相关部委及地方政府共同建立专用纤维开发中心，促进丝、毛、麻、亚麻、竹等天然纤维的产品开发。此外，纺织部还为手结地毯产品部门的专业技能培训提供部分资金支持。

（6）提供生产力、职业健康安全审计及培训。纺织部将基于加工过程和能量节约对纺织业生产力进行分析。对产业工人提供专业技能培训以提高个人单位产量。为达到国际要求的职业健康和安全要求，纺织部与地方政府、国际劳工组织及其他相关机构共同对中小企业进行相关培训。政府会为生产力及职工健康安全审计提供必要的资金支持。此外，商业联盟和买方论坛将协助高附加值产业部门的产品生产符合国际采购标准。

（7）鼓励国际厂商入驻，兼并或建立合资企业。巴基斯坦投资促进委员会正大力鼓励外国制造商到巴基斯坦投资，建立合资企业。

（8）加强纺织企业竞争力。巴基斯坦通过鼓励企业兼并和收购、管理能力建设来支持纺织业价值链和相关企业战略能力和竞争力的提高。

（9）优先提供电气供应。巴基斯坦对纺织产业优先提供电力供应。同时，为减少纺织部门的能源短缺问题，纺织部与石油和天然气部、水电部和财务司部长和官员们组成一个委员会，定期开展合作共同商讨解决问题。同时，为减少能源消耗，纺织业协会会对协会成员进行能源审计，通过更换机器、堵漏等措施来降低能源消耗。

（10）加强信息传播。纺织部在门户网站定期发布不同国家纺织产品标准和质量要求，产品竞争国的关税和优惠关税等信息。定期发布进出口数据，为中小企业开展技术研讨会和工作坊，邀请技术、营销方面的专家予以指导。此外，为纺织业供应链提供信息中心及信息技术的基础设施建设。

（三）分部门政策

（1）棉花。纺织部与巴基斯坦中央棉花委员会共同在木尔坦市和萨克兰德市建立模范棉花贸易公司（Model Cotton Trading Houses），为农民、轧棉工人和其他利益相关者提供便利化服务，推动生产标准化和品牌发展。纺织部根据植物育种者权利法、种子法和检疫法对棉花的生产进行规范管理。纺织部还发起"更好的棉花"倡议（Better Cotton Initiative），旨在鼓励在棉花种植过程中减少对土地、气候、环境和人类在环境和社会中的不利影响。巴基斯坦推广引进超长长绒棉，同时在私人部门建立棉花评级和分类体系，根据棉花品级不同合理定价。巴基斯坦中央棉花委员会加强棉花种植研究，关注提高单位土地产量，减少棉叶卷曲虫病毒的风险等。同时，纺织部恢复了棉花标准化费，以保证巴基斯坦棉花标准协会的正常运营。当前巴基斯坦棉花标准协会运营费用除通过棉花标准花费收取外，还包括从一些相关论坛或组织获取的资金支持。一旦巴基斯坦政府需要对棉花进行对冲交易，纺织部会与利益相关方进行协商决定交易细节。

（2）纤维多元化。当前巴基斯坦的纺织产品非常依赖于棉花的生产，但是近年来世界对于人造纤维和其他自然纤维产品的需求在迅速扩大。因此巴基斯坦技术委员会正在大力地推动丝、棉、麻、合成、人造等纤维的研究。同时，与同区域的竞争者相比，巴基斯坦纺织产品对人造纤维的利用程度非常低，棉花和人造纤维在产品中的比例在世界市场中已由60：40变成40：60，而巴基斯坦纺织产品对于人造纤维的利用程度远没有达到这个水平。故巴基斯坦正在鼓励纺织业部门在生产中提高人造纤维的利用率。

（3）纺纱部门。鼓励在转子技术、增值附件、规模经济上的投资。

（4）编织部门。建立纺织城。巴基斯坦通过公共领域发展计划基金在费萨拉巴德建立纺织城。这种模式将复制到该城市其他地区，同时为纺织城提供机器和零部件生产的空间。

（5）针织部门。为中小型纺织单位提供支持，鼓励其提高产能，进行技术升级。

（6）加工部门。政府鼓励对加工部门投资，为服装部门提供更多的成品面料。政府批准纺织部门污水处理厂能够通过公私合作伙伴关系建立。特设机构（Special Purpose Vehicle）将在费萨拉巴德和 Khurrianwala 加入建立联合型污水治理厂（Combined Effluent Treatment Plant）。政府还向国际捐助者寻求资金支持，为加工工厂提供运营资金支持。同时进口机器设备能够通过长期融资安排申请贷款。

（7）地毯。地毯，尤其是手织地毯，是巴基斯坦重视的纺织品制成品部门。

（8）产业用纺织品。巴基斯坦建立培训中心，为生产商们提供关于地质用纺织品、医用纺织品等相关领域的技能培训及世界发展趋势的相关信息。同时，政府与韩国协力团合作在国家纺织大学建立产业用纺织品研发中心。

（9）服饰和制成品。政府鼓励服饰和制成品产品部门尽可能多地吸收过剩劳动力，同时与时尚机构合作，为劳工提供相应的培训，培训内容包括服饰时尚趋势、服装采购、服装设计、质量控制等。巴基斯坦逐步减少服饰的非法进口，鼓励国内生产。此外，纺织部还评选年度优秀纺织品出口商。政府通过长期融资安排为服饰部门提供融资便利，鼓励发展巴基斯坦本土服装品牌。定期开办年度纺织产品展览会，为中小企业提供参展的机会。此外，还建立世界纺织中心，以提供一个国际采购中心，吸引更多出口订单。纺织部还与地方劳工部门、巴基斯坦雇主联合会等相关组织共同商议举措推动制造业部门符合国际劳工组织标准，并为手摇纺织机和手织地毯产品的工人提供福利基金。

（10）配套产业。巴基斯坦国内纺织机器生产、纺织印染及化学染料等配套产业发展落后，相关产品需求多靠进口来满足。因此，巴基斯坦鼓励先进国际品牌到国内建立合资企业，为这些国际性企业提供政策优惠。同时提高本土企业机器升级和使用本国产品的意识。

（四）部门及组织能力建设

巴基斯坦纺织部最新起草的纺织法案已提交法律和司法部门进行投票表决。同时纺织部管理下的纺织专员组织将为纺织业发展进行技术调查、数据调查、信息技术推广以及举办研讨会等相关服务。此外，巴基斯坦国家纺织大学为纺织业提供研发高端人才，与国际组织建立合作关系支持纺织业发展的相关研发。

四、中巴纺织业贸易投资机遇与风险

纺织业是巴基斯坦的传统制造业，发展较为成熟，目前已经拥有包括从棉花种植到轧棉、纺纱、织布、染整和服装生产在内的完整生产链，生产基础良好。同时，纺织业也是巴基斯坦经济增长和创汇的重要产业，纺织产品出口占出口总额的一半以上，因此巴基斯坦政府非常重视纺织业发展，提供了融资、出口、机器设备进口等方面的支持政策，这对中国企业来说都是利好因素。2013 年，欧盟将巴基斯坦列入超普惠制待遇国家，从 2014 年 1 月 1 日起，巴基斯坦 600 多种纺织产品可以免税进入欧盟 27 国市场，免税产品总值将超过 10 亿美元，[①] 进一步开拓了巴基斯坦的海外市场。巴基斯坦政府正极力推动纺织业转型和升级，鼓励引进先进生产设备和技术，中国企业在向巴方出口纺织设备和技术是双方可进一步开展合作的领域之一。此外，巴基斯坦的纺织产品，尤其是服装类，品种比较单一，这是中国企业的优势。

由于纺织业是巴基斯坦国内最重要的制造业部门，巴基斯坦纺织厂协会等行业协会要求主管部门对国内市场进行保护。2015 年 1 月，纺织厂协会就曾要求纺织部对国内纱线市场进行保护，对从印度进口的纱线立即实施特别保障措施。[②] 这需要引起中国企业警惕。

第三节　医药制造业

一、产业地位及竞争力

医药制造业是巴基斯坦发展极具前景的行业之一。目前，巴基斯坦国内已有超过 800 家医药制造企业，其中 780 家是本土企业，26 家是跨国公司。巴基斯坦医药制造业满足了巴基斯坦国内 80% 的成品药需求，其余 20% 的需求主要从美国、英国、德国、瑞士、日本和荷兰等国进口药品满足，国内厂

---

① 东方早报，巴基斯坦期待中国投资能源和纺织业，2014 年 3 月 27 日。http：// news. hexun. com/2014 - 03 - 27/163429701. html.

② 马薇. 巴基斯坦纺织厂协会要求保护国内纱线市场［J］. 纺织机械，2015，（1）。

商和跨国制药企业在巴基斯坦国内医药产品市场份额基本处于均等状态，跨国制药企业市场份额略高。[1] 截至 2014 年 9 月，巴基斯坦医药产品市场规模达到 23 亿美元，为 GDP 的贡献率接近 1%，年增长率达到 15% 以上，国内对制药业投资 5 亿美元，外商直接投资额达 1 亿美元，产值排世界第 45 位，[2]是世界第六大医药强国[3]。同时，医药产品出口超过 1.8 亿美元，是巴基斯坦的主要出口产品之一，其出口金额占巴基斯坦出口总额的比例约 5%。

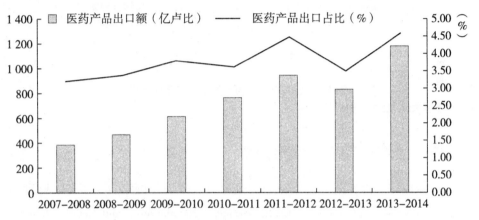

图 3.1 巴基斯坦医药产品出口统计

数据来源：巴基斯坦统计局。

根据巴基斯坦央行发布的出口信息统计，2014—2015 财年，巴基斯坦药品出口主要市场是阿富汗、美国、阿联酋、法国、中国等国家。

此外，巴基斯坦医药制造业为 70 000 余人提供直接就业岗位，包括非直接就业岗位，惠及国内超过 150 000 的就业人口[4]，是农村地区以及半城市地区大学毕业生就业的主要行业。[5]

① Pakistan Pharmaceutical Manufacturers' Association, Pakistan Pharmaceutical Industry, http：//www. ppma. org. pk/PPMAIndustry. aspx，浏览日期 2015 年 8 月 15 日。

② Nasir Javaid Chowdhry, Growth Challenges of Pharmaceutical Industry in Pakistan, Sep. , 2014.

③ KPMG, Investment in Pakistan‑2013, 2013‑8‑31.

④ Pharma Bureau, Stats & Facts, http：//www. pharmabureau. org/about‑2/stats‑facts/, 2015.

⑤ Nasir Javaid Chowdhry, Growth Challenges of Pharmaceutical Industry in Pakistan, Sep. , 2014.

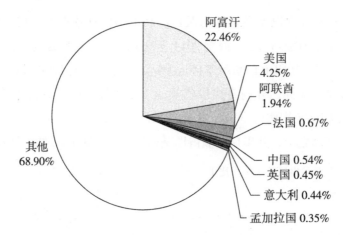

图 3.2　巴基斯坦医药产品出口的市场结构

数据来源：巴基斯坦央行。

二、主管部门及产业发展规划

巴基斯坦管理医药和健康行业的主要负责部委是国家卫生服务、监管和协调部（Ministry of National Health Services，Regulations，and Coordinations），其职能包括：协调国内和国际组织推动公共健康的发展；对健康产业进行监管；协调国内社会福利机制；执行药品法和相关的监管条例；协调国内疾病预防方案（如艾滋病、肺结核、疟疾、肝炎等）；口岸的传染病监测工作等。此外，巴基斯坦药品监督局（Drug Regulatory Authority of Pakistan）按照药品法依法对药品疗效和安全性进行评估和监督，管理国内药品和医疗商品交易。此外，医药局（Pharma Bureau）则主要是为巴基斯坦国内的跨国医药制造商而服务，为跨国制药商在巴基斯坦国内所面临的问题提供对策。[①] 同时，巴基斯坦有众多医药委员会，对医药和不同医疗领域进行研究，如巴基斯坦药学委员会（Pharmacy Council of Pakistan）负责药师注册和医药学在国内推广，医疗研究委员会（Pakistan Medical Research Council）除长期进行医疗研究外，还定期举办研讨会发布相关医疗技术信息和医疗行业信息。

巴基斯坦政府非常重视医药行业发展，一方面医药行业在巴基斯坦国内

[①] Pharma Bureau，About Us，http：//www. pharmabureau. org/about - 2/know - us/，2015.

是增长最迅速的部门之一；另一方面医药行业属于技术密集型产业，对国内经济可持续性发展起着重要作用。巴基斯坦支持独立自主的医药产品和技术研发，提高本土企业在国内医药领域的竞争力，也提高整体医药制造业国际竞争力。[①] 目前，巴基斯坦国内主管部门并没有对巴基斯坦医药制造业有成型的发展规划，工业部即将发布医药制造业发展计划来弥补空白。

三、产业发展的相关政策

（一）制造许可证发放流程

巴基斯坦制药许可证由要药品监督局下的中央授权理事会（Central Licensing Board）负责，该委员会由 14 名专家组成，这些专家研究的领域包括医药制造业生产和质量控制、化学、药物治疗等，还包括来自地方卫生部门的专家。当前，医药制造许可证分五类，分别是制剂类、基础制造、半基础制造、药品重包装及用于实验目的，制造厂商可以申请一个以上的许可证，申请步骤如下：

第一步，制造商需要向中央授权理事会提交建立制药单位的申请，药品监管局会对申请人的资质、厂址进行审核。一旦通过，将申请提交主管建厂部门；

第二步，申请人需要按照巴基斯坦国家生产规范对制造工厂进行布局规划，并将规划提交建设部门批准通过；

第三步，完成单位施工后，向中央授权理事会提交药品制造许可证（Drug Manufacturing License）申请，并由理事会专家对制造商生产设备、药品质量控制水平等安全生产能力进行评估，并提交评估报告，给出是否同意发放许可证的建议；

第四步，中央授权理事会根据专家组的意见，在 6~8 周之内通过生产许可，有效期一般为 5 年。到期后，需要向董事会提交许可证更新申请。

制造商在生产过程中不能符合在药品法要求下的生产规范要求，药品监

---

① Pakistan Pharmaceutical Manufacturers' Association, Pakistan Pharmaceutical Industry, http：//www. ppma. org. pk/PPMAIndustry. aspx，2013.

管局有权取消其许可证。

发放许可证的费用如表 3.4 所示。

表 3.4　药品制造的许可证及相关费用

	许可证种类	费用（卢比）
许可证发放	基础制药	30 000
	半基础制药	30 000
	制剂类	100 000
	药品重包装	60 000
许可证更新 （许可证失效之前）	基础制药	15 000
	半基础制药	15 000
	制剂类	50 000
	药品重包装	30 000
厂址核实和工厂布局	场地视察及核实	5 000
	工厂布局通过	每部分 5 000
	工厂布局修正或扩大	每部分 5 000

数据来源：巴基斯坦药品监督局，S. R. O 1117（I）/2012.

（二）进口药品相关产品要求

除禁止部分药品进口外，药品及相关产品在巴基斯坦进口属于限制进口的商品，限制条件涉及安全条件、手续要求等。主要限制如表 3.5 所示。

表 3.5　巴基斯坦进口药品限制条件

商品名称	条件
除禁止进口药品外的所有麻醉药品和精神药物	只能由有获得生产授权的医药部门才能够进口；进口的药品符合医药原材料进口要求
药物原材料的未加工成分	只能由获得生产授权的医药部门才能进口；符合药品原材料进口标准；保质期自一般进口舱单日期起占总保质期限的75%

商品名称	条件
药品（对抗疗法用）	严格按照药物法进口要求执行；符合药品原材料进口标准；保质期自一般进口舱单日期起占总保质期限的75%；所有进口药品的包装需要按药品包装和标签法明确列示药品名称、成分等信息

数据来源：巴基斯坦商务部《进口政策 2012—2015》。

进口药品或制药原材料进入巴基斯坦国内，根据不同产品种类的不同规格，关税征收各有不同，正常来说，进口关税在 5% 到 25% 不等。进口具体关税查询，可从联邦税收局网站（http://www.fbr.gov.pk）查找。

（三）药品注册流程

巴基斯坦药品注册同样由药品监督局来负责，具体注册流程如下：

第一步，生产商需要根据拟注册药品分类（即进口药品、新药、专利药品等）填写相应的申请表，提交到药品监督局管理下的注册董事会；

第二步，申请人按照注册董事会评估的要求，提供相应的药品信息和材料；

第三步，注册董事会将邀请如药品评估委员会的相关领域专家小组对药品的信息和材料进行评估，同时出具相应的药品评估报告；

第四步，注册董事会专门委派的相关专家小组进一步对厂商的生产设备和场地进行检查，对制药过程是否符合标准规范进行评估，如果必要的话，还会对药品的物质进行检测，查核厂商技术人员的资质；

第五步，在新药注册时，即使在国外已经开展了关于疗效、安全和质量的相关研究，注册董事会仍需要对药品的药理、疗效运用临床试验的方法进行检测，确保药品的可用性、安全性和有效性在国内仍能够实现，但如果只是制造方法改变，或者规格、其活性成分有改变，则不需通过临床试验检测；

第六步，对进口药品，专家组同样需要根据标准生产规范对外国厂商进行检验，经美国食品和药物管理局、世界卫生组织、欧洲药品组织或其他日本、澳大利亚、加拿大和瑞士等国家监管部门批准的药品可免除对厂商的生产规范检验；

第七步，注册董事会对相应药品进行以上检验后，如果通过检验，则通过药品注册申请，同时给相应的制造商发放药品注册证书，如检验不通过，董事会有权驳回药品注册申请，并出具书面报告说明驳回原因。

如果符合公共利益，注册董事会可以根据自身的动议来注册药品，即使没有收到相关的注册申请。

药品注册的相关费用如表 3.6 所示。

表 3.6 巴基斯坦药品注册费用一览表

	费用（卢比）	注册更新（卢比）	
新药或不在国内生产的药品	50 000	20 000	在注册有效期过期之前重新注册
其他进口药品	100 000	20 000	
国内生产的药品	20 000	10 000	
进口药品	—	40 000	药品注册已经失效，但失效时间在 60 天内
国内生产的药品	—	20 000	
活性材料、制药方法、测试方法、质量规格、产品规格和标签变化的药品	5 000		

数据来源：巴基斯坦药品监督局。

（四）药品定价[①]

巴基斯坦的药品定价由政府执行，每种药品设定有最高零售价（Maximum Retailer Price），任何人不能以超过最高零售价的价格销售药品。最高零售价的计算方法根据药品种类、规格、专利情况等不同而调整。对于销售量大的商品，不能超过药品包装规定的最高零售价格的一定比例。从 2013 年 10 月 31 日起至 2016 年 6 月 30 日，所有政策中规定的最高零售价格不能改变。从 2016 年 7 月 1 日起，药品最高零售价与巴基斯坦国内 CPI 指数捆绑，在每个财年进行相应的调整。对于受药物定价政策（2015）管理的药物，其最高零售价将提高 CPI 指数的 50%（上限为 4%）；对不受药品定价政策（2015）

[①] Ministry of National Health Services, Regulations and Coordination, Drug Pricing Policy 2015, March, 2015.

管理的药物，其最高零售价将提高 CPI 指数的 70%（上限为 6%）。最高零售价格同时适用本国生产的药品和进口药品。为了鼓励药品出口到美国、英国、欧盟、日本、澳大利亚等发达国家，则在本国生产的药品不受国内药品价格管制，只要求其离岸价格不低于国内的出厂价。

（五）药品广告及推广[1]

巴基斯坦政府对药品广告及推广进行了控制和管理。法律规定处方药禁止向公众直接通过广告推广，同时药品广告和宣传材料需要提交主管部门进行提前审批。制药商需要严格按照非处方药的广告和推广管理条例对药品进行宣传。根据药品监督局在 2012 年 9 月发布的法定监管令 SRO 1117（I）/2012，在印刷媒体上发广告每条 10 000 卢比；在电台媒体发布广告每条 150 000 卢比；在电视或影院发布广告每条 25 000 卢比。

四、中巴医药制造业贸易投资机遇与风险

巴基斯坦药品花费预计在 2017 年达到 29.1 亿美元，较 2012 年增加 43.4%；保健支出预计在 2017 年达到 92 亿美元，较 2012 年增加 64.6%。[2] 这说明巴基斯坦医疗市场正在快速地增长，市场潜力巨大。同时，作为技术密集型产业，巴基斯坦非常重视医药制造业发展。当前，巴基斯坦允许外国投资者在医药制造业进行 100% 的股权投资，对生产机器和设备的进口只征收 5% 的关税，还能享受 25% 的税收减免。这对中国企业来说都是投资的利好条件。

但巴基斯坦制药业发展规范程度还有待提高。当前规制医药制造业发展的法律法规主要是药品法（1976）、药品定价政策（2015），但药品监督局等相关部门通过法定监管令对药品定价、药品注册、生产许可证发放等环节都有所修订，仅列示在药品监督局官网的法定监管令就多达 29 条，政策的不确定性很强。截至目前，巴基斯坦对医药制造业依然没有明确的发展规划，削弱了该产业未来发展方向的可预见性。这两个因素对中国企业来说，需要格外地注意。

---

① Ministry of Health Services, Regulations and Coordinations and World Health Organization, Pharmaceutical Country Profile of Pakistan, November 2010.

② KPMG, Investment in Pakistan 2013.

第四节　汽车及零部件生产制造业

一、产业地位及竞争力

巴基斯坦国家汽车有限公司在 1953 年生产了第一辆本土汽车。在 20 世纪 90 年代初，巴基斯坦汽车制造业受到政府的严格管制，但随后逐步放松，许多日本汽车制造厂商，如铃木汽车（1984）、丰田（1993）、本田（1994）等在这个时期进入巴基斯坦市场。[①] 发展至今，巴基斯坦汽车制造业已经成为增长速度最快的产业部门之一，各国际知名汽车品牌纷纷入驻巴基斯坦，在当地建立合资或独资企业进行汽车的生产和制造。2013 年，巴基斯坦成为世界上第 34 大小轿车生产国，是世界上最大的自行车消费国。根据巴基斯坦投资局的统计，2013 年巴基斯坦汽车制造业占 GDP 的比重为 3%，雇佣了超过 350 万劳动力，吸引 920 亿卢比的投资。根据巴基斯坦统计局发布的最新数据，2014 年 7 月至 2015 年 3 月，巴基斯坦小轿车单位生产水平较上年同期增长 23%，轻型商务车（LCVs）增长 31%，国内卡车生产增长 54%。

表 3.7　汽车制造业的产量统计（单位生产数量）

产品分类	发动机产能	2013. 7—2014. 3	2014. 7—2015. 3	同比变化（%）
小轿车	240 000	85 681	105 267	23
轻型商务车	42 900	13 355	17 521	31
吉普车	5 000	830	868	4.5
公共汽车	5 000	445	410	− 8.0
卡车	28 500	1 807	2 781	54
拖拉机	65 000	24 714	35 753	44.6
两轮或三轮车	2 500 000	586 580	544 864	− 7.0

数据来源：巴基斯坦汽车制造业协会。

---

① Dr. Shagufta Zareen, The Role of Automobile Industry in the Economy of Pakistan Its Growth, Federal Board of Revenue, 2008.

二、主管部门及产业发展规划

巴基斯坦汽车工业由工业和生产部进行规范管理，同时和商务部、联邦税收局等相关部门共同对汽车产品进出口进行管理。商务部和巴基斯坦授权专设巴基斯坦汽车制造商协会，协助政府部门对汽车制造业进行管理，协助政府制定汽车行业发展规划和支持政策，同时对汽车制造业的数据进行收集和更新。

巴基斯坦政府于 2007 年发布《汽车制造业发展计划》，计划期为 5 年。当前，巴政府正紧密地筹备新的发展计划。根据巴基斯坦发布的信息，新的发展计划将达到以下目标：

（1）提高汽车产量，鼓励外商对汽车制造业的投资，为汽车制造厂商提供更高质量、更先进的生产技术；

（2）平衡保护关税和汽车制造业增长率的关系，使进口关税合理化，同时对本国产业具有一定的保护作用；

（3）刺激行业增长，简化交易活动；

（4）为消费者提供高质量、安全、选择多样、性价比高的汽车；

（5）提高政策的一贯性、可预测性。

三、产业发展的相关政策

巴基斯坦汽车制造业的政策框架包括工业政策（2011）、贸易政策框架（2012—2015）、财政法中的特殊监管令与海关一般规定、汽车制造业发展计划（2008—2012）、巴基斯坦标准体系以及国家环境质量标准等。

工业政策（2011）体现了巴基斯坦对汽车制造业自由化发展的倾向，政策要求政府放松对汽车制造商的国别许可。

汽车制造业发展计划（2008—2012）列示了投资汽车制造业需要符合的条件，包括最小生产水平，使用本国生产零部件的要求，以及相关土地所有权证明等。

这些政策都表现出巴基斯坦对本土汽车制造厂商的保护，使得在本国生产的汽车很少用于出口，制造商们更愿意把生产的汽车在国内销售。[1]

---

[1]　Policy Research Institute of Market Economy, Policy Brief on Automobile Sector, 2015.

但是，根据巴基斯坦汽车制造商协会最新发布的产业发展报告来看，很多政策都有了一定的调整，具体政策变动情况如表 3.8 所示。

四、中巴汽车及零部件生产制造业贸易投资机遇与风险

巴基斯坦小轿车的千人拥有量在 2017 年将达到 14 辆，比 2012 年增加 11.11％，汽车普及率相对同地区的其他国家来说要低一些，因此市场增长潜力巨大。[①] 同时，巴基斯坦的二氧化碳排放量在全球排名中较低，占全球温室气体的排放量不到 1％，受国际环境约束较弱，尾气排放标准较低。此外，巴基斯坦汽车贷款在消费借款中占比较大，有将近一半的汽车销售是通过租赁公司或者银行贷款来实现的，低价策略对进入巴基斯坦汽车行业很有优势。

值得注意的是，巴基斯坦对汽车制造业的政策变动较为频繁。同时，对部分部门（如摩托车）的国内生产商保护程度很高。由于当前巴基斯坦汽车制造业发展程度较低，处于低端价值链，多为加工、组装，行业从业人员素养并不高，相关人才培养机制不完善。对汽车制造业，当前也没有明确的财政刺激政策。[②]

第五节　皮革制造业

一、产业地位及竞争力

皮革制造业是巴基斯坦最重要的、最充满生机的制造业部门之一。目前，巴基斯坦国内有超过 800 家正在运营的制革厂。[③] 巴基斯坦皮革制造业在大型制造业中所占的比重大约为 0.9％，2013—2014 财年的增长率达到 11.7％。作为劳动密集型产业，皮革制造业是巴基斯坦国内就业贡献率很高的产业，直接雇佣劳动力超过 50 万人。

---

① KPWG, Investment in Pakistan 2013.

② Pakistan Association of Automotive Parts & Accessories Manufacturers（PAAPAM），Comparison of Pakistan & Indian Automobile Industry, 2015. 1. 12.

③ Pakistan Tanners Association, About PTA, http：//www. pakistantanners. org/about_us. html.

表3.8 巴基斯坦汽车制造业的政策变动一览表

	2005—2006	2006—2007	2007—2008	2008—2009	2009—2010	2010—2011	2011—2012	2012—2013	2013—2014
AIDP		发布 AIDP	批准通过 5 年关税计划	压缩天然气公共汽车关税从 10% 降低到 0%	（SRO-693）提高嘟嘟车的国内零部件含量，从 17.5% 提高到 30%；（SRO-656）降低贴牌生产（OEM）产品的关税，嘟嘟车从 32.5% 降低到 20%，拖拉车从 15% 降低到 5%，对轮胎实行优惠关税	对拥有 10 万台汽车的生产能力的生产商进入条件加以限制；3 年内对本地生产的部件不征收监管税		对生产排量在 100CC 及以上的摩托车生产商进入条件加以限制；5 年内对本地生产的部件征收监管税	对使用新技术的摩托车厂商加以进入限制
二手汽车	二手车车龄提高到 10 年，每年折旧 2%，最高折旧率可以达到 50%	二手车车龄降低到 5 年		二手车车龄降低到 3 年，折旧率最高至 36%	二手小轿车和吉普车的固定税率增加 10%	摩托车的折旧率从每年 2% 降到 1%，最高折旧率为 50%	二手车车龄可以在 3 - 5 年浮动，折旧率最高达到 60%	对混合动力汽车的征税降低 25%；二手车车龄降低到 3 年	

续表

	2005—2006	2006—2007	2007—2008	2008—2009	2009—2010	2010—2011	2011—2012	2012—2013	2013—2014
关税			对钢管进口税率从10%提高到15%；降低铝合金的进口关税至0%	压缩天然气公共汽车进口免关税；超过1800CC排量和吉普车和小轿车进口征收100%的进口关税和50%的监管税				降低摩托车的进口关税：（1）对拆散进口的摩托车征收10%的关税；（2）对零部件（sub-assy）进口征收15%的关税；（3）对组件（Components）征收7.5%的关税；（4）对本地部件征收28.75%的监管税；（5）对组装和拆散的进口产品征收57.5%的关税	对进口的混合动力汽车实行关税减免：排量在1200cc以下的，免除100%关税；排量在1201cc～1800cc的，免除50%的关税；排量在1801cc～2500cc的，免除25%的关税
销售税			对特定原材料（如铝合金）征收的销售税由15%提高到20%	一般销售税率由15%提高到16%		一般销售税从16%提高到17%	一般销售税率降到16%；对拖拉机、压缩天然气公共汽车、混合动力汽车等免除销售税；对特许经营和特许使用金、信德省税收局提供的服务征收10%的销售税	对部分高于一般销售税率的原材料降低销售税率至16%	一般销售税率提高到17%；对未注册的个人征收19%的销售税；本地生产的汽车零部件需要附表说明，同时零售价格需要印在包装上（列示销售税以及除去销售税后的价格）

续表

	2005—2006	2006—2007	2007—2008	2008—2009	2009—2010	2010—2011	2011—2012	2012—2013	2013—2014
预扣所得税		制造商在销售车时即可从总金额中预提5%每年的预扣所得税	根据制造商注册的发动机尺寸，小轿车可享受7 500卢比至5 000卢比不等的预提所得税；汽车销售和生产税的预提所得税率统一为2%，进口预扣所得税税率为1%	优惠范围由汽车和吉普车扩大到所有的机动车辆；进口的预扣所得税从2%提高到4%	商业进口的预扣所得税提高到5%		投入原材料进口预扣所得税提高到5%；从2013年2月26日起，这一规定对工业和商业进口的原材料均适用	工厂和机械设备的所得税第一年免税额由50%降低到25%；商业进口的预扣所得税率从5%提高到5.5%	
联邦消费税及特别消费税		技术特许使用费的消费税率为5%	对汽车零部件的特许经营服务不征收特殊消费税	对除汽车零部件外的特许经营征收10%的消费税；超过850cc发动机容量的汽车，无论是进口还是本土生产的，均征收5%的消费税	取消5%的联邦消费税；对港口和运输终端提供的进口服务征收16%的消费税	对征收2.5%特殊消费税的产品在征税后3.5个月之后退回			对排量超过1800cc的汽车征收10%的联邦消费税

续表

	2005—2006	2006—2007	2007—2008	2008—2009	2009—2010	2010—2011	2011—2012	2012—2013	2013—2014
其他					残疾人用的车辆进口免税		禁止使用进口的压缩天然气瓶及改装的零部件	只允许引进符合欧洲二级排放标准的汽油车	企业所得税从35%降到了34%；机动车登记税提高到16 875~50 000卢比不等

数据来源：巴基斯坦汽车制造商协会。

皮革产品是巴基斯坦出口的主要产品之一，巴基斯坦国内与皮革制造相关的行业协会正大力地推动皮革制品出口。近 10 个财年以来，皮革制品出口额呈波动上升的状况，占出口比重在 4.5% ~ 6.8% 。2014—2015 财年，巴基斯坦皮革制品出口接近 12 亿美元，占出口的 5%。巴基斯坦皮革制品出口前六大市场依次是德国、美国、英国、法国、西班牙和意大利。[①]

二、主管部门及产业发展规划

在巴基斯坦，皮革业管理没有专设的政府部门。与除纺织业外的其他产业一样，其生产和制造在工业部管理之下，进出口贸易受商务部管理，产品进出口同样需要经过检疫检验部门的相关验证。为促进皮革产品出口，商务部建立了皮革出口促进委员会（Leather Export Promotion Council），旨在加强皮革出口商与政府的沟通和合作，提高出口产品质量，增加产品附加值，为出口商提供相关的融资便利。同时，巴基斯坦国内有多个与皮革产品生产和出口相关的协会，主要有巴基斯坦制革协会（Pakistan Tanners Association）、巴基斯坦皮革服装制造商和出口商协会（Pakistan Leather Garments Manufacturers and Exporters Association）、巴基斯坦手套制造商和出口商协会（Pakistan Glovers Manufacturers and Exporters Association）、巴基斯坦鞋类制造商协会（Footwear Manufacturers and Exporters Association）等，这些行业协会均积极地推动着巴基斯坦各类皮革制品的出口。

当前，巴基斯坦还没有正式出具关于皮革制造业的相关规划。但在不同规划文件中提出对皮革制造业的重视。巴基斯坦贸易政策框架（2012—2015）中，将皮革制造业作为重点推动的出口行业之一，许多促进出口的措施均涵盖该产业。巴基斯坦国家工业政策（2011）中，也提出未来十年中为皮革制造业提供相应的税收优惠，建立高质量的检验检测机构，提高皮革制品的质量和产品标准。

三、产业发展的相关政策

（一）出口融资便利

长期融资便利安排（Long Term Financing Facility，LTFF）是由巴基斯坦

---

① State Bank of Pakistan, Country – commodity Matrix FY14.

表 3.9 巴基斯坦皮革制品出口额

单位：百万美元

	2005—2006	2006—2007	2007—2008	2008—2009	2009—2010	2010—2011	2011—2012	2012—2013	2013—2014	2014—2015
鞣制皮革	292.40	356.89	415.26	299.49	341.80	465.02	445.80	499.90	550.42	488.75
服装及服饰皮革	501.79	388.12	528.15	392.54	342.66	404.25	341.00	378.00	405.84	366.54
皮质手套	151.46	132.59	161.17	152.26	101.89	120.32	165.94	168.75	200.82	216.38
皮鞋	114.69	97.09	105.36	102.88	67.07	80.93	80.04	83.47	98.11	110.13
其他	69.31	33.48	10.18	11.97	14.08	16.08	15.90	14.54	14.97	12.44
合计	1 129.64	1 008.15	1 220.12	959.15	867.50	1 086.58	1 048.68	1 144.67	1 270.16	1 194.24
占比	6.87%	5.94%	6.40%	5.42%	4.50%	4.38%	4.44%	4.68%	5.06%	5.00%

数据来源：Pakistan Tanners Association，巴基斯坦统计局。

国家银行推出的融资便利计划，旨在为重点产业的出口商提供资金支持。皮革制造业是享受该融资便利的产业之一。当前，该融资安排对进口生产机器和设备提供 3 年以下、3 - 5 年及 5 - 10 年的融资期限，最大宽限期为 2 年，融资利率分别是 10.3%、10.9% 和 11.4%。同时，根据最新的贸易政策框架，皮革制造商为了购买进口机器而申请长期融资便利安排，在安排的一半利率下再下调 2%。出口融资计划（Export Finance Scheme）是由巴基斯坦国家银行推出的短期融资便利安排，旨在促进巴基斯坦国内出口。当前，借款利率为 11%。同样，为支持皮革制品出口，对皮革产品出口商的融资申请，在当前利率水平下下降 1.5%。

（二）税收优惠

对皮手套、皮鞋、皮制服装等皮制产品的出口实行其出口离岸价格的 4% 的国内税退税率。[①] 同时，对皮革服装制造商暨出口商将出口收入的 2% 用于进口生产相关的配饰，则进口的配饰产品可以享受免税，旨在鼓励出口商增加出口服装的附加值。

（三）人才培养措施

巴基斯坦商务部在 2001 年成立皮革产品开发研究所（Leather Products Development Institute），用于为皮革制品生产提供相应的技能培训，提供包括设计、缝合等在内的技术培训。同时，技术教育和职业培训局（Technical Education and Vocational Training Authority）的培训中心有两门与皮革制造相关的课程。同时，中小企业发展局（Small and Medium Enterprises Development Authority）安装了最新的用于服装设计的计算机辅助设计软件，为制造商提供设计培训，也为生产提供咨询顾问服务。

（四）其他措施

对采购皮革服装的生产商暨出口商提供专家顾问服务。[②] 巴基斯坦制皮协

---

① Ministry of Commerce，SRO 415（I）/2015，2015.5.15.

② Decide with Confidence，Leather footwear - International Regulatory and Policy Environment，2012.

会（PTA）每年举办或组织皮革生产商到世界各地进行与皮革产品相关的展会，对商务部提出与皮革产业发展相关的政策建议。同时，对于建立研究室和实验室的制造商，政府将予资金支持，支持资金为建设成本的25%。此外，政府对于配套设立的污水处理厂也会有相应的资金补助。

四、中巴皮革制造业贸易投资机遇与风险

皮革制造业是巴基斯坦重点发展的产业之一，相应的皮革制品也是巴基斯坦强推的出口产品之一。"一带一路"背景下，巴基斯坦驻华大使马苏德·哈立德先生多次表示，巴基斯坦未来会进一步发掘皮革制造业的发展潜力，鼓励中国企业赴巴基斯坦对皮革制造业进行投资。这是中国企业投资的最大利好因素。在皮革制造业方面，巴基斯坦有天然的优势，制皮原材料丰富，牛皮、骆驼皮、羊毛皮、羔羊皮、小山羊皮等产量非常丰富，毛皮质量高。同时，巴基斯坦国内劳动力丰富，劳动力成本低，对劳动密集型的皮革制造业来说非常有利。此外，当前巴基斯坦国内皮革业实际生产能力仍十分有限，潜力巨大。

表 3.10　皮革制造业生产能力

产品	估计生产能力	实际生产能力	利用率
鞣制皮革	9 000 万平方米	6 000 万平方米	67%
皮革服装	700 万件	500 万件	71%
皮制手套	1 000 万双	500 万双	50%
皮鞋	2 亿双	1 亿双	50%

数据来源：巴基斯坦制皮协会（PTA）。

同时，巴基斯坦皮革制造业现代化水平和技术水平都较低，产品附加值低。中国企业也在皮革加工、生产机器设备的提供上，也可以与巴基斯坦展开合作。

但是，巴基斯坦皮革制造业熟练工人少，劳动生产率较低，[1] 中国企业在雇佣当地劳动力时应加以注意。巴基斯坦对皮革制造业缺乏宏观、持续的发

---

[1] Slalkot Chamber of Commerce & Industry, Leather Industry – At an Edge, http：// www. scci. com. pk/reports.

展计划，同区域的其他国家（如印度、土耳其等）在皮革制造业上非常有竞争力，这也导致近年来巴基斯坦皮革制造业相对不佳的表现。因此，赴巴基斯坦投资皮革制造业的企业应当加强与当地行业协会合作，争取更多优惠。

第六节 新能源产业

一、新能源利用现状

（一）太阳能

巴基斯坦位于阳光带，日照时间长，太阳辐射水平平均每天每平米 450 - 650 瓦特，这相当于每年日照时间在 1 500 - 3 000 小时，平均每天日照时间在 8 - 8.5 小时，每年每平方米 1.9 - 2.3 兆瓦时，是世界上日照最丰富的国家之一。[1] 因此，巴基斯坦具有发展太阳能的天然优势。当前，巴基斯坦对太阳能运用十分有限，多运用在农村电话交换机、中继站、高速公路紧急电话、阴极保护、医院内的药品和疫苗冷藏等方面。许多公司不仅销售光伏产品和设备，也制造光伏系统的组件。[2] 巴基斯坦从 2009 年开始开发太阳能光伏发电项目，但截止目前仍没有投入运营的太阳能光伏发电项目。目前，在推项目共 31 个，年度累计产能 709.6 兆瓦。

表 3.11 巴基斯坦在推的太阳能项目统计

年份	项目个数	年度累计产能
2016	6	46
2017	3	150
2018	22	513.6
合计	31	709.6

数据来源：Alternative Energy Development Board（AEDB）。

---

[1] National Renewable Energy Laboratory of United States，Pakistan Annual Global Horizontal Solar Radiation，2007.2.

[2] Dr. Muhammad Shahid Khalil，Renewable Energy in Pakistan：Status and Trends，2010.

（二）风能

巴基斯坦有巨大的风能开发潜力，信德省和俾支路省的海岸地带，旁遮普省和信德省的沙漠地区都有丰富的风能。位于信德省海岸地带的噶罗风场（Gharo – Kati Bandar Wind Corridor）绵延 60 千米，深度达 170 千米，风场发电的潜力预计会超过 60 000 兆瓦。当前，巴基斯坦国内正在运营的风力发电厂有 5 家，产能达 255.4 兆瓦；正在建设 9 家风力发电厂，投入使用日期在 2015 年底至 2016 年 6 月间，预计产能达到 479 兆瓦；有 4 家已经获得政府支持书，但资金尚未到位，即将投入建设的风力发电厂，预计产能达 150 兆瓦；同时，还有 11 个有投资意向的风力发电项目，均在投资可研性阶段，预计产能达到 814 兆瓦。① 以上所有风力发电项目的产能合计达到 1 698.4 兆瓦，是当前水平的 6 倍多。

（三）生物质能和废物再生能源

生物质能和废物再生能源是一种重要的清洁、可再生能源，但在巴基斯坦国内利用程度比较低。近年来，巴基斯坦已经开始运用废物再生能源技术，通过燃烧城市固体垃圾来生产清洁能源，发电厂也配备了现代化的污染控制装置，不仅增强了国内的供电能力，还通过减少非可再生能源的使用降低了环境的污染程度。当前，巴基斯坦国内有两个正在运营的生物质能和废物再生能源发电项目，产能达到 52.7 兆瓦；还有 13 个正在政府审批不同阶段的项目即将建设，预计产能达到 363.4 兆瓦。②

（四）小水电

巴基斯坦国内大小河流纵横，水能资源非常丰富。大型水电项目发展比较成熟。基于自然资源禀赋和传统水电行业的经验，巴基斯坦非常重视小水

---

① Alternative Energy Development Board, Current Status of Wind Energy, http：//www. aedb. org/index. php/ae – technologies/wind – power/wind – current – status，2015. 8.

② Alternative Energy Development Board, Current Status of PanEnergy, http：//www. aedb. org/index. php/ae – technologies/biomass – waste – to – energy/current – status，2015. 8.

电项目的开展。当前小水电项目多由各省政府来监督开展。截止目前，巴基斯坦国内正在运营的小水电项目产能达到 128 兆瓦；还有 877 兆瓦产能的项目正在建设中。另外，据估计，全国还有大约 1 500 兆瓦产能的小水电项目开发潜力。[①]

二、主管部门及产业发展规划

巴基斯坦水电部（Ministry of Water and Power）是执行联邦政府电力部门政策的主管部门，同时它也与各省政府及相关政府部门和机构共同执行国家的电力政策。除各省政府外，水电部下的可替代能源发展委员会（Alternative Energy Development Board）主要管理和推动巴基斯坦国内新能源项目的发展。私人电力和基础设施委员会（Private Power and Infrastructure Board）主要管理私人电力部门的发电项目（包括超过 50 兆瓦的水电项目）。这两个委员会的工作关系非常密切，是电力政策可持续性和一致性的重要保障。此外，还有巴基斯坦原子能委员会（Pakistan Atomic Energy Commission）负责核能项目的相关申报和管理事项。国家电力监管局（National Electric Power Regulatory Authority）是监管电力部门服务情况的独立监管部门。

当前，涉及新能源发展规划的政策文件主要是由可替代能源发展委员会在 2011 年发布的 10 年期可替代能源和可再生能源政策（Alternative and Renewable Policy 2011）。该文件中，巴基斯坦提出到 2030 年，通过可替代能源和可再生能源供应的能源占总能源供应量的比例至少达到 5%。

专栏：可替代能源和可再生能源政策（2011）的政策目标

1. 通过与联邦政府和各省政府的有效协作，实现对可替代能源和可再生能源的持续性的、系统性的部署；

2. 加强新能源的发电能力，满足日益增长的电力需求；

3. 采取多种激励措施吸引私人部门对新能源产业的投资，增强新能源发电部门的竞争力；

---

① Alternative Energy Development Board, Potential and Progress in Small Hydropower, http：//www. aedb. org/index. php/ae－technologies/small－hydro, 2015. 8.

4. 为私人部门的投资项目提供融资支持，同时鼓励公共部门投资新能源项目；

5. 鼓励非电网系统中新能源技术的运用，同时减少一般家庭对常规能源的依赖；

6. 通过集成基于新能源技术的能源解决方案和新能源项目的创收活动，加强新能源在欠发达地区的布局，改善欠发达地区的发展；

7. 为所有参与新能源部门的投资者提供制度上的、技术上的和运营能力上的支持；

8. 为国内新能源技术生产设施的建立提供便利，降低成本，提供更高质量的服务，提高当地技术水平；

9. 与其他与新能源部门相关的管理机构相互合作，保证政策目标的实现。

三、产业发展的相关政策

当前，政策中支持的可替代能源和可再生能源项目分类主要有三种，一是独立发电厂（ARE – IPPs），二是配电项目（ARE – DGs），三是可替代燃料项目（AFPs）。

（一）支持 ARE – IPPs、ARE – DGs 和 AFPs 的政策

1. 财政支持

（1）对于进口的、用于首次安装或提高项目产能的生产机器、设备和备件（包括临时进口的建筑机器、设备和专用汽车）免除关税和销售税。同时所有进口用于生产可替代燃料的机器设备和专用备件均免除关税和销售税。

（2）项目缔约方能够按照规定提高高于一般行业标准的国内或外国融资比例。前提是得到巴基斯坦政府按照相关审批手续予以批准。

（3）非穆斯林和非居民能够免征公司应缴的股息天课①。

---

① 天课：伊斯兰宗教术语。伊斯兰教法规定，凡有合法收入的穆斯林家庭，须抽取家庭年度纯收入的 2.5% 用于赈济穷人或需要救助的人，又称"济贫税"。

2. 金融激励

项目缔约方即使是非巴基斯坦居民，也能够在不经过巴基斯坦国家银行的批准购买巴基斯坦公司发布的公司债券。

3. 风险担保

巴基斯坦政府为项目缔约方提供当前国际认可度最高的风险担保方法，即在其他基础设施或相关项目中的政策保持和新能源项目中的政策的一致性，以为缔约方规避政治风险为目的。

（二）支持 ARE – IPPs 的政策

1. 财政支持

（1）免征所得税，包括营业税和进口的预扣所得税；

（2）权益性收益以及股息能够按巴基斯坦国家银行相应的手续和规定自由汇出。

2. 金融激励

（1）允许发电公司发公司债；

（2）允许以折扣价发行股票，提高风险投资回报率；

（3）允许外国银行在巴基斯坦法律允许的范围内承销项目发行的股票和债券；

（4）巴基斯坦国内的独立评级机构为项目公司的债券风险、盈利性评级提供便利。

3. 风险担保

（1）政府与获批意向书和支持书的项目缔约方签署能源购买协议（Energy Purchase Agreement）；

（2）为购电商及其他公共部门主体的私有化过程提供保障；

（3）保证项目不受法律变化的影响，主要指关税和税收征收的变化；

（4）外汇审批和便利化措施上与传统电力项目相当；

（5）保证巴基斯坦卢比和美元能够按现行汇率兑换，以及与项目相关的必要支付的外汇汇款；

（6）关税指数化，以抵消汇率和通胀等影响下的损失。

（三）支持 AFPs 的政策

1. 财政支持

（1）对 B100[①] 生物柴油混合不征收石油税和相关的关税；

（2）生物柴油和石油混合产品以及乙醇和石油混合产品将被列入非石油产品，不征收石油税和相关关税；

（3）进口 B100 的生物柴油混合产品不需缴纳关税、营业税和销售税；

（4）对可替代燃料项目不征收所得税，包括营业税和进口的预扣所得税；

（5）项目缔约方能够按照规定提高高于一般行业标准的国内或外国融资比例，前提是得到巴基斯坦政府按照相关审批手续予以批准。

2. 金融激励

（1）允许发电公司发公司债；

（2）允许以折扣价发行股票，提高风险投资回报率；

（3）允许外国银行在巴基斯坦法律允许的范围内承销项目发行的股票和债券；

（4）巴基斯坦国内的独立评级机构为项目公司的债券风险、盈利性评级提供便利。

3. 风险担保

（1）政府保证购买成品油销售公司的生物柴油混合产品和乙醇混合产品；

（2）政府鼓励边缘土地提供更多的生物燃料给料；

（3）保障项目不受公共部门任何法令变化的影响；

（4）在其他基础设施或相关项目中的政策保持和新能源项目中的政策的一致性，以为缔约方规避政治风险为目的；

（5）保证项目不受法律变化的影响，主要指税收和关税征收上的变化。

---

① 进口的生物柴油通常分为纯生物柴油和生物柴油调和燃料。生物柴油调和燃料为一定比例的生物柴油与一定比例的其他油品调和产生的混调油品，一般以 BXX 作为代号，XX 代表生物柴油调和燃料中纯生物柴油所占的比例。B100 指的是纯生物柴油。（http：// wenku. baidu. com/link? url = F_ jcSsO5Jw8poRyF – pIh0Y_ Mmf_ gCuQkgLZ2epva8nf_ Acgc-QwNhxIVkDNQ – RveNz – FQeG6e2A8Sbx_ mlijcfZ4fOk6F76WlrOlP_ oGb – wK)

四、中巴新能源产业贸易投资机遇与风险

新能源产业是巴基斯坦近年来大力推动的产业之一。一方面，巴基斯坦本身太阳能、水能、风能、生物能等能源资源非常丰富。另一方面，由于发展程度有限，国内新能源利用程度非常低，潜力非常巨大。为鼓励外国投资者到巴投资新能源行业，巴基斯坦推出了大量的激励政策。中国企业赴巴投资和进行贸易的机会主要分为两方面：一是利用巴基斯坦提供的激励政策在巴基斯坦国内建立新能源发电站；二是借巴基斯坦推广新能源的使用，出口或者到国内投资与新能源发电项目相关的生产设备或新能源设备和系统。

专栏：中国企业在巴基斯坦投资建成首个风电项目[①]

2015年3月，中国长江三峡集团在巴基斯坦建立投资的风电项目——三峡巴基斯坦第一风力发电项目已正式竣工，这是中国企业在巴投资建成的首个风电项目。该项目总投资约1.3亿美元，装机容量为49.5兆瓦，年发电量约1.4亿度。项目于2013年1月31日开工建设，成为巴基斯坦风电开发项目中施工期最短且唯一实现提前发电的标杆项目，得到当地政府及业内人士的好评。与此同时，该项目还带动了中国设备产能跟随三峡集团一同"走出去"。从中国国内引进现代化塔筒制造加工厂，使巴基斯坦境内拥有了风机塔筒的完整生产链，并为当地提供大量就业机会和员工技能培训。

新能源产业是巴基斯坦国内发展较晚的产业，相关基础设施和配套设施相对来说完善程度较低，中国企业赴巴基斯坦投资建厂应充分做足前期对场地及周边配套设施的可行性调研。

[①]　新华网，中国企业在巴基斯坦投资建成首个风电项目。http：//news. xinhuanet. com/world/2015－03/17/c_ 1114670977. htm，，2015. 3. 17.

第四章 巴基斯坦服务业

巴基斯坦服务业已经撑起全国经济的半壁江山，吸收近1/3的就业人口，服务业的稳定增长是巴基斯坦发展的重要支柱，占GDP的比重长期在一半以上，增长率也高于非服务业部门。由于服务业对经济贡献程度高，以及增长潜力巨大，巴基斯坦政府非常鼓励外国投资者前来投资服务业。

第一节 巴基斯坦服务业概况

服务业是巴基斯坦经济增长的重要驱动力，在巴基斯坦经济持续、快速增长中扮演着重要作用。巴基斯坦服务业由6大部门组成：交通、仓储和通信服务；批发和零售服务；金融和保险服务；住房服务（住房所有权）；一般政府服务（公共行政及国防）；其他私人服务（社会服务）。[1]

服务业占据巴基斯坦经济的半壁江山，2014—2015财年服务业占GDP比重已经达到58.82%，对GDP增长的贡献率已经达到68.16%，也就是说，4.24%的GDP增长率中，服务业贡献了2.89%的增长率。[2]

巴基斯坦服务业一直保持稳定增长，在很长一段时间内增速都快于非服务业部门。在2014—2015财年，继续保持这一趋势。

---

① Federal Board of Finance, Highlights of the Pakistan Economic Survey 2014 – 2015, Federal Board of Finance, http：//www. finance. gov. pk/survey/chapters ＿ 15/Highlights. pdf, 2015.

② Federal Board of Finance, Pakistan Economic Survey 2014 – 2015—Growth and Investment, Federal Board of Finance, http：//www. finance. gov. pk/survey/chapters ＿ 15/01 ＿ Growth. pdf, 2015.

表4.1 巴基斯坦服务业及各部门占 GDP 比重情况

单位:%

	2007—2008	2008—2009	2009—2010	2010—2011	2011—2012	2012—2013	2013—2014	2014—2015
服务业	56.0	56.6	56.9	57.1	57.4	58.2	58.4	58.8
批发和零售服务	19.9	19.3	19.1	18.8	18.4	18.4	18.4	18.3
交通、仓储和通信服务	12.7	13.3	13.3	13.1	13.2	13.3	13.4	13.4
金融和保险服务	3.8	3.5	3.3	3.0	2.9	3.1	3.1	3.1
住房服务	6.4	6.6	6.7	6.7	6.7	6.8	6.8	6.8
一般政府服务	5.1	5.4	5.7	6.2	6.7	7.2	7.1	7.4
其他私人服务	8.1	8.6	8.9	9.1	9.4	9.5	9.7	9.9

数据来源: Federal Board of Finance, Pakistan Economic Survey 2014—2015.

表4.2 巴基斯坦服务业及各部门增长率情况

单位:%

	2007—2008	2008—2009	2009—2010	2010—2011	2011—2012	2012—2013	2013—2014	2014—2015
服务业	4.9	1.3	3.2	3.9	4.4	5.1	4.4	5.0
批发和零售服务	5.7	-3.0	1.8	2.1	1.7	3.5	4.0	3.4
交通、仓储和通信服务	5.5	5.0	3.0	2.4	4.6	4.0	4.6	4.2
金融和保险服务	6.3	-9.6	-3.3	-4.2	1.6	8.3	4.2	6.2
住房服务	4.0	4.0	4.0	4.0	4.0	4.0	4.0	4.0
一般政府服务	0.2	5.6	8.0	14.1	11.1	11.3	2.9	9.4
其他私人服务	5.4	6.5	5.8	6.6	6.4	5.3	6.3	5.9

数据来源: Federal Board of Finance, Pakistan Economic Survey 2014—2015.

2014—2015 财年，服务业增长率达到 4.95%，增长速度高于上一财年的
4.37%，生产部门增长率只有 3.24%。服务业 6 大部门均为正的增长率。其
中，一般政府服务部门增长速度最快，达到 9.4%；其次是金融和保险服务部
门，增长率达到 6.2%；其他私人服务部门紧随其后，增速达到 5.9%；交
通、仓储和通信服务部门、住房服务部门以及批发和零售服务部门增速略低，
分别为 4.2%、4% 及 3.4%。

巴基斯坦是服务净进口国，但服务进出口差额在缩小。2013—2014 财年，
巴基斯坦服务出口达到 53 亿美元，进口达到 79 亿美元。主要出口服务是交
通运输及通信服务、计算机及信息服务；主要进口服务是交通运输服务以及
各种商业服务。

当前，由于出现能源危机，巴基斯坦工业生产部门就业受到一定影响，
而服务业稳定增长，不仅为巴基斯坦国内增加了很多就业岗位，还对经济增
长做出了很大的贡献。因此，巴基斯坦对服务业发展非常重视，鼓励外国投
资者对服务业投资，以发掘服务业更大的发展潜力。

第二节　批发和零售服务业

一、批发和零售服务业发展现状

批发和零售业占巴基斯坦 GDP 的 18.3%，是服务业中最大的服务部门，
占服务业产值的 31%。其中零售业是巴基斯坦第二大就业部门，雇佣了国内
约 16% 的劳动力。[1] 批发和零售业发展很大程度上取决于农业和工业部门产
出和进口情况。2014—2015 财年中，由于受国内能源短缺影响，批发和零售
服务业增长率有所下降，只有 3.4%。但作为服务业中最重要的子部门，仍具
有很强大的发展潜力。

当前，巴基斯坦批发和零售业形式还比较单一，主要有两种形式：一是
小型零售商，二是超市及批发中心。过去，巴基斯坦主要城市的零售业都由

---

[1]　Punjab Board of Investment and Trade, Retail Sector Report, Punjab Board of Investment and Trade, 2012.

小型零售商在经营，大部分均为家庭经营式的商铺（Kiryana）。现在，由于传统家庭经营式商铺已不能满足消费者的需求，巴基斯坦零售业开始出现集聚现象，如拉合尔市（Lahore）的阿扎姆纺织市场（Azam Cloth Market）、会展路电子市场（Hall Road Electronic Market）和哈菲茨中央计算机和手机市场（Hafiz Centre Computer and Cellular Phones Market）等，且已有许多国际性批发零售巨头，如万客隆和麦德龙等，在巴基斯坦建立了大型的采购和销售中心，且获得良好的经济效益。这从侧面说明巴基斯坦人民已经越来越倾向于在大型超市采购。

巴基斯坦零售业中最主要的产品主要有以下6种。

（一）食品和饮料

据估计，巴基斯坦消费者收入在食品中的支出占42%左右。过去，对新鲜果蔬，巴基斯坦消费者倾向于到家庭经营式商铺购买，因为可以自己挑选，且有讲价的余地。但是，现在消费者更倾向于到超市去购买。大型超市为巴基斯坦消费者提供了品种、数量和质量上的多种选择，且价格更为划算，购物体验更好。虽然超市发展在巴基斯坦还处于初级阶段，但其增长潜力巨大。

同时，加工食品市场在日益兴盛。随着巴基斯坦生活节奏的加快，快餐和即食食品越来越受欢迎。随着贸易的发展，进口食品需求越来越大，进口食品主要是果汁、罐头水果、调味酱、蜂蜜、咖啡、糖果、调味品、坚果、巧克力、奶粉和其他奶制品等。尽管在传统商店也能够买到进口食品，但品种和数量都非常少，因为巴基斯坦传统商店多为小型且私人持有，一般从批发商处购买进口产品，无法从代理商或分销商处直接购买。

食品行业发展迅速的另一个表现就是在巴基斯坦发达城市中，餐厅和咖啡厅数量不断增加。巴基斯坦消费者对欧洲、日本、中国、泰国等不同国家特色的餐厅需求也很大。

（二）服装

服装是巴基斯坦零售业重要的部门之一。一方面，巴基斯坦国内纺织业和服装业较为发达，生产能力强。另一方面，经过数十年的时尚革命，消费者对服装种类、质量、设计特色等要求更多样。巴基斯坦国内也发展了较有竞争力的服装品牌，如 Breakout、Stoneage、Outfitters、Crossroads 等，这些品牌都在超过十个以上的城市有数十家专卖店。

除传统服饰外，牛仔裤、T 恤衫等休闲服饰是巴基斯坦年轻人很喜欢的服饰。当前，许多国际性服装零售商进入巴基斯坦国内，如里维斯（Levis）、Next、Splash 等。服装市场细分较为完善，按年龄细分的男装、女装和童装，按穿着场合细分的休闲、半正式、正式和礼服等，无论是哪种标准，都有较为完善的市场。

服装零售业还有一种特殊投资方式，即外国服装品牌通过许可协议与当地零售商合作。现在巴基斯坦国内的 Men's Store 就采用这种形式，这家店属于高端时尚店，店内销售阿玛尼、BOSS、杰尼亚（Ermenegildo Zegna）等国际一流品牌的服饰。

（三）鞋类

巴基斯坦国内有超过 500 家鞋类制造商，平均每年生产超过 1.2 亿双鞋，其中出口超过 200 万双。拉哈尔市是鞋类生产的主要城市，有 306 家制造商，占全国的 59%。

巴基斯坦有一些很优秀的品牌，如 Servis、Ehsan Chappal House、Stylo、Metro 等。其中，Servis 是一家有超过 50 年历史的老牌鞋店，已在国内有超过 400 家的店铺，超过 2 000 个经销商，同时在欧洲、中东和其他国家开店扩张。许多国际品牌，如 Bata、Nike、Ecco、Pierre Cardin 等，纷纷进驻巴基斯坦主要城市。

（四）健康美容类

随着巴基斯坦人对健康的关注越来越强，商业性的健身俱乐部在国内发展势头越来越猛。除健身中心，美容中心在巴基斯坦发达城市中越来越普遍。正是看到这些商机，许多国际品牌已入驻巴基斯坦，如有超过 50 年历史的英国美发和美容医疗品牌 Toni & Guy 已进入巴基斯坦，在卡拉奇的分店是全国最大的分店。

此外，由于巴基斯坦人越来越重视美容，国内化妆品市场也非常广阔。本土化妆品品牌主要由三家占据大部分市场份额，即 Kohinoor Chemicals, International Laboratories（Ponds）和 Revlon。国际高端化妆品品牌如欧莱雅、倩碧、蜜丝佛陀等也在巴基斯坦受到女性欢迎。其他美容产品品牌如 Body Shop，欧舒丹（Loccitane）和瑰柏翠（Crabtree & Evelyn）等已能在巴基斯坦国内商店中买到。

（五）电子产品

巴基斯坦电子产品市场据估计将在 2016 年达到 33 亿美元，年平均增长率将达到 13.3%。这样高的预期很大一部分源于国内出现了许多电子产品大型零售店。如位于拉哈尔会展路的电子产品中心，它一度是巴基斯坦 DVD 播放器、平板电视等电子产品零售中心，大型国际厂商如三星、LG、索尼、松下、诺贝尔等都在这里设有体验店，为巴基斯坦消费者提供高质量的体验和服务。

其中，发展最快的是电信产品。巴基斯坦国内手机使用者已经超过 77%，有大约 15 000 家手机零售商，诺基亚、索尼爱立信、三星、摩托罗拉等国际厂商的市场份额在逐年增加。巴基斯坦已向苹果、HTC 等高端手机品牌发出到国内发达城市进行特许经营的邀请。此外，台式和笔记本电脑销售增长较快。

（六）家具产品

家居家具零售业是巴基斯坦又一增长迅速的零售部门。许多纺织业巨头如 Gul Ahmed、Al Karam、Nishat 和 ChenOne 等，都扩展其产业链至家居装饰品。随着生活品质的提高，巴基斯坦国内对高质量床上用品、窗帘、垫子套、毛巾等产品的需求量在不断扩大。同时，木制家具也占巴基斯坦国内 95% 的家具市场，全国有超过 700 家木制家具制造商。巴基斯坦吉尼奥德（Chiniot）市的木雕和黄铜镶嵌家具最有名，市内这两种家具生产满足了整个城市 80%的需求。当前，巴基斯坦国内行业领先的家具公司之一——Interwood 是唯一一家本土综合性的家具公司，产品链完善，包括办公家具、家居家具、儿童家具、厨房、门、衣柜和地板等。欧洲一些具有完整产品链的家具公司已进入巴基斯坦国内，如宜家。

二、投资批发和零售服务业的相关规定

巴基斯坦批发和零售服务业完全对外国投资者开放，对投资的股权没有任何限制。投资者可以任意选择独立经营、特许经营、合资企业以及战略许可协议对零售业进行投资。根据巴基斯坦投资局的规定，在过去12个月内年销售额超过500万卢比（合人民币约30万元）的零售商需要到投资局进行注册；年销售额没有超过500万卢比的零售商不需注册，相应地，也不需要交纳因此产生的营业税。所有批发商、经销商和分销商均需要到投资局进行注册。

三、中国企业投资批发和零售服务业的机遇和风险

巴基斯坦将是未来零售业投资热国，[①] 零售业销售额将从2013年的1 158亿美元增加到2018年的2 012.75亿美元，增长潜力巨大。

表4.3　2014—2018年巴基斯坦居民消费支出及零售业销售额预测

单位：百万美元

	2014	2015	2016	2017	2018
消费支出	203 238	228 708	258 662	293 799	333 711
零售业销售额	129 264	145 140	163 768	185 570	210 275

数据来源：Deloitte, The Path to 2020 – Taking the long view of retail market entry

巴基斯坦批发和零售业正在向现代化转型，超市、专卖店、专业店、大型购物中心等现代化零售业态将随着现代分销渠道的发展而获得更快发展。同时，巴基斯坦中产阶级规模正在扩大，据估计，目前已经占总人口的25％，加之城镇化进程加快，高质量进口食品、化妆品、家居产品、电子产品、服装等产品的需求量都将继续扩大。而中国企业在生产食品、电子产品、服装等产品上都有一定的竞争力，这对中国企业来说是很好的投资机会。

---

① Deloitte, The Path to 2020—Taking the long view of retail market entry, Deloitte, 2013.

但巴基斯坦零售市场盗版和冒牌货很猖獗，[1] 容易出现知识产权和商标的侵权行为，投资企业应多加留意。

第三节 巴基斯坦电信行业

一、电信行业发展现状

自 2005 年以来，巴基斯坦是世界上电信市场增长最快的国家之一。[2] 截至 2014—2015 财年，巴基斯坦电信密度达到 62.9%。手机用户已超过 1 亿人，普及率超过 60%；宽带用户达到 1 688 万人，是上一财年的 3 倍多；无线用户和固话用户数量也在稳定增长，均超过 300 万人。巴基斯坦电信管理局（Pakistan Telecommunication Authority）预计在 2020 年，手机用户将达到 1.61亿人，占总人口的 89%；固话用户将保持在 500 万左右的水平；宽带用户数将超过 1 950 万人。[3] 这一市场将继续扩大。

表 4.4 巴基斯坦电信行业指标

	2007—2008	2008—2009	2009—2010	2010—2011	2011—2012	2012—2013	2013—2014	2014—2015
电信密度	58.9	62	64.1	68.4	72	74.9	79.89	62.9
宽带用户	168 082	413 809	900 648	1 491 491	2 101 315	2 721 659	3 795 923	16 885 518
手机用户	88 019 812	94 342 030	99 185 844	108 894 518	120 151 235	127 737 286	139 974 754	114 658 434
固话用户	4 416 417	3 533 275	3 417 802	3 016 852	2 985 633	3 024 288	3 172 214	—
无线用户	2 239 613	2 616 268	2 659 824	2 728 002	2 872 835	3 108 595	3 108 283	—

数据来源：Pakistan Telecommunication Authority.

---

① 中国商务部驻卡拉奇总领馆经商室，巴基斯坦零售业概况，驻卡拉奇总领事馆经商室。http://www.shz.ec.cn/F/14/HomePage/ShowNewsMode.asp？TidingsId = 722，2007. 4.

② Board of Investment，IT & Telecommunication，Board of Investment. http：//boi. gov. pk/Sector/SectorDetail. aspx？sid = 5，2015.

③ 中国商务部驻巴基斯坦使馆经商处，巴基斯坦电信管理局.2020 年展望，驻巴基斯坦使馆经商处，http：//pk. mofcom. gov. cn/aarticle/jmxw/201108/20110807707335. html，2011. 8. 23.

电信业是巴基斯坦吸收外资的重要行业之一。除 2010—2011 至 2011—2012 财年出现明显下降外，外商对电信业的直接投资占外国直接投资一直保持在 20% ~ 30%，在 2013—2014 财年，投资已经呈现较大的回升。

表 4.5　巴基斯坦电信业吸收外资情况

单位：百万美元

	电信业外国直接投资	外国直接投资	电信业外国直接投资比重（%）
2005—2006	1 905. 10	3 521. 00	54. 1
2006—2007	1 824. 20	5 140. 00	35. 5
2007—2008	1 438. 60	5 410. 00	26. 6
2008—2009	815. 00	3 720. 00	21. 9
2009—2010	373. 62	2 199. 44	17. 0
2010—2011	79. 2	1 574. 00	5. 0
2011—2012	361. 4	820. 6	44. 04
2012—2013	− 408	1 576. 0	− 25. 89
2013—2014	903	2 640. 88	34. 19

数据来源：Pakistan Telecommunication Authority.

专栏：巴基斯坦央行报告揭示电信行业国外投资下降原因[①]

据巴基斯坦《商业记录报》2012 年 3 月 21 日报道，巴基斯坦央行公布的半财年经济运行报告称，2011—2012 财年上半年（2011 年 7 月至 12 月），巴基斯坦接受外国直接投资从上财年同期的 8.4 亿美元下降 3.08 亿美元至 5.32 亿美元。其中，电信行业 FDI 大幅下降 2.32 亿美元，是导致 FDI 总体下降的主因。

巴基斯坦央行报告称，2004—2005 财年至 2007—2008 财年，电信是巴基斯坦吸引外资最多的行业。其中，2005—2006 财年电信业 FDI 占比高达 45%，主要归因于巴基斯坦电信公司（PTCL）私有化和外国移动公司增加

---

① 中国商务部驻巴基斯坦使馆经商处. 巴基斯坦央行报告揭示电信行业国外投资下降原因. 驻巴基斯坦使馆经商处，http：//pk. mofcom. gov. cn/aarticle/jmxw/201203/20120308027746. html，2012. 3. 21.

投资。但近几年电信行业 FDI 出现下滑，原因包括：阿联酋 Etisalat 电信公司与巴基斯坦政府间关于土地和财产转让的纷争，导致 PTCL 私有化 8 亿美元尚未支付；Pakcom（Instaphone）移动公司由于无力支付下 15 年的牌照费而退出市场并撤资；每用户平均收入（ARPU）从 2006—2007 财年的 3.2 美元降至 2008—2009 财年的 2.4 美元，使移动运营商利润空间被挤压；巴基斯坦移动用户普及率已升至 65%，增长空间减小等。

　　电信行业收入在过去 10 个财年间也呈现稳步增长态势，收入平均年增长率达到 15.21%，且近 5 年来增长率趋于平稳，平均在 7% 左右。电信行业对财政收入的贡献体现在消费税、巴基斯坦电信管理局费用收入等方面。2013—2014 财年中，电信行业税费占财政收入的比重在 6% 左右，达到 2 345 亿卢比。

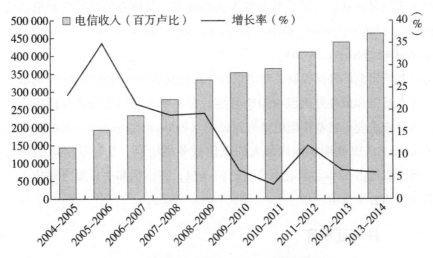

图 4.1　巴基斯坦电信行业收入及增长率状况

数据来源：Pakistan Telecommunication Authority.

　　2013—2014 财年，运营商和手机用户都在为其 3G 和 4G 服务而准备，一方面，运营商需要升级国内电信网络。另一方面，手机用户也更多地选择能够运用 3G 或 4G 网络的智能手机。因此 2013—2014 财年，电信产品进口增长较快，其中，进口手机价值达 5.44 亿美元，进口电信设备价值达 6.82 亿美元。

可见，巴基斯坦电信行业的稳定发展，为国内经济增长提供了一定的动力，也是吸收外资的重要行业之一。当前，巴基斯坦对电信行业的投资非常欢迎。

二、电信行业投资的相关规定

巴基斯坦信息科技部（Ministry of Information and Technology）制定电信行业政策，但监管由巴基斯坦电信管理局（Pakistan Telecommunication Authority）独立进行。巴基斯坦国内管理电信行业的主要法律是巴基斯坦电信法案（1996）修订版（Pakistan Telecommunication（Re – Organization）Act）。除此之外，还有针对手机、固话、宽带服务、终端设备、电信消费者保护等方面的法规，具体参见巴基斯坦电信管理局网站：（http：//www. pta. gov. pk/index. php? option = com_ content&view = article&id = 184&Itemid = 347），以及电信行业普及服务基金、研发基金等方面的规定，具体参见巴基斯坦电信管理局网站：（http：//www. pta. gov. pk/index. php? option = com_ content&view = article&id = 529&Itemid = 563）。

巴基斯坦允许外国投资者对电信行业内任何服务领域进行 100% 的股权投资，没有最低和最高外国股权投资标准，也不要求外国投资者与国内企业建立合资合作企业。巴基斯坦电信有限公司（Pakistan Telecommunication Company Limited）是巴基斯坦国内最大的电信服务供应商，是巴基斯坦的国有企业，政府股权占 62%。但它不享有任何特权，在固话和手机服务供应上，仍与其他公司公平竞争。

（一）许可证制度

电信行业许可证制度较为简便。巴基斯坦电信管理局一般不会接受许可证申请，除非其发布公开向国内外发布招商引资的邀请信。电信管理局发放许可证考量的因素主要包括项目的经济可行性、巴基斯坦居民或公司所有权、对普及服务目标及其他与社会、经济发展目标的贡献程度。同时，参与公开投标的企业必须在巴基斯坦证券交易委员会（Security and Exchange Commission of Pakistan）注册。

对固话服务，主要分本地固话（Local Loop）、国际长途固话（Long Distance and International）和基础设施（Infrastructure）三类许可证。公司可以同时持有本地固话和国际长途固话服务许可证，同时巴基斯坦电信有限公司（PTCL）担保被许可人的主机代理权利。获得国际长途固话服务许可的投资者必须在1年内在巴基斯坦电信有限公司的5个运营区域内至少建立1个互连点；在3年内巴基斯坦电信有限公司的14个运营区域内均要建立互连点；且在投资第1年至少持有巴基斯坦电信有限公司10%的网络，在第二、第三年分别增加至30%和50%，或者，被许可人也可以选择向巴基斯坦电信有限公司签订5年期的基础设施租赁协议。被许可人需要出具一个1000万美元的履约保证书。获得本地固话服务许可的投资者需要在规定时间内在巴基斯坦电信有限公司每个运营区域内建立1个互连点。本地固话服务许可证费用为10 000美元，国际长途固话服务许可证费用为500 000美元；在之后的运营中，所有被许可人需要向电信管理局支付上一年总收入0.5%的年费，这低于国内运营商所交的年费水平。

对移动业务，巴基斯坦电信管理局采取拍卖的形式发放许可证。同样，移动业务被许可人每年也需要缴纳上一年总收入0.5%的年费，也低于国内运营商所交的年费水平。

（二）市场进入促进贡献（Access Promotion Contribution）

巴基斯坦电信管理局还有一项关于"市场进入促进贡献"（Access Promotion Contribution，APC）的规定。所谓市场进入促进贡献，指的是持有国际长途固话服务许可证的运营商需要将其净国际来电收入的一部分，按照双方约定的结算率支付给本地固话服务提供商或者普及服务基金[①]（Universal Service Fund），作为本地固话服务提供商为接收国际长途电话而提供服务的费用，以及用于电信基础设施的建设和扩张。结算率由所有国际长途固话服务提供商谈判决定。支付标准为每分钟（通话时间计算始于国际长途固话服务提供商

---

① 普及服务基金是在2006年建立的一笔由信息技术部管理的基金，旨在推动电信服务在巴基斯坦农村地区的普及。其资金来源是电信运营商调整后收入的1.5%。普及服务基金的提供通过获得许可证的运营商拍卖决定，最终将由需要获得最少补贴的公司获得。

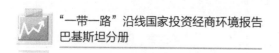
接通，终于本地固话服务系统中结束通话）0.25 美元，每月均需要支付，支付时间在每月结束后的 90 天内。移动服务提供商不受该规定限制。

（三）强制性要求与国内网络互连

与国内网络互连是保证现有运营商和新运营商间公平竞争的重要保证。国外投资者与国内网络互连是强制要求的，且必须是公共互连（除受电信监管局要求保密外）。同时，电信管理局鼓励有效和持续的竞争，具有显著市场地位（Significant Market Power）的运营商需要在获得地位认证后一个月内向电信管理局提交参考互连报价（Reference Interconnect Offer）。互连参与方可以将该报价作为默认互连报价，也可以再与报价运营商进行谈判决定。所有网络互连协议均需通过电信管理局批准，包括协议中提出的费用，必须能够反映一定的潜在成本，且在客观、透明的标准之上设定，不能包含违反竞争的费用或补贴。所有关于互连的任何争端将提交电信管理局解决。

（四）反竞争规定

电信行业有特定的反竞争规定，任何被许可人都不能有不公平竞争的行为，也不能强迫竞争者退出市场；运营商必须诚信、公平经营。具有显著市场地位的运营商不能够滥用其主导市场的作用，采取反竞争行为。如果出现违反竞争法的行为，将由巴基斯坦竞争委员会（Competition Commission of Pakistan）立即实行取证调查。

（五）发展基金

巴基斯坦政府用于推动电信行业发展的基金主要有两个，一是普及服务基金，二是研发基金（Research Development Fund）。普及服务基金用于推动电信服务在农村地区的普及，研发基金则在支持企业在信息和通信技术先进领域的科研。研发基金资金来源是电信运营商调整后收入的 0.5%。

（六）国际标准规定

巴基斯坦电信管理局接受国际电信设备标准，且规定这些标准同样适用于本土和进口产品。指定设备需要获得型式批准（Type Approval），具体的设备和型式批准费用参见巴基斯坦电信管理局网站（http：//www. pta. gov. pk/index. php？ option = com_ content&view = article&id = 1517&Itemid = 738）。电信管理局通常都会接受由国际认证的实验室对设备进行测试的结果。

三、中国企业投资电信行业的机遇与风险

当前巴基斯坦电信市场仍继续在扩大，对智能手机、3G 或 4G 网络、宽带服务等通信产品和电信服务的需求正在持续增长。同时，中国移动在巴基斯坦的运营已经较有竞争力，为中国企业的投资提供了良好的示范和学习经验。

中国企业投资的机会主要有两方面：一是巴基斯坦政府正推动电信服务的普及，中国企业可以在通信基础设施建设、通信设备出口方面展开与巴基斯坦政府或电信运营商的合作；二是巴基斯坦消费者对 3G 和 4G 的智能手机的需求，中国企业能够通过出口，或者利用当地廉价劳动力到当地建厂生产智能手机。

但因为巴基斯坦电信基础设施水平较低，到巴基斯坦投资电信行业有许多捆绑条件，如接入国内网络、与当地国有电信企业网络互连等，投资地点基础设施落后会增加投资成本。因此，中国企业在赴巴基斯坦投资前，需充分了解当地的基础设施情况，做好成本效益分析。此外，由于巴基斯坦电信服务许可证发放由电信管理局直接公开竞拍，故中国企业需要留意公告（巴基斯坦电信管理局网站 http：//www. pta. gov. pk/index. php？ option = com_ content&view = frontpage&Itemid = 1）。

第四节　金融和保险业

金融和保险业包括巴基斯坦央行（State Bank of Pakistan）、所有计划内银行[①]（Scheduled Banks）、发展金融机构（Development Financial Institution）、所有保险公司（寿险和一般保险均涵盖在内）、租赁公司、借贷经纪人以及证券交易经纪人。2014—2015 财年，金融和保险业占服务行业的 5.3%，占

---

① 计划内银行：包括所有国内国有银行和私营银行，以及外国银行。

GDP 比重为 3.1%，增长速度达到 6.18%，比上一财年增速高两个百分点。[①]
2007—2008 财年以来，金融和保险业一直是巴基斯坦吸引外商投资的前三大
部门，仅次于油气和 IT 及电信。

表 4.6　巴基斯坦金融业务吸引外资情况

单位：百万美元

部门	2007—2008	2008—2009	2009—2010	2010—2011	2011—2012	2012—2013	2013—2014	2014—2015
金融业务	1 864.9	707.4	163	310.1	64.4	314.2	192.8	112.4

数据来源：巴基斯坦投资局。

一、银行业

金融危机之后，巴基斯坦银行业正在经历复苏，流动性和盈利性以及存
款的增长在近几年都非常稳定。资本充足率保持在 15% 的水平，高于巴塞尔
协议 III 中规定的最小资本充足率 10%。

表 4.7　巴基斯坦银行业主要指标

单位：十亿卢比

	2008	2009	2010	2011	2012	2013	2014.3
总资产	5 628	6 516	7 117	8 171	9 711	10 537	10 725
净投资	1 087	1 737	2 157	3 055	4 013	4 305	4 662
净预付款	3 173	3 240	3 358	3 349	3 804	4 047	4 014
存款	4 218	4 786	5 451	6 244	7 294	8 318	8 151
权益	563	660	695	784	882	939	956
税前利润	63	81	105	170	179	165	—
不良贷款	43	446	556	592	615	585	602
净不良贷款	109	134	185	182	176	126	134
资本充足率（%）	—	14	13.9	15.1	15.6	14.9	14.8

数据来源：WTO Trade Policy Review 2015.

[①]　Ministry of Finance, Economic Survey of Pakistan 2014 – 15—Growth and Investment,
Ministry of Finance, 2015.

巴基斯坦央行负责商业银行、发展金融机构以及小额信贷银行的监管和许可。1962 年颁布的银行公司条例（Banking Companies Ordinance）是对银行业监管的主要立法文件，该条例在 2006 年进行了修订。私人持有的商业银行在巴基斯坦银行业中占主要地位。截至 2014 年 11 月，巴基斯坦境内有 29 家私营商业银行，其中 7 家为外资银行、5 家国有银行。除商业银行外，还有10 家小额贷款银行，8 家发展金融机构。

巴基斯坦允许外资银行分公司以及全资子公司在国内存续，但需要满足两个条件之一：一是外资银行母国必须和巴基斯坦同属于某个区域性组织；二是最低实收资本达到 50 亿美元。如果不能满足以上条件中的任意一个，则外资股权要求上限为 49%。现有外资银行以及根据以上标准即将成立的银行，都能够在巴基斯坦境内开办 100 家分支机构，但每次均需向巴基斯坦央行提交分支机构扩张计划（Branch Expansion Plans），并获得批准。

2012 年巴基斯坦央行制定了反洗钱和为恐怖主义融资的相关监管条例。当前，央行也在进行关于存款保险计划的立法工作。

二、保险业

巴基斯坦证券交易委员会（Securities and Exchange Commission of Pakistan）监督和管理国内保险行业。主要的监管法规包括保险业条例（Insurance Ordinance 2002）、保险业规定（Insurance Rules 2002）、证券交易委员会保险规定（SEC Insurance Rules 2002）、回教保险①规定（Takaful Rules 2012）、保险公司法规（Insurance Companies Regulation 2012）。同时用于规范小微保险公司的法规已经进入立法程序。

截至 2014 年 11 月，巴基斯坦国内有 39 家非寿险保险公司，其中有 3 家一般回教保险公司，1 家国有保险公司，即巴基斯坦国民保险有限公司（National Insurance Company Limited）。此外，有 9 家寿险保险公司，其中有 2 家回教保险公司，1 家国有保险公司，即巴基斯坦国家人寿保险公司（State Life

---

① 回教保险是一种基于互助和风险共担的财务保障形式。具有以下特点：投保人基金与股东基金分离；符合回教律法的投资策略（包括不知福利息以及避免公司从事被禁止活动）；以及舍友内部的回教律法学者监事会。（瑞士再保险股份有限公司经济研究及咨询部，新兴市场的保险业：伊斯兰保险的概括和前景，《Sigma》系列刊物，2008 年第 5 期）

Insurance Corporation of Pakistan），占据 62% 的市场份额。当前有 2 家寿险公司和 2 家一般保险公司是外资公司。此外，巴基斯坦国内还有 1 家国有再保险公司，即巴基斯坦再保险有限公司（Pakistan Reinsurance Company Limited）。

投资寿险保险公司的最小资金要求是 5 亿卢比（合人民币约 3 000 万元），投资一般保险公司的最小资金要求是 2 亿卢比（合人民币约 1 200 万元）。外资寿险保险公司或一般保险公司均需要在巴基斯坦国内注册，股本出资至少为 400 万美元，其余需要在当地获得投资。

三、中国企业投资金融业的机遇及风险

当前巴基斯坦银行业正在复苏，且中巴自由贸易协定的签订，使中国企业能够对设立的银行持有 100% 的股权。巴基斯坦金融服务渗透率较低，每 1 000 公里仅有 0.22 家分支行，每 1 000 名成人仅有 226 个银行账户，有很大市场潜力。[①] 保险密度[②]也较低，仅为 0.4%，同样有巨大的市场潜力。另外，值得注意的是，当前不论是银行业还是保险业，其法制、监管都在不断完善，为投资提供了一定的保障。

但就市场分配来看，银行业和保险业国有企业垄断性较高，这对投资企业非常不利。

第五节　公共服务

一般政府服务主要指的是公共行政管理与国防。2014—2015 财年，巴基斯坦一般政府服务占服务业的 12.7%，占 GDP 的 7.4%，增速达到 9.44%。当前，巴基斯坦政府极力推动外国投资者通过公共 – 私人合作关系（Public Private Partnership，PPP）来推动公共服务业发展。PPP 指私人资本对公共服务项目设计、融资、建设、运营及维护的投资，同时私人投资者在一段时期

---

① 阎彦，王毅然. 巴基斯坦投资指南，一财网，http：//www. yicai. com/news/2015/05/4617537. html，2015. 5. 13.

② 保险密度：每个公民每年的平均人身保险费支出，由每年寿险业人身保险全年保费收入除以每年年底的全国人口数而得到。

内能够获得公民使用服务设施收入。当私人投资者对该项目的所有权到期后，由政府无偿地接管。此时，私人投资者已从项目中获得足够收入，不仅补偿了投入成本，且获得一定的投资收益。^① 巴基斯坦规划、发展和改革部发布的《展望 2025》中提出，要建立综合性的政策机制来推动 PPP 增强私人部门在基础设施建设等公共服务业中的作用。

一、主管部门

为使 PPP 项目发挥最大的效用，巴基斯坦政府建立了一个权责分明且具有弹性的组织架构。该组织架构中，主管部门分别管理三个重要方面：其一，PPP 政策的制定和发展、宣传、监督及实施；其二，独立项目的赞助、设计、前期准备工作及执行；其三，对项目财务的管理。具体主管部门和相应职能如下。

（一）财政部（Ministry of Finance）

财政部是巴基斯坦国内管理 PPP 项目的最主要的部门，主要在国家层面上建立法律、制度和监管的机制，也是 PPP 项目政府所有权的最高代表。财政部制定 PPP 政策，同时为政策实施提供支持，且向巴基斯坦政府作出财务承诺以获取财政支持，并对 PPP 项目进行风险管理。财政部管理下的多个工作小组或分部门对 PPP 项目均有不同的职能分工。具体如表 4.8 所示。

（二）计划委员会（Planning Commission）

计划委员会对公共部门发展计划（Public Sector Development Program）进行审查和批准，从计划中筛选符合公共利益需求的项目，并提出申请。与基础设施项目开发小组及其他主管部门共同协商进行相关工作。

（三）其他地方政府部门及国有企业

部委、联邦政府、省及地方政府、国有企业均代表政府与私人企业签署

---

① Ministry of Planning, Development and Reform, Public Private Partnerships, Ministry of Planning, Development and Reforms.

合同。作为政府代表，他们需要相互协作，鉴别、筛选、资助、前期准备、招标和监督各自部门中的 PPP 项目。

表 4.8　财政部下分管 PPP 的部门及职能

分部门	职能
特别小组（Task Force）	由相关部委和省政府高级官员组成；为 PPP 政策改革提供建议；指导和批准各种立法文件；与其他分部门共同引导巴基斯坦未来 PPP 发展框架。
基础设施项目开发组（Infrastructure Project Development Facility）	为 PPP 项目开发、推动和执行提供便利，提高 PPP 基础设施建设项目的数量和价值； 为公共部门执行组织、私人部门投资人、融资人和顾问提供指导，相关指导文件可以在其网站上下载（www. ipdf. gov. pk）； 对合约方（Contracting Authorities）提交的项目申请进行筛选，并将通过筛选的项目提交财政部、计划委员会及中央发展小组（CDWP）； 通过外包或亲为那些没有经过专业顾问的合约方提供专业 PPP 服务，提高项目的专业程度； 作为特别小组（TF）的秘书处，配合其工作。
债务政策协调办公室（Debt Policy Coordination Office）	负责源于 PPP 项目的所有资金或者或有财务义务的管理，包括提供担保。
项目开发基金（Project Development Fund）	若巴基斯坦政府认为 PPP 项目需要基金，将设立项目开发基金。 根据项目开发基金经理、使用者或受益人签发的标准运作流程和指导进行基金运作； 根据合约方签署的合同安排，为项目开展、交易结构和执行方式安排顾问； 当项目进入财务结算阶段，第三方成本从中标方中回收后，该基金将作为周转基金。
可行性缺口基金（Viability Gap Fund）	当巴基斯坦政府认为 PPP 项目需要该基金支持，将设立基金，旨在为那些在经济上具有可行性，但没有一定合理的支持在财务上没有可行性的项目提供资金支持。 根据可行性缺口基金经理、使用者或受益人签发的标准运作流程和指导进行基金的运作。

续表

分部门	职能
基础设施项目融资公司（Infra-structure Project Financing Facility）	这是巴基斯坦政府设立的财务公司，属于非银行金融企业，专门为 PPP 项目以商业利率提供长期贷款。

资料来源：Infrastructure Project Development Facility。

二、PPP 投资领域及收入形式

（一）投资领域

当前，巴基斯坦政府允许通过 PPP 进行投资的公共服务领域主要包括：（1）运输物流领域，包括国家级或省级的公路、铁路、港口、机场、渔港，以及仓库、批发市场及冷链运输等；（2）大规模城市公共交通，包括公交系统、市内或城际地铁等；（3）本地政府服务，如供水、净水、垃圾处理、保障房、医疗或教育发展项目等；（4）能源项目，包括水电及其他发电项目；（5）旅游项目，包括文化中心、休闲娱乐设施及其他与旅游相关的基础设施；（6）工业项目，包括工业园区、特别经济区及相关项目；（7）农田水利项目；（8）社会基础设施，包括教育、文化和医疗基础设施。所有以 PPP 形式投资的项目，根据私人部门所有权和实际运作情况，允许私人与公共部门共同持有，也允许私人拥有全部所有权。

（二）项目收入形式

项目收入的形式有以下三种：

1. 基于关税的收入方法（Tariff Based PPP Project）

这种方法适用于财务上完全可行的项目，此时，项目收入完全来源于用户费用或者关税收入。初始关税和随后的关税梯级由合约方在保证适当的、市场接受的回报率且项目完全运作的情况下，通过可行性研究而得出。通过竞标方式，选定最小关税及后续关税梯级的合约方。

2. 年金收入形式（Unitary/Annuity Type Revenue）

在这种方法下，政府按照约定的每年固定金额或者对未来发展情况加以考虑的折现金额支付给私人合约方，金额可以由用户费用决定，也可以由公共部门和私人部门商议的其他方法决定。

3. 针对需要补贴项目的收入方法（Projects Requiring Subsidy）

这种方法适用于需要获得政府支持的 PPP 项目。由私人企业提出补贴申请，通过竞标方式选定需要补贴最小的企业。

三、PPP 项目基本流程

巴基斯坦 PPP 项目分为两种，一种是政府发起项目（Government Originated Project），另一种是非政府发起项目（Non – government Originated Project）。

（一）政府发起项目

政府部门对于其发起的项目需要保证对公共利益具有积极的影响，为这些项目提供资金和技术上的支持，同时也会为项目提供顾问服务，支持可行性研究，也提供风险担保。

项目基本生命周期如下：（1）项目需求选择分析（Project Needs Options Analysis）。政府将根据国家或地区当前发展要求，对项目进行需求分析，选择最能满足发展要求的项目。（2）初步可行性分析（Initial Viability Analysis）。对项目进行初步可行性分析，内容包括潜在选址、合作方、预计项目成本及设定相关指标对项目可行性与经济可行性进行初步判断。（3）技术、法律、环境及财务的尽职调查（Technical, Legal, Environmental and Financial Due Diligence）。项目顾问与广泛利益方进行深层法律、技术、环境、市场及财务的尽职调查。（4）风险承受能力及性价比测试（Risk, Affordability and Value for Money Test）。根据第三步的调查结果，判定项目是否符合政府规定的风险标准，项目财务可行性及性价比，内容包括资金缺口以及补贴需求。（5）市场探测（Market Sounding）。项目顾问对市场进行调研，判断私人部门对于此项目投资竞标的积极性。（6）公开招标（Tendering/Bidding）。对项目进行公开招标，中标标准包括可行项目的最低关税或从政府获取的收益、最低的补贴或基金支持等。（7）如需要的话，批复可行性缺口基金（Approval of Viability Gap Funding）。基于以上对项目的评估，由基础设施项目开发小组提出对可行项目的补贴建议。（8）签署合同及财务结算（Signing of Agreement and Financial Close）。中标的私人部门与政府签署协议，并进行缺口基金结算。（9）相关部门对项目建设和运营进行监督（Project Monitoring by Institution）。相关管理部门对项目建设和运营进行监督，同时监督资金和补贴的落实情况。政府发起的项目需要经过正规审批，具体流程如下：

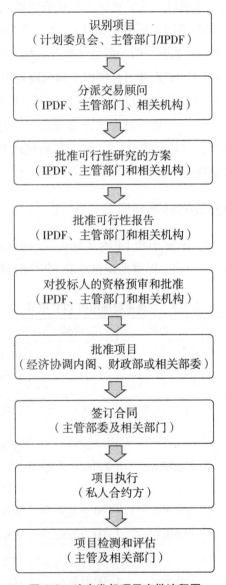

图4.2 政府发起项目审批流程图

资料来源：Pakistan Policy on Public Private Partnerships.

（二）非政府发起项目

对政府发起的项目，以上审批程序和项目周期是强制性的，关注的项目都是政府优先发展的公共项目。对于非政府发起的项目，审批程序有所不同。具体步骤如下：（1）私人部门识别潜在项目；（2）私人部门根据政府提供的主动请求投标（Unsolicited Bids）的一般框架指导，确定项目符合投资指导要求，且符合公共利益；（3）私人部门自担成本和风险对项目进行可行性研究；（4）私人部门提交可行性研究和项目建议书；（5）巴基斯坦政府对项目进行审批，审批结果分为三类：一是项目方案全部通过，二是项目需要更多信息或者需要做一定的修改，三是不通过；（6）巴基斯坦政府根据 PPP 项目法律法规决定是否推动申报项目。

四、中国企业投资的机遇与风险

根据基础设施项目开发小组网站（http：//www. ipdf. gov. pk/index_full. php？cmd = projB），当前，巴基斯坦推动的 PPP 项目如表 4.9 所示。

表 4.9　巴基斯坦推动的 PPP 项目

项目	领域	规模	进程
国家冷链系统	运输物流	1.53 亿美元	已完成可行性调研，进入潜在投资者市场探测阶段
费萨拉巴德固体垃圾管理厂	地方政府服务	1 500 万美元	投资者资格预审
拉哈尔至费罗兹普高速公路	运输物流	2 500 万美元	技术可行性研究已经完成，正在进行财务可行性调研
牙科医疗计划	公共医疗	700 万美元	正在进行可行性调研
肝脏疾病和器官移植中心	公共医疗	600 万美元	正在进行可行性调研
哈比巴巴德立交桥及铁路天桥	公共交通	700 万美元	初步可行性调研已经完成，正在进行详细的可行性调研

续表

项目	领域	规模	进程
查沙达固体垃圾处理厂	地方政府服务	110万美元	当地区安全环境提高之后，将立即提交项目请求建议书
Lower Spat Gah 发电项目	能源领域	6.14亿美元	已完成技术可行性调研，正在进行财务可行性调研
拉威山发电项目	能源领域	1.2亿美元	已完成技术可行性调研，正在进行财务可行性调研
COMSATS 信息技术学院宿舍设施	教育	—	正在进行可行性研究
Quaid – e – Azam 大学医学院医疗教学设施	教育	—	正在进行可行性研究
重建伊斯兰堡供水系统	地方政府服务	—	正在进行可行性研究
太阳能街灯项目	地方政府服务	—	正在进行可行性研究
光伏发电厂	能源	—	正在进行可行性研究
经营货运火车	运输物流	—	正在进行可行性研究
桑达尔物流中心	运输物流	—	正在进行尽职调查
卡拉奇大学发电系统	教育	—	正在进行可行性研究

资料来源：Infrastructure Project Development Facility.

巴基斯坦政府对所有 PPP 投资的领域都积极地推动，尤其是在运输物流、能源、教育、公共医疗方面。中国企业能够按照 PPP 投资流程，关注项目公开招标情况，积极与巴基斯坦政府展开合作。同时巴基斯坦旁遮普省也有专门管理 PPP 的部门，部门网站上对于在建及拟推的项目有详细介绍，对投资旁遮普省感兴趣的企业可以关注其网站（http：//ppp. punjab. gov. pk/projects）了解相关项目情况及投资机会。

但值得注意的是，拟推项目中有由于地区安全因素而搁置的项目，这说明某些地区的安全性仍是一大问题。同时，由于巴基斯坦国内基础设施情况普遍较差，故以基础设施项目居多。基于以上两点，企业投资时要加强对投资地区的了解，对项目安全性及可行性进行充分分析。

第五章 巴基斯坦的对外贸易

巴基斯坦货物贸易和服务贸易均保持着波动上升的趋势，对外贸易长期逆差。其主要出口产品是农产品和纺织制品，出口结构较为单一；主要进口工业制成品和燃料。欧盟、美国、中国、阿富汗、阿联酋是巴基斯坦前五大出口市场，阿联酋、中国、欧盟、科威特和沙特阿拉伯是巴基斯坦前五大进口来源国。当前巴基斯坦政府正在大力推动本国出口，旨在以出口拉动经济发展。基于其出口导向战略，巴基斯坦政府建立了相关出口促进部门，推出了刺激出口的多项政策和措施。同时，巴基斯坦政府也依靠日益完善的法律法规，配合法定监管令对进出口活动进行有效管理，形成了一套符合自身发展需求的贸易管理体制。

第一节 巴基斯坦对外贸易发展

一、巴基斯坦对外贸易基本情况

近 10 年来巴基斯坦货物进口和出口呈现波动上升趋势，一直保持贸易逆差状态。2014 财年，巴基斯坦货物进口达到 476 亿美元，占世界进口总额的比例在 0.25% 左右；货物出口达到 247 亿美元，占世界出口总额比例约 0.13%。

巴基斯坦服务贸易进口和出口在近 10 年来以平稳的速度增长，同样保持贸易逆差状态，但逆差额呈下降趋势。2013 财年，巴基斯坦服务贸易进出口总额达到 104 亿美元。其中，进口为 71 亿美元，较上一财年下降 5%；出口额达到 33 亿美元，比上一财年略微增加 2%。

表 5.1 巴基斯坦货物贸易情况

单位：亿美元,%

	进口额	占世界总进口比例	出口额	占世界总出口比例	贸易差额
2005	253. 57	0. 23	160. 51	0. 15	− 93. 06
2006	298. 25	0. 24	169. 30	0. 14	− 128. 95
2007	325. 9	0. 23	178. 38	0. 13	− 147. 52
2008	423. 29	0. 26	203. 23	0. 13	− 220. 06
2009	316. 68	0. 25	175. 23	0. 14	− 141. 45
2010	378. 07	0. 24	214. 10	0. 14	− 163. 97
2011	440. 12	0. 24	253. 83	0. 14	− 186. 29
2012	441. 57	0. 24	245. 67	0. 13	− 195. 9
2013	446. 47	0. 23	251. 21	0. 13	− 195. 26
2014	476. 36	0. 25	247. 14	0. 13	− 229. 22

数据来源：世界贸易组织（WTO）。

表 5.2 巴基斯坦服务贸易进出口情况

单位：亿美元

	进口	出口	贸易差额
2005	72	20	− 52
2006	81	22	− 59
2007	84	22	− 62
2008	93	25	− 68
2009	59	25	− 34
2010	65	29	− 36
2011	72	34	− 38
2012	75	32	− 43
2013	71	33	− 38

数据来源：世界贸易组织（WTO）。

二、巴基斯坦对外贸易结构

（一）商品进出口结构

根据 WTO 的统计数据，巴基斯坦货物出口结构中工业制成品占比最大，比重达73.5%；其次是农业产品，占比22.2%；最后是燃料和矿产品，占比不足5%。

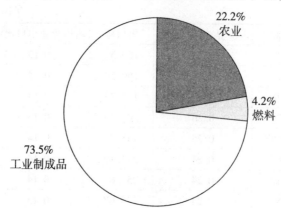

图5.1　2013—2014年巴基斯坦货物出口结构

数据来源：世界贸易组织（WTO）。

巴基斯坦出口结构较为单一，主要是农产品、纺织制品两类产品，共占巴基斯坦2013财年出口总额的3/4。[①] 根据巴基斯坦统计局数据，巴基斯坦主要出口产品有棉质纤维、大米、针织物、床上用品、制成衣物、棉纱、皮革制品等，多为初级产品或纺织产品。

与出口结构相比，巴基斯坦进口结构更为分散。巴基斯坦商品进口结构中，工业制成品占45.9%；农产品进口占比在15%以下。

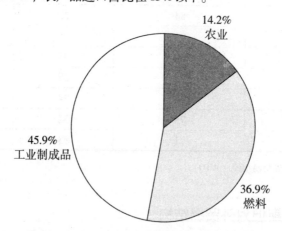

图5.2　2013—2014年巴基斯坦货物进口结构

数据来源：WTO。

---

① WTO, Trade Policy Review – Pakistan, WTO, 2015. 6.

表5.3 巴基斯坦主要出口产品

单位：亿卢比

商品	2007—2008	2008—2009	2009—2010	2010—2011	2011—2012	2012—2013	2013—2014	2014.7—2015.3
棉质纤维	1 262	1 530	1 509	2 191	2 182	2 603	2 851	1 899
大米	1 171	1 548	1 834	1 836	1 844	1 863	2 229	1 589
针织物	1 145	1 360	1 479	1 961	1 767	1 964	2 356	1 741
床上用品	1 190	1 361	1 462	1 783	1 551	1 725	2 200	1 588
制成衣物	937	965	1 064	1 529	1 443	1 756	1 962	1 565
棉纱	813	874	1 200	1 866	1 620	2 171	2 056	1 481
皮革制品	438	435	384	472	465	540	644	460
药品	389	473	623	778	960	842	1 203	684
毛巾	385	504	560	650	613	751	789	593
混凝土及水泥制品	264	456	403	382	446	559	521	353
皮革（不含爬行动物皮革）	260	234	287	396	398	484	564	371
艺术丝绸纺织品	255	217	374	571	488	394	395	259
鱼类及鱼类加工品	133	185	191	253	286	308	379	257
水果	91	123	201	231	321	378	452	381
糖类	57	6	0.02	—	26	516	296	211
肉及肉类制品	31	55	83	130	155	204	237	184
小麦	4	3	0.6	497	112	61	7	2

数据来源：巴基斯坦统计局。

矿产品为主要进口商品。其中，工业制成品占比最高，达到46%左右；其次是燃料及矿产品，过去近十个财年中，巴基斯坦进口产品主要为工业制成品，包括石油及石油制品、非电器械、化学制品、交通设施、铁、钢铁及制品、电器、药品等。此外，食品类也是进口主要商品之一，如食用油、谷物、豆类和面粉。

表5.4   巴基斯坦主要进口产品

单位：亿卢比

商品	2006—2007	2007—2008	2008—2009	2009—2010	2010—2011	2011—2012	2012—2013	2013—2014	2014.7—2015.3
石油及制品	4 446	7 243	7 383	8 409	10 335	13 615	14 475	15 278	8 996
非电器械	3 682	4 115	4 618	3 977	38 875	4 351	4 733	5 518	4 659
化学制品	2 003	2 566	3 005	3 276	3 959	4 358	4 475	4 983	3 825
交通设施	1 409	1 377	1 038	1 630	1 841	1 922	2 290	2 199	1 792
铁、钢铁及制品	900	1 055	1 363	1 351	1 354	1 567	1 935	1 805	1 621
食用油	580	1 084	1 160	1 123	1 784	2 164	1 968	2 070	1 393
电器	398	481	607	562	679	726	817	1 149	884
药品	261	339	449	601	589	623	807	814	731
化学肥料	273	552	424	795	459	1 106	633	731	610
有色金属	274	256	256	305	394	354	377	444	312
纸及纸板制品	241	288	332	302	448	381	390	444	382
刺绣丝线纱	152	185	230	313	467	529	523	636	498
谷物、豆类和面粉	187	709	1 080	342	449	487	452	527	558
染料	149	185	221	251	283	291	299	386	293
茶叶	130	127	174	227	286	313	356	308	266
精炼糖	157	9	45	247	287	12	5	6	6

数据来源：巴基斯坦统计局。

（二）服务贸易结构

巴基斯坦服务贸易进口和出口结构较为相似，计算机、通信和其他服务贸易以及交通运输服务贸易占商业服务贸易进出口总额的80%以上。其中，服务贸易进口中，计算机、通信和其他服务贸易占比呈波动下降趋势，交通运输服务贸易占比在波动上升，保险和金融服务贸易、旅游服务贸易占比较为稳定，分别在5%和15%的水平。服务贸易出口中，计算机、通信和其他服务贸易呈波动上升趋势，交通运输服务贸易呈下降趋势，保险和金融服务贸易、旅游服务贸易占比同样比较稳定。

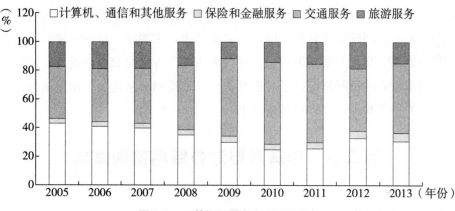

图5.3 巴基斯坦服务贸易进口结构

数据来源：世界银行世界发展指数。

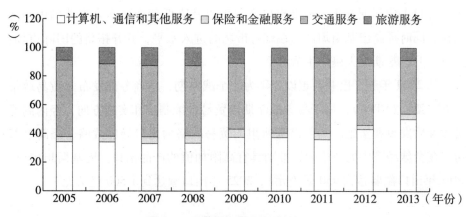

图5.4 巴基斯坦服务贸易出口结构

数据来源：世界银行世界发展指数。

三、巴基斯坦主要贸易伙伴

近 10 年来，巴基斯坦与发展中国家贸易往来有明显增加，从发展中国家进口占比提高到 80% 左右，出口到发展中国家的占比提高到 50% 以上。相对地，从发达国家进口减少到 20% 左右，出口减少到 50% 以下。

2013 年，欧盟国家仍是巴基斯坦的主要出口市场，出口到欧盟国家的产品占总货物出口的 25% 左右。此外，美国、中国、阿富汗、阿拉伯联合酋长国也是其主要的出口市场。出口到这 5 个国家或地区的产品占货物出口的 65% 以上。而阿拉伯联合酋长国是其主要的进口来源国，从该国进口占总货物进口的 17.7%。中国是其第二大进口来源国，占比约 15%。此外，欧盟国家、科威特和沙特阿拉伯也是其主要的进口来源国。从这 5 个国家或地区进口的产品占货物进口总额的 50% 以上。

第二节　巴基斯坦对外贸易管理体制

一、主要目标和战略

巴基斯坦在发布的贸易政策中提出，巴基斯坦贸易政策的目标在于：通过贸易自由化和便利化，提高出口竞争力以及降低营商成本来支持国内经济增长；同时提高巴基斯坦产品在现有市场的进入水平，并开拓新的国际市场；最终提升巴基斯坦人民的生活水平。

从 2009 年起，巴基斯坦以 3 年为一个战略期，由商务部发布《贸易政策战略框架》（STPE），用于指导战略期内贸易政策制定和实施方向，经内阁通过批准后发布和实施。当前巴基斯坦的贸易战略为出口导向战略，提高巴基斯坦在全球经济中的竞争力，推动具有高附加值的产品出口。巴基斯坦提出，2015 年出口额要达到 950 亿美元[1]，2025 年出口额达到 1 500 亿美元[2]。

---

① 巴基斯坦商务部，《巴基斯坦贸易政策三年战略框架（2012—2015）》。http：//www. commerce. gov. pk/？ page_ id = 5，2012. 8.

② 巴基斯坦规划、发展和改革委员会，《巴基斯坦展望 2025》。http：//www. pc. gov. pk/？ p = 2461，2015.

> **专栏：巴基斯坦商务部提出的贸易发展重点方向**
>
> 为达到出口目标，巴基斯坦商务部提出 13 个重点推动方向，分别是：
>
> 1. 加快推进区域性贸易的发展；
> 2. 强化促进出口的组织构建；
> 3. 提高监管效率；
> 4. 推动农业加工品的出口；
> 5. 进行有效的贸易外交活动；
> 6. 关税保护政策合理化；
> 7. 鼓励出口导向产业的投资；
> 8. 加强女企业家在出口中的作用；
> 9. 拓宽出口融资的渠道，强化出口信贷的作用；
> 10. 加强产品和出口市场的多样性；
> 11. 促进巴基斯坦欠发达地区的出口发展；
> 12. 推动国内商业的改革发展；
> 13. 促进出口导向产业的发展，以抵消能源危机的不利影响。

目前，巴基斯坦正稳步推进战略的实施，尤其是建立了一系列促进出口的组织机构，如商务部的下属单位国内商业署（Domestic Commercial Wing）及服务贸易署（Trade in Services Wing）、巴基斯坦进出口银行、皮革出口促进委员会、服务贸易发展委员会、贸易争端解决组织等。

二、外贸主管部门及主要职能

在巴基斯坦，贸易政策的制定和实施涉及多个部门，主要由商务部（Ministry of Commerce）和联邦税收局（Federal Board of Revenue）共同负责。联邦税收局主要负责海关管理及关税征收，商务部主要负责管理巴基斯坦双边、多边及区域贸易协定。同时，接受来自私人部门的正式或非正式贸易政策建议，这些私人部门主要指巴基斯坦联邦商会及相关行业协会。商务部下设 WTO 委员会，主要负责和多边贸易相关的问题，如贸易协定及贸易谈判。两个部门在制定和实施与 WTO 相关的贸易政策时，接受巴基斯坦议会委员会和国民大会的监督。

贸易政策制定后，需要通过巴基斯坦内阁经济协调委员会的表决通过。巴基斯坦内阁经济协调委员会是贸易政策的决策部门，主席为巴基斯坦总理，成员包括商务部、交通部、财税部门、经济发展部、统计局等相关部门的部长，特殊情况下还会邀请计划委员会主席、中央银行行长、证券交易委员会主席、贸易发展部门首席执行官及相关部门的重要官员参与决策。委员会定期召开会议对贸易政策修改意见或者增加条款进行投票表决，并对进出口政策对生产和投资的影响进行评估。国内与贸易相关部门及其职能见表5.5。

表5.5　与贸易相关的部门及职能一览表

政府部门或机构	主要职责
国家食品安全和研究部（Ministry of National Food Security and Research）	农业政策，渔业，林业，SPS（《实施动植物卫生检疫措施协议》），卫生检疫
动物检疫局（Animal Quarantine Department）	SPS，卫生检疫
植物保护部门（Department of Plant Protection）	林业，卫生检疫
海洋渔业部（Marine Fisheries Department）	渔业
国家动植物卫生检疫局（National Animal and Plant Health Inspection Service）	SPS，TBT（技术性贸易壁垒协议）
巴基斯坦贸易公司（Trading Corporation of Pakistan）	国营贸易，价格支持，缓冲库存
巴基斯坦农业储藏及供应公司（Pakistan Agriculture Storage And Supply Corporation）	价格支持，缓冲库存
经济及统计部（Ministry of Economic Affairs and Statistics）	外部经济援助，统计
财政和税收部（Ministry of Finance and Revenue）	财政，税收（包括关税和纳税），预算
联邦税收委员会（Federal Board of Revenue）	关税，税收，投资促进

续表

政府部门或机构	主要职责
信息科技部（Ministry of Information Technology）	电信和信息技术
巴基斯坦电信管理局（Pakistan Telecommunication Authority）	电信监管
巴基斯坦电子媒体监管局（Pakistan Electronic Media Regulatory Authority）	广播、电视监管
交通部（Ministry of Communications）	道路交通
石油和自然资源部（Ministry of Petroleum and Natural Resources）	石油和汽油
石油和汽油监管局（Oil and Gas Regulatory Authority）	石油和汽油监管
港口和运输部（Ministry of Ports and Shipping）	港口及运输
私有化部（Ministry of Privatization）	私有化
私有化委员会（Privatization Commission）	私有化
铁道部（Ministry of Railways）	铁路交通
纺织部（Ministry of Textile Industry）	纺织业及麻产品
水电能源部（Ministry of Water and Power）	水，电力
国家电力监管局（National Electric Power Regulatory Authority）	电力监管
旅游部（Ministry of Tourism）	旅游业
商务部（Ministry of Commerce）	进出口政策，关税，协调 WTO 事务，双边及其他区域性协定
巴基斯坦贸易发展局（Trade Development Authority of Pakistan）	出口促进
国家关税委员会（National Tariff Commission）	关税，应急保护
工业和生产部（Ministry of Industries and Production）	行业政策，出口加工区

续表

政府部门或机构	主要职责
科技部（Ministry of Science and Technology）	国家科技政策，科学标准制定
规划发展及改革部（Ministry of Planning Development and Reforms）	经济发展计划，编制《展望2025》《减少贫穷战略白皮书》等战略文件
民航局（Civil Aviation Authority）	航空运输
巴基斯坦竞争委员会（Competition Commission of Pakistan）	竞争政策
政府采购监管局（Public Procurement Regulatory Authority）	进行政府采购
巴基斯坦标准及质量控制局（Pakistan Standards and Quality Control Authority）	生产标准
巴基斯坦知识产权保护局（Intellectual Property Organization of Pakistan）	知识产权保护
投资局（Board of Investment）	投资（包括外国投资），投资促进和便利化，投资刺激政策，特别经济区
巴基斯坦国家认证委员会（Pakistan National Accreditation Council）	科学实验室认证
巴基斯坦邮政服务部（Ministry of Postal Service）	邮政服务

数据来源：WTO, Trade Policy Review 2015.

三、外贸主要法律法规

巴基斯坦对贸易发展的不同方面有不同的法律和法规进行规范和监督。所有与贸易和税收相关的立法修改，都需要纳入巴基斯坦国家财政法案。其中，海关法每年都需要修订，并作为每年财政法案中的一部分对公众发布。

在巴基斯坦，管理贸易和与贸易相关的事项除通过基本的法律法规、监管条例外，还有一个重要的行政手段，即法定监管令（SRO）。法定监管令指相关部门临时颁发的、对贸易有影响的指令，不需要通过议会批准，一般用于为国家支持的产业和产品提供税收减免。据估计，巴基斯坦各部门颁布的约4 500条法定监管令减免了约6 500亿巴基斯坦卢比的税收。与贸易有关的法律法规见表5.6。

表5.6　巴基斯坦与贸易相关的法律法规

领域	立法
海关	海关修订法（Amendments to Customs），1969年
进出口法规	进口政策法令（Import Policy Order），2012年；出口政策法令（Export Policy Order），2012年；贸易发展局总条例（Presidential Ordinance on Trade Development Authority），2006年
进出口标准	进口政策法令（Import Policy Order），2012年；出口政策法令（Export Policy Order），2012年；棉花标准化条例（Cotton Standardization Ordinance），2002年
政府采购	公共采购规定（Public Procurement Regulation），2011年
竞争政策	竞争法（Competition Act），2010年
动植物卫生、检疫措施	进口政策法令（Import Policy Order），2012年；出口政策法令（Export Policy Order），2012年；动物检疫（进出口动物和动物产品）条例（Animal Quarantine (Import and Export of Animal and Animal Products) Ordinance），1979年；修订条例，2002年
营销及标签	进口政策法令（Import Policy Order），2012年；出口政策法令（Export Policy Order），2012年；药品（标签和包装）条例（Drugs Labelling and Packaging Rules），1986年
应急措施	特别保护措施条例（Safeguard Measures Ordinance），2002年
国内税	联邦消费税法案（Federal Excise Act），2005年
关税	财政法案（Finance Act），2014年
石油和汽油	石油和汽油监管局条例（Oil and Gas Regulatory Authority Ordinance），2002年
电力	国家电力局授权合格标准分销公司管理条例（NEPRA Eligibility Criteria for Consumers of Distribution Companies），2003年7月；临时电力采购规定（手续及标准）（Interim Power Procurement (Procedure and Standards)），2005年

续表

领域	立法
金融服务，包括保险	证券法（Securities Act），2005 年；银行公司条例（Banking Companies Ordinance），1962 年
电信	巴基斯坦电信法案（Pakistan Telecommunication（Re – Organization）Act），1996 年；巴基斯坦电信局规定（Pakistan Telecommunication Authority（Function and Poers）Regulations），2004 年
广播和媒体	巴基斯坦电子媒体监管局条例（Pakistan Electronic Media Regulatory Authority Ordinance），2002 年

数据来源：WTO，Trade Policy Review 2015.

第三节　巴基斯坦对外贸易政策及主要措施

一、贸易政策总概

在出口导向战略指导下，巴基斯坦采取多项措施稳步推进贸易自由化和便利化，主要包括最惠国关税税率的削减，提高海关现代化程度等。

巴基斯坦最惠国关税税率略有下降，从 2008 年 14.8% 降到 2014 年 13.4%。除一些特定产品，如植物油、金银贵金属、蜂窝移动电话等外，所有关税均为从价税。税收减免、补贴、优惠信贷、退税、农业价格支持等是巴基斯坦用于促进国内生产和出口的主要手段。从巴基斯坦出口的所有商品均要征收出口发展费，费率约在 0.25%；此外，所有出口商品均要缴纳监管税。从 2014 年 7 月起，巴基斯坦政府取消了关税豁免。进口产品除缴纳关税外，还需要缴纳销售税。同时，对 284 种产品征收 5% 的进口监管费。

2008—2014 年，巴基斯坦共发起 58 项反倾销调查。进口禁令和进口许可证只有在涉及生命健康、国家安全、宗教道德和环境因素才会采用。巴基斯坦与印度的贸易正常化程度进一步提高，一定程度上放松了对印度产品的进口限制。与以色列的贸易仍被官方禁止。

巴基斯坦正在加快自身贸易标准与国际标准接轨的进程，正在筹建国家食品安全局及动植物健康管理局，分别负责食品安全以及动植物的卫生检疫工作。

二、直接影响进口的措施

(一) 进口手续

巴基斯坦联邦税收委员会负责海关管理的相关事宜。巴基斯坦进口产品需要提供 4 个文件，分别是提单、原产地证明（在自由贸易协定和特惠贸易协定下享受进口优惠的商品需要提供）、商业发票和装船单。此外，除上述文件外，运货单、放行指令、海关进口申报和保险凭证在进口过程中也需要提供。进口申报手续费用为 250 巴基斯坦卢比/次，进口一个标准集装箱货物的成本在 725 美元左右，办理进口的时间大约在 18 天。与其他国家相比，其跨境贸易的便利化水平中等，在 189 个经济体中排在第 91 位。[1]

巴基斯坦进口商不需要工商注册即可从除以色列外的任何国家和地区进口商品，但进口商需要有国内纳税人编号以及消费税注册编码。

目前，巴基斯坦联邦税收委员会网站已开通电子通关系统，为自行开发的基于 Web 的海关一体化系统（WeBOC）。该系统在 2011 年正式投入使用，将在 2015 年年末覆盖巴基斯坦全国，届时，将在全国实现无纸化和全自动化通关。2014 年，WeBOC 已经覆盖巴基斯坦境内 91% 的港口报关申请、69% 内陆港口的报关申请以及 60% 的机场报关申请。海关通关根据风险测评的不同等级，分为绿色、黄色、红色通道。据巴基斯坦海关管理部门估计，当前有 60% 的货物是通过绿色和黄色通道清关，一般不需要经过人工查验。其余 40% 的货物通过红色通道清关，由海关工作人员对货物进行全面查验。

(二) 海关估价

巴基斯坦的海关估价由分属联邦财政局的海关估价理事会负责，海关估价的基础是交易的价值，关税基于进口货物的 CIF 价格计算。

《巴基斯坦海关估价方法》系统地规定了巴基斯坦海关估价的规则、流程以及应用形式。对于海关估价和其他与海关相关的决议存在异议，都可以向海关内部审查部门及联邦财政局提交行政上诉。由联邦财政局组建专门的审

---

[1] 世界银行，《Doing Business 2015》，世界银行，2014 年。

议委员会对上诉案件进行审理，涉及刑事诉讼的案件将交由负责海关管理、关税征收和反走私的特殊法庭。如不服判决，可以继续上诉到上诉法庭、省高级法庭，甚至是最高法院。

（三）原产地规则

从最惠国待遇国家进口的商品，巴基斯坦没有原产地原则要求，但在双边、多边贸易协定机制中，巴基斯坦对进口商品仍有优惠性原产地规则。

表 5.7　贸易协定中的优惠性原产地规则（2014）

贸易协定	完全获得或生产的产品	原产地生产的最低增加值	累计原产地原则	产品特定原产地规则
南亚自由贸易协定	是[a]	FOB 价格的 40%；最不发达国家（LDCs）为 30%[b]	最小总计原产地成分达到 FOB 价格 50%[c]	是[d]
巴基斯坦—斯里兰卡自由贸易协定	是[a]	FOB 价格的 35%[e]	出口国家的增加值最低达到 25%[f]	无
巴基斯坦—中国自由贸易协定	是[g]	FOB 价格的 40%	出口国家的增加值最低达到 25%[h]	无
巴基斯坦—马来西亚自由贸易协定	是[g]	FOB 价格的 40%	出口国家的增加值最低达到 25%[h]	仅针对某些纺织品和珠宝产品[i]
巴基斯坦—伊朗特惠贸易协定	是	FOB 价格的 50%	无	
全球贸易优惠系统	是	FOB 价格的 50%；LDCs 为 40%[e]	在总增加值中达到 60%；对 LDCs 为 50%	
巴基斯坦—毛里求斯特惠贸易协定	是[a]	FOB 价格的 35%	出口国家的增加值最低达到 25%[h]	/

续表

贸易协定	完全获得或生产的产品	原产地生产的最低增加值	累计原产地原则	产品特定原产地规则
巴基斯坦—印度尼西亚特惠贸易协定	是	FOB 价格的 40%	在两国中最低增加值需要达到 40%	无

数据来源：WTO, Trade Policy Review 2015.

注：a. 在公海捕捞的鱼需由在成员国注册或由成员国的居民或占 65% 或 75% 股权的任意实体运营的船上完成；

b. 最终商品将被归类到与非原产地原材料投入不同的税则号（4 位 HS 编码）；

c. 产品需要满足最低国内价值成分（在出口成员国中的原产投入价值加上在成员国中的附加值），即 FOB 价格的 20%，同时符合改变税则分类的要求；

d. 一般来说，需要比最低附加值的 30% 或 40% 更低，归入 6 位 HS 编码项下分类；

e. 最终产品将被归类到与非原产地原材料投入不同的税则号 6 位 HS 编码之下；

f. 如商品经两个国家，则最低总增加值为 35%；

g. 在公海捕捞鱼的船必须在其中一个成员国注册或者有权悬挂成员国的旗帜；

h. 如商品经两个国家，则最低总增加值为 40%；

i. 商品分类的变更必须在 4 位 HS 编码下（纺纱、编织、漂白、染色以及一切完成充分改造的原产货物）。

（四）贸易壁垒

1. 关税

巴基斯坦国内关税的征收在每年预算计划中都会修改，通过国会批准并写入财政法案中实施。联邦税收委员会及一些相关部门部长共同协调决定每年的关税水平，这些部门主要包括财政部、商务部、工业和生产部。在确定关税水平的过程中，联邦税收委员会还会接受来自国家关税委员会的建议。除基本的关税水平外，巴基斯坦相关部门还通过发布法定监管令来进行关税减免。在联邦税收委员会网站（www. fbr. gov. pk／）可以查找到相关法定监管令信息。但往往一种进口商品会受多个不同时间、不同部门发布的法定监管令来共同管理和约束，所以很难通过每个单独列示的监管令来综合判断某种特定产品的关税税率和其他限制性要求。需要指出的是，巴基斯坦已经承诺消除法定监管令提供的大部分国内税或关税减免。作为获得 IMF 金融援助条件之一，巴基斯坦承诺在 2015 年 12 月底完成相关立法，旨在永久性废除法定监管令。2014 年 5 月 13 日，巴基斯坦联邦税收委员会主席塔里克·巴吉瓦称，巴基斯坦可能在 2015 财年开始，在 3 年时间内分阶段取消通过法定监管令实施的税收减免措施，涉及的税收减免金额约为 2 400 亿卢比（24 亿美元），占巴基斯坦 GDP 的 0.9% – 1%。但某些减免措施将会继续保留，如主权担保、国际义务、自由贸易协定和优惠贸易协定项下的税收优惠措施。独立电站和原油进口商仍将继续享受税收减免政策。①

巴基斯坦的关税征收由联邦税收委员会来执行。表 5.8 显示了近六年来巴基斯坦总税收收入及关税收入情况，关税占总税收的比例呈现波动下降趋势。

表 5.8　巴基斯坦税收收入情况

单位：巴基斯坦卢比，%

财年	总税收	关税收入	关税占比
2013—2014	2 266	241	10.6
2012—2013	1 946	239	12.3
2011—2012	1 883	217	11.5
2010—2011	1 558	185	11.9
2009—2010	1 327	161	12.1
2008—2009	1 161	148	12.7

数据来源：WTO，Trade Policy Reviews 2015.

巴基斯坦最惠国关税待遇包含 7 018 项关税税目，占总税目的 97.9%，且有 6 868 项关税税目有约束关税。其余没有关税约束的税目多为机动车和摩托车、酒精饮料、特定纸质和纸板制品、特定肉类和肉类产品等。目前，除对印度和以色列外，巴基斯坦对 WTO 成员均适用最惠国关税待遇。除 47 种税目是从量税外，其余税目均为从价税。当前，巴基斯坦已经取消所有关税豁免。最惠国待遇适用关税平均税率大约为 14.3%。最终约束关税简单平均约为 61.5%，高出适用关税税率的 4 倍多。平均来说，约束关税和适用关税之间差距较大的是农产品，如活动物、蔬菜产品、脂肪和油等，这些产品约

---

①　中国驻卡拉奇总领馆经商室，巴基斯坦将分阶段取消税收优惠措施，2014.6.11。http：//www.mofcom.gov.cn/article/i/jyjl/j/201406/20140600621283.shtml.

束关税比适用关税高 8 ~ 10 倍。

表 5.9　巴基斯坦最惠国待遇关税结构

单位:%

	MFN 应用关税		最终约束
	2007—2008	2014—2015	
有约束关税的税目（占总税目比例）	98	97.9	97.9
简单平均税率	14.5	14.3	61.5
WTO 农业产品	14.8	14.6	96.3
WTO 非农产品	14.5	14.3	56.6
关税豁免税目（占总税目）	5.8	0	0
应课税税目平均税率	15.4	14.3	61.5
关税配额（占总税目比例）	0	0	0
非从价税（占总税目比例）	0.6	0.7	0
国内关税峰值（占总税目比例）	1.1	1.3	0
国际关税峰值（占总税目比例）	40	38.7	94.8
总体关税的标准差	11.7	11.6	22.7
关税税率的变异系数	0.8	0.8	0.4
损害贸易的应用关税（占总税目的比例）	0	6.3	0
税目总数	6 910	7 018	6 868
从价税	6 466	6 971	6 868
关税豁免	400	0	0
从量税	44	47	0

数据来源：WTO，Trade Policy Review 2015.

附注：1. 国内关税峰值：超过总体平均应用关税 3 次以上的税目；

2. 国际关税峰值：超过 15% 关税水平的税目；

3. 损害贸易的税率：高于 0% 但小于或等于 2% 的关税税率。

根据巴基斯坦适用关税税率分布情况，2007—2008 财年与 2014—2015 财年最惠国待遇适用关税税率基本相当。只有在关税豁免显示出较大不同。税率分布在 5% 的水平上较为集中，占总税目大约 1/3；关税税率在 25% 的水平上的税目也较多，约为 1/5；只有 1% 左右项目其最惠国待遇适用关税在 50% 以上。

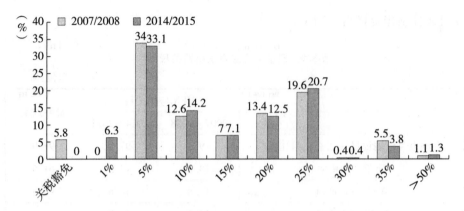

图5.5 巴基斯坦最惠国待遇应用关税税率分布情况

数据来源：WTO, Trade Policy Review 2015.

总体看，巴基斯坦关税分布阶梯状非常明显，初级制成品关税税率在7.8%左右，半成品约为10.9%，制成品平均关税税率则高达17.6%。这种阶梯状的关税分布在一定程度上体现了巴基斯坦政府对本国工业制造业的保护。

除最惠国待遇关税外，巴基斯坦对与其签订自由贸易协定的成员国实施优惠关税，包括中国、马来西亚、毛里求斯、斯里兰卡、伊朗及南亚自由贸易区成员。

除关税外，巴基斯坦在2014年6月26日重新启用一则监管令，该监管令下313种进口产品需要交纳5%－10%不等的进口监管税，涉及的产品详情可参考联邦税收委员会网站上的法定监管令SRO 568（I）/2014①。同时，根据1990年颁布的销售税法案，巴基斯坦对进口的产品或服务征收销售税，一般在17%的水平。

2. 非关税

（1）进口禁止、配额、限制及许可制度

除关税外，巴基斯坦还通过进口禁止、进口配额、进口限制和进口许可多种行政手段对进口进行监管。对进口商品分类有争议的首先提交海关处理，海关不能裁决的，交由商务部裁决。

---

① Federal of Revenue, SRO 568（I）/2014：http：//www. fbr. gov. pk/SROsShows. as-px？ActionID = 5890&Path = http：//download1. fbr. gov. pk/SROs/2015327163133941UPDATE－SRO568I－2014－12. 2. 15. pdf&Type = SROS，2014.

巴基斯坦对涉及生命健康、国家安全、道德、环境因素的商品施以进口禁令。例如，巴基斯坦本国提供给非穆斯林市场的啤酒是私人垄断的，酒精饮料在国内不能自由销售，对酒精饮料进口是明令禁止的。此外，巴基斯坦对翻新和已使用的充气轮胎、赌博设备、弹药、假货、氢氧化碳燃气设备等产品也禁止进口。

专栏：巴基斯坦禁止进口的商品列表

[1] 没有阿拉伯文对照的古兰经翻译本；

[2] 载有可能伤及巴基斯坦任何派别、阶层、团体的宗教感情、有宗教内涵的词语或题字的任何商品（包括包装容器）；

[3] 有淫秽图画、文字、题字或画像的任何商品；

[4] 反伊斯兰、淫秽或煽动颠覆的文学作品；

[5] 任何含有与古兰经和先知穆罕默德确定的伊斯兰教义和戒律内容不相符的商品，包括猪、肥猪、野猪及其制品和副产品；

[6] 不适合人类食用的任何产品；

[7] 工厂废料、下脚料，任何不合格库存品或次品，但下列商品除外：（1）符合下列条件的废料、次品或废品：a. 长、宽不小于121.9英寸（48英寸）和50.8厘米（20英寸）的废铁板、废钢板（不锈钢除外）；b. 任一边长不小于45.7厘米（18英寸）的马口铁；c. AISI－300、400系列的不锈钢板。（2）可以重轧的废钢。这些废钢应该不超过10厘米宽、5米长。还可以是钢厂的废品，钢锭、钢坯、板材、钢坯块的切头，可以是拆船的废钢板切割块，以及废旧钢梁。

[8] 巢菜属野豌豆；

[9] 大麻植物和古苛叶；

[10] 大麻松脂和香脂；

[11] 鸦片；

[12] 粟桔杆提纯物；大麻浓缩物和酊剂；

[13] 已用的植物酥油和食用油；

［14］酒精类饮料和白酒，包括酿酒和蒸溜后的酒糟和废料；不适合人类食用的任何食品；

［15］《巴塞尔公约》规定和归类的有害废物；

［16］已用于润滑、液压、变压器油和类似的油或废油；

［17］其他（联苯胺及其派生物）；

［18］Paraphene－toleCarbamide 和 5－Nitro－2nd proxy－aniline 的片剂和粉状物及晶体；

［19］Allyl－isothio－cyanate；

［20］柠檬酸咖啡因；

［21］40 国际单位的胰岛素制剂及注射剂；

［22］以联苯胺制造或含有联苯胺的染料；

［23］烟花爆竹；

［24］其他（烟火类物品）；

［25］以巴基斯坦或印度语制作的、反映巴基斯坦或印度生活方式的，或者由巴基斯坦或印度演员做主角的电影胶片的全部或部分；

［26］废弃医疗用品，包括使用过的试管及药品包装；

［27］翻新轮胎；

［28］毛皮及制品，但绵羊、羊羔、兔、山羊、小山羊和小牛的生毛皮和鞣制毛皮除外；

［29］石棉衣物；

［30］酿酒机械；

［31］高压喇叭；

［32］车用压缩天然气瓶及转换工具，适用公共交通工具（如公共汽车及货车）的除外；

［33］含氟的冰箱、深冷器及其他冷冻设备；含氟的空调设备；及以上设备的、含氟的压缩机；

［34］坦克和其他装甲车辆及零配件，不论是否装备有武器；但装甲保安车辆除外；

［35］大炮、机枪、轻机枪、各种口径自动步枪和其他军用武器和射弹（左

轮手枪和手枪除外）；

［36］属于禁止枪膛口径的和口径大于0.46英寸的手枪和左轮手枪；

［37］属于禁止枪膛口径的武器，包括7.62毫米和8毫米半自动步枪；

［38］枪膛口径大于0.22英寸的步枪；

［39］其他（发射用武器或以爆炸力发射的类似装置）；

［40］其他武器（例如弹力枪或毒气枪，警棍），气枪除外；

［41］上述禁止枪械的零部件；

［42］弹药及其部件，但不禁止枪械的弹药除外；

［43］所有以以色列为原产地的商品；

［44］列在负面清单中的原产地为印度的商品。

此外，巴基斯坦对部分商品要求在满足一定条件下才允许进口。这些条件包括事先批准和许可，清关测试安排以及遵守某些程序要求等。这些限制条件也多为针对涉及生命健康、国家安全以及环境因素的商品，如要求一些进口的二手车辆符合欧洲二号排放标准，限制一些距离生产时间已经5年的汽车进口，建筑、矿业和石油部门进口二手工业机器设备需要获得指定检验公司出具装船前检验等。进口商品限制及相关的限制条件参考巴基斯坦进口政策（2012—2015）第五部分"进口禁止及限制"（可从巴基斯坦商务部网站中获得：http：//www.commerce.gov.pk/？page＿id＝5）。

（2）反倾销、反补贴和特别保护措施

巴基斯坦国家关税委员会负责反倾销、反补贴和特别保护措施调查的相关事宜。巴基斯坦上诉法庭由3个人组成，主席是最高法院退休的法官，另外2人是在经济、国际贸易、海关法及贸易实践领域中极具经验和公信力的专家。反倾销、反补贴和特别保护措施的相关案件都会提交给上诉法庭，由上诉法庭认定事实。法院判决和执行将进一步交由高级法院和最高法院实施。

（3）商品标准及技术要求

巴基斯坦对商品标准及质量要求由巴基斯坦标准和质量控制局进行管理。巴基斯坦标准和质量控制局建立于 1996 年，由科技部管辖，主要职能是制定和发布巴基斯坦国家标准，包括标准及标准评估方法。巴基斯坦是国际标准化组织、国际电工委员会和国家法制计量组织的成员国。截至 2014 年 11 月，巴基斯坦已经出具 30 927 项标准规定，涉及农业、食品、化学制品、土木及机械工程和纺织品等商品。其中，有 15 700 项是国际标准化组织标准，6 370 项是国际电工委员会标准或国家法制计量组织标准，剩余的 8 857 项为国内标准。巴基斯坦国内标准的制定多基于区域标准和英国标准。

进口商品需要与国内生产商品一样，满足相同的国家质量标准要求。在 2013 年颁布的进口政策法规中包含 78 种产品需要在进口阶段符合巴基斯坦在人类安全和公共健康方面的标准。这 78 种产品在国内的生产、储存和销售需要获得由巴基斯坦国家标准和质量控制局的认证标志，产品出口商需要在国家标准和质量控制局注册登记。

进口商品和本国生产商品在商品检测程序上是一致的。在国家标准和质量控制局管理下，有 52 家注册检测机构和 22 家实验室对进口商品实行质量控制的工作。科技部管理的另一机构——巴基斯坦国际认证委员会主要负责测试实验室以及其他检测设备。巴基斯坦实验室认证委员会与国际实验室认证组织、亚太实验室认证组织均有相互认可安排，同时与在如 ISO – 9000 的质量管理体制、ISO – 14000 的环境管理体制中的国家达成 11 项相互认可安排。

巴基斯坦是食品规范委员会、世界动物健康组织、国际植物保护公约以及亚太地区植物保护委员会的成员国。巴基斯坦国家动植物卫生检疫局主要负责巴基斯坦国内进口产品卫生检疫要求的制定和执行，其主要职能是对食品安全、卫生检疫措施进行规范。海关及植物保护和检疫部门共同规范管理进口食品，动物检疫部门负责规范动物及动物产品进出口。海关主要保证进口食品符合标签和保质期相关要求，同时防止违禁品进口。植物保护和检疫部门主要保证大宗商品（如奶制品）符合卫生检疫标准。动物检疫部门主要保证活体动物运输卫生执行要求。

表 5.10 巴基斯坦与食品相关的部门及职能一览表

机构	主要职能
1. 国家食品安全及研究部（Ministry of National Food Security and Research）	
畜牧业理事会（Animal Husbandry Commissioner）	巴基斯坦动物疾病监测；流行病学、药物和疫苗；乳制品行业
动物检疫部门（Department of Animal Quarantine）	进出口动物卫生条件；肉类检查；边境检查站的控制
国家兽医实验室（National Veterinary Laboratory）	动物疾病监测；兽医药物测试；疫苗接种质量和残留检测
植物保护部门（Department of Plant Protection）	26 个边境检查站的进出口控制；植物害虫和疾病
粮食质量监测实验室（Grain Quality Testing Laboratory）	进口粮食样本监测；农药残留、黄曲霉毒素监测
国家动植物卫生检疫局（National Animal and Plant Health Inspection Service）	卫生检疫相关法律法规的制定
2. 科技部（Ministry of Science and Technology）	
巴基斯坦标准和质量控制局（Pakistan Standards and Quality Control Authority）	国家标准的制定和实施；产品和服务质量的监测；产品使用规格
3. 卫生部（Ministry of Health）	
国家卫生研究所（National Institute of Health）	分省份的食品安全管理
4. 商务部（Ministry of Commerce）	
海关（Customs Department）	进口食品符合巴基斯坦标签及保质期要求，禁止违禁产品进口
5. 地方政府（Provincial Government）	
卫生局（Department of Health）	零售/餐饮的食品安全
植物保护局（Department of Plant Protection）	植物害虫、疾病监测；农药使用和分布的控制
牲畜/乳品部门（Livestock/Dairy Department）	肉类和奶制品在农场/屠宰场/乳制品检验；家禽和鸡蛋检验

数据来源：WTO，Trade Policy Review 2015.

根据巴基斯坦第十八次议会修订案，巴基斯坦食物进口受联邦政府管制，但产品标准的符合性监督由各省政府来负责，各省政府根据中央政府发布的卫生检疫标准对进口商品进行卫生检疫。巴基斯坦批准通过了《卡塔赫纳生物安全议定书》，于2009年5月正式生效，并将此作为处理转基因生物的框架。根据该框架，最高只允许1 000千克的转基因种子以研究为目的进口到巴基斯坦。从2014年7月起，巴基斯坦取消了对从奥地利、比利时、捷克、丹麦、法国、德国、意大利、爱尔兰、卢森堡、芬兰、波兰、斯洛文尼亚、西班牙和英国等国家进口活动物及一些动物产品的禁令。但仍需要满足两个条件才能进口相关产品：一是由国际动物流行病学局宣布为"可忽略风险"的进口产品；二是产品来源于在过去11年中没有发生过疯牛病的畜群。出于对禽流感H5N1的防范，巴基斯坦禁止从非洲、亚洲和欧洲的一些国家进口家禽、家禽产品及其他捕获的活鸟。对于其他没有禁止的产品，巴基斯坦也有相关的检验检疫要求限制。表5.11所示为与动植物检疫检验相关的进口限制。

表 5.11　与 SPS 相关的进口限制

产品	要求
活体动物、动物精液和胚胎	通过动物检疫局的检疫和检验
鱼和鱼类产品	通过海洋与渔业部门的检疫
所有植物及植物部分	通过植物保护局及联邦种子认证机构的检疫，且提供样本
种子	1. 遵循植物保护局和联邦种子认证机构的检疫要求，并提供样本； 2. 进口的如果是大米种子，则遵循1976年颁布的种子法案所要求的检疫标准； 3. 如果进口大麻和鸦片种子，则进口来源国必须可以合法种植大麻和鸦片； 4. 进口棉花种子需要提前获得国家食品安全和研究部的批准
鲜果和干果，以及红辣椒	通过植物保护局关于黄曲霉素的检验，并出具报告证明货物无虫害疾病

续表

产品	要求
槟榔	有原产地主管部门出具相关的检疫证书，证明货物无虫害侵扰且适宜人类食用
小麦	符合国家食品安全及研究部的规格要求，且接受授权机构对货物进行装船前检验

数据来源：巴基斯坦商务部 Import Policy Order 2013。

（4）标志和包装要求

巴基斯坦暂时没有正式的贴标签和标记体系。但在进口政策规定中，对特定商品的标签和标记有一定的要求。主要包括以下几点：

①在雪茄和香烟的包装上需要用英文和乌尔都语标注"吸烟有害健康"的警示；

②染料和化学制品需要有完整的商品描述，包括质量及产品代码；

③产品的颜色需要用英文和乌尔都语进行真实和准确的表述；

④可食用产品需要保证 6 个月或者其保质期的一半（从进口总体清单的申请日期算起，二者取其低），且不含非法成分；

⑤医药原材料、药品药物至少要保证从其进口总体清单的申请日期算起的 75% 保质期，所有进口商品在包装上要标明名称和处方材料。

⑥至今，巴基斯坦对转基因食品的标签尚未有明确的法律规定，管理权限在于地方政府。

三、直接影响出口的措施

（一）出口手续

商务部管理下的巴基斯坦贸易发展局负责实施商务部发布的各项贸易政策及提案。

出口商需要有国家税收编号以及销售税注册号。一般来说，出口商不需要在贸易发展局注册，但所有食品出口商都需要在各自相关的协会注册，否则需要强制性在贸易发展局注册。

当前巴基斯坦海关 WeBOC 系统为产品出口提供了无纸化通关环境，且对出口产品进行风险测评，根据风险程度分为绿色通道、黄色通道和红色通道产品。据巴基斯坦海关当局统计，有超过 98% 的出口商品是通过绿色通道和黄色通道通关的，出口商品不需要通过人工查验，大大提高了通关速度。通过红色通道出口的商品需要经过全面人工查验，出口速度要比一般商品平均慢 2 - 4 天。

巴基斯坦产品出口主要需要 5 个文件，分别为提单、商业发票、海关出口申报单、电子表单和装箱单。出口一个标准集装箱的费用在 660 美元左右，出口所需要的天数约为 21 天。

棉花出口中，出口合同仍需要在贸易发展局进行登记。对印度香米的出口需要进行装船前检验，由商务部和巴基斯坦大米协会共同执行。此外，大米出口受最低出口价格限制。出口到欧盟的芒果需要进行热水清洗。巴基斯坦标准和质量控制局同样负责对出口商品的质量检测。

珠宝和宝石出口商需要在贸易发展局注册，以获得黄金进口税费的减免。黄金首饰出口必须在进口黄金后 120 天内完成，如果不能完成这一要求，将会在关税和其他费用基础上处以第一个月 5%，之后每个月 10% 的罚金。出口销售收入必须在 240 天内实现，否则会对每月销售收入处以 1% 的罚金。

（二）出口税费课征

海关法规定，不对出口商品征税。但是联邦税收委员会通过法定监管令对出口商品征收监管税，对部分商品的税率会达到 100%。当前还生效的、与出口相关的法定监管令主要还有 6 条，具体信息如表 5.12 所示。

表 5.12　仍生效、与出口相关的法定监管令

法定监管令编号	内容	发布时间
（I）/2010	对铜和铝棒、锭等制品废料的出口征收 25% 的从价税作为监管税	2010 - 03 - 13
594（I）/2009	对 HS 编码 78.02（铅废料）、78.01（未加工的铅）、78.06（其他铅制品）、78.04（铅板等）、85.48（废旧电池等）商品分类下的商品出口征收 25% 的从价税作为监管税	2009 - 06 - 25

续表

法定监管令编号	内容	发布时间
321（Ⅰ）/2009	对糖蜜的出口征收 15% 的从价税作为监管税	2009 - 04 - 10
482（Ⅰ）/2007	对黑色和有色金属废料出口征收 25% 的监管税	2007 - 06 - 09
492（Ⅰ）/2006	对豆类植物的出口征收 35% 的监管税	2006 - 05 - 26
1011（Ⅰ）/2005	对未加工的蓝湿皮的出口征收 20% 的监管税	2005 - 09 - 27

数据来源：巴基斯坦联邦税收委员会。

（三）出口禁止、限制和许可

巴基斯坦对涉及居民生命健康、国家安全、道德和环境因素的产品会采取出口禁止措施，主要包括木材和木材制品、化学品、假冒产品、豆类植物、谷物及谷物面粉、糖类、可裂变物质、酒、尿素及各种肥料、木炭和柴火、蓖麻、具有杀伤性的地雷、文物等。禁止向以色列出口商品。禁止出口活牲畜。禁止出口未加工的进口商品，出口政策法令第 9 部分列示的商品除外。当前，巴基斯坦已经取消出口许可证制度，但仍有部分产品只有满足一定条件才能出口。

（四）出口补贴及支持

在《战略性贸易政策框架 2012—2015》中，巴基斯坦贸易发展局为企业在澳大利亚、亚洲和非洲开拓零售渠道提供补贴。同时，在框架中贸易发展局也列举了许多促进不同部门出口的补贴措施。

> **专栏：补贴及激励措施①**
> 《战略性贸易政策框架 2009—2012》
> 为出口生鲜海产品提供 25% 的运费补贴
> 为出口加工食品提供 6% 的 R&D 支持
> 为建立皮革设计中心和实验室提供 25% 的补贴

---

① 巴基斯坦贸易发展局网站：http://www.tdap.gov.pk/public - notice.php.

为获得出口市场安全标准认证的工业产品出口提供50%的补贴

承担取得清真食品认证成本的50%

为地方政府进行的屠宰场升级改造项目提供补贴

对促进医药产品出口的医药代表提供薪水补贴

承担医药产品在外国注册50%的成本

为医药产品的生物等效性和生物可利用性研究提供50%的补贴

为开拓国外零售渠道提供25% – 75%的补贴

为与开办海外办公室相关的租赁和雇佣成本提供50%的补贴

为取得合格证书（如ISO认证）的成本提供50% – 100%的补贴

为1年期的周期性贷款（Warehousing Scheme）提供补贴（第一季度提供100%的补贴，第四季度提供25%的补贴）

为因果蔬、花卉等产品冷藏而产生的贷款提供最高50%的补贴

为主要出口商提供产品出口的机场快速通道

对机械产品的出口产生的内陆运费提供25%的补贴

为纺织业和皮革业工厂的迁移提供50%的补贴

为企业获得国际认证而需要进行的测试提供免费咨询服务

《战略性贸易政策框架2012—2015》（已经提出，但还未实施）

为加工肉食产品的机器设备成本提供50%的补贴

对巴基斯坦联邦直辖部落地区（Federally Administrated Tribe Area）、俾路支省、Khyber Pakhtun Khwa这三个地区的为增加橄榄和枣椰子附加值而购买的加工机器设备的成本提供50%的补贴

对巴基斯坦联邦直辖部落地区、俾路支省、Khyber Pakhtun Khwa这三个地区在采矿和进行矿产品加工过程中减少浪费而购买的切割机器提供50%的补贴

为部分部门的出口商提供FOB价格3%的补贴

　　巴基斯坦直接出口援助主要由进出口发展基金支持，基金主要来源于向出口商收取的离岸价格0.25%的出口附加费。出口商只需要缴纳1%所得预提税，而不需缴纳所得税。出口商品也不需缴纳销售税。如果出口商离岸价

格的税基超过公司税的应税收入，则在35%公司税的水平下，税率差异会给出口商带来可观的补贴。

同时，出口商能够通过联邦税收委员会的网站申请出口退税。2013—2014财年，出口退税额达到80亿巴基斯坦卢比，占关税收入的3%。

（五）出口融资、保险及担保

巴基斯坦国家银行推出的长期融资安排是一项旨在推动出口的融资便利化措施。该安排下，参与的金融机构给企业提供长达10年的长期融资。融资用于购买以出口为目的的生产设备进口及本国生产的机械设备，宽限期为2年。国家发展银行为银行及其他发展性金融机构提供100%的再融资。借款人可选择3年、5年或者10年的借款年限，年利率为9%。企业只要满足出口额达到500万美元或出口占销售收入的50%中的任一条件，即可参与该融资便利化安排。以下产业也包含在融资安排中：纺织业、大米加工业、皮革及皮革制品、体育用品、地毯和羊毛制品、手术器械、渔业、家禽和肉类、水果和蔬菜（加工后）、谷物、IT及软件服务、大理石和花岗岩、宝石和珠宝、工程商品、乙醇、家具、医药产品、玻璃、乳制品和苏打粉等。国家银行的LTFF项目下，单个出口项目融资最高限额为15亿巴基斯坦卢比。

为更好地服务出口商，巴基斯坦正在筹备进出口银行，用于为出口商争取地方政府援助，提供出口信贷、供应商信贷以及出口信贷担保。

（六）出口加工区

目前，巴基斯坦共有8个正在运营的出口加工区，受出口加工区管理局的管理。在出口加工区经营的企业享受一系列福利和激励。这些激励包括，以竞争性的土地租赁价格租赁土地30年，进口机器设备和原材料免税，不受国家进口规定限制，不受外汇管制，不受资本和利润汇出的限制，对包括电、气在内的投入产品不征销售税。

在出口加工区内经营的企业必须将其生产的80%产品用于出口。剩余在巴基斯坦国内销售的产品需要交纳与进口产品同等的税费。出口加工区管理局有权征收预估的出口税收，由总利润1%的税率加上0.5%的服务费构成。在出口加工区出口的产品不需征收所有联邦、省级和地方的税。一些商品，如轧棉、糖、汽车和水泥等，不能在出口加工区内生产。

（七）出口促进和市场援助

巴基斯坦贸易发展局每年大约投入10亿巴基斯坦卢比用于与出口相关的激励措施。巴基斯坦贸易发展局的主要职能在于市场促进，使出口产品和市场多元化，如组建贸易代表团，举办贸易展览会和其他一些为出口商提供便利化服务的活动，活动资金来源于进出口发展基金。

不同的出口商品有相应的出口促进部门。软件出口理事会负责计算机信息产品的出口，巴基斯坦园艺发展和出口理事会负责巴基斯坦园艺产品和服务的出口，纺织部负责纺织品和服装的出口，国防出口促进组织负责巴基斯坦国防产品的出口，巴基斯坦烟草理事会促进烟草和烟草制品的种植、生产和出口。

第四节　与贸易相关的其他政策及措施

一、激励政策

在工业和生产部管辖下，巴基斯坦建立了中小企业发展局，旨在为中小企业的发展创造良好的环境。中小企业发展局为中小企业申请发展基金，优先研究和发展相关行业，对产业发展战略进行研究和分析，同时为中小企业提供必要的或者适当的支持。

巴基斯坦总理推出了"青年创业贷款计划"，中小企业发展局也在计划实施过程中担任顾问角色。"青年创业贷款计划"为21-45周岁的中小企业企业家提供融资支持，但所在企业需要满足一定经营条件。例如，青年企业家企业如果满足债务/权益比为9∶1左右，可申请贷款期限为8年、年利率为8%的贷款。同时，要求青年企业家雇佣50%的女性，雇佣5%的残疾人、寡妇、鳏夫等弱势群体。

巴基斯坦建立巴基斯坦土地陆港局来加强与南亚地区、中国、经济合作组织国家间的区域性贸易合作。陆港局通过提高陆港设施建设，构建有利于双边区域生产和贸易合作机制，同时对国家安全、走私行为、贩卖人口行为加以监管。

此外，巴基斯坦推出一系列旨在提高重点产业工业化措施。例如，巴基斯坦科技工业研究委员会对产业发展所面临的问题进行研发工作，同时建立监测和评估工厂代销的原材料、产成品以及包装产品的实验室。农村和欠发达地区进口机器设备满足一定条件时可享受100%的关税、附加费及销售税的减免。比如，欠发达地区中官方批准的项目进口机器设备时可以享受全额进口关税的退税。

根据2014—2015财年的联邦预算，巴基斯坦提出了多项措施支持欠发达地区的经济发展。例如，支持各省的水果加工厂的建立，给对本国种植水果进行加工的企业提供5年所得税的豁免优惠。同时，为鼓励用当地煤炭发电，在信德省专门用于煤炭发电的煤矿项目能够免除利得税，同时股息征税税率低于一般税率。

二、竞争政策和价格管制

巴基斯坦竞争委员会（The Competition Commission of Pakistan）是根据巴基斯坦竞争条例（2007）对市场竞争进行监管的主管部门。随着市场经济的发展，对市场公平竞争的要求日益明显，巴基斯坦于2010年颁布《竞争法》。《竞争法》禁止滥用市场主导地位①（如掠夺性定价、限制生产、价格歧视等），禁止某些反竞争的协议（包括但不仅限于固定价格、分割市场、串通投标等），禁止欺骗性的市场行为。同时，竞争委员会根据《竞争法》批准企业兼并及合资企业建立。

2013年，巴基斯坦竞争委员会共处理5起滥用市场主导地位的案件，发起6项欺骗性市场行为的调查及其他反竞争行为。其中，影响最显著的案件为竞争委员会对14家国际电信运营商开出因固定价格、分割市场而违反竞争法的罚单，罚款90亿卢比；还对滥用市场主导地位的尿素生产商罚款86.4亿卢比。2013年，竞争委员会批准54个兼并和合资企业项目，自2007年累计批准通过700个兼并和合资企业项目。

---

①　市场主导地位：根据竞争法的定义，指的是一家或几家厂商能够对其竞争者、消费者、客户、供应商产生很大的引导作用，同时市场份额超过40%。

三、消费者保护政策

巴基斯坦目前还没有合法、正规的消费者权益保护机制。消费者权益保护一般由省政府负责，各省政府也已经有保护消费者的立法实践。同时，竞争委员会也会对误导消费者的广告、冒用商标等侵害消费者合法权益的行为进行监管。

（一）国营贸易、国有企业和私有化

巴基斯坦贸易公司（Trading Corporation of Pakistan）是巴基斯坦政府主要的国有贸易组织，这是一家在商务部行政管理下的由私人运营的有限责任公司。政府通过贸易公司进行商品的进出口贸易，包括为社会和政治因素而进口的基本商品。巴基斯坦贸易公司没有进口垄断，对于进口产品支付一样的国内税和关税，在政府采购监管局的管理下运作。

国有企业在巴基斯坦的经济中仍占据重要地位，尤其在制造业（如钢铁、化肥、机械产品等）、能源（油气、电力）和关键服务行业（如银行、保险和交通业）作用尤为明显。根据世界银行的统计，超过 150 家国有企业仍活跃在巴基斯坦的多个经济部门，GDP 贡献度为 10%，占据股票市场约 1/3 的市值。

自 1991 年巴基斯坦私有化委员会成立以来，巴基斯坦国有企业私有化的进程一直在推动，但程度有限。2013 年 10 月，私有化内阁委员会批准通过了超过 30 家国有企业私有化决议，涉及领域包括油气、银行和金融、能源、工业、交通和房地产等。截至 2014 年 6 月，仅有少数企业完成私有化，其中包括巴基斯坦石油有限责任公司（Pakistan Petroleum Limited）和联合银行有限责任公司（United Bank Limited），股份销售分别获利 370 亿卢比和 153 亿卢比。

（二）政府采购

巴基斯坦不是 WTO 关于政府采购多边协议的签署国，同时也没有在任何自由贸易协定中签署关于政府采购的规定。当前，由公共采购监管局公共采购监管局条例（2002）和公共采购法令（2004）对政府采购行为进行监管，

旨在提高政府采购的效率和透明度。公共采购监管局在《国家采购战略2013—2016》中提出，要引入标准化的招标文件，并创建一个电子采购门户网站。网站预计在2016—2017年建立，对于减少政府采购中的腐败行为具有重要意义。

当前，对于所有超过10万卢比（某些情况下50万卢比）的政府采购都需要通过公开竞标完成。一般在10万卢比至200万卢比之间的合同需要在公共采购监管局网站上公开招标；超过200万卢比的采购项目需要在至少两种全国性报纸（至少一种为乌尔都语，另一种为英语）上公开招标。由公共采购监管局对竞标者的资质和能力进行提前审查。符合一定条件，允许直接谈判和签约；在没有同等竞争力的竞标或者涉及所有权的合同中，允许直接定标。除法定监管令SRO 432（I）2004下限制的国籍，招标允许其他国籍的公司或个人参与。对于国内产品附加值的占比，公共采购监管局提供最高达到25%的价格优惠，只有在国内产品附加值占产品价值的35%以上，企业才能享受25%的价格优惠。

（三）知识产权保护

内阁管理的知识产权组织（Intellectual Property Organization）是巴基斯坦知识产权保护的主管部门。根据现有数据，2011—2012财年，巴基斯坦知识产权收入比上一财年增长76%，与知识产权相关的收入达到1.55亿卢比。

表5.13 巴基斯坦知识产权申请和注册情况（2012—2013）

单位：件

	专利（2013）		商标（2012）		工业设计（2012—2013）		版权（2012—2013）	
	申请	注册	申请	注册	申请	注册	申请	注册
居民	151	19	15 323	2 989	337	275	3 289	2 572
非居民	783	263	4 342	3 453	127	103	13	16
海外	16	—	601	376	—	—	—	—
总计	934	282	20 266	6 442	464	378	3 302	2 588

附注：—为未获得数据。

数据来源：WTO，Trade Policy Review 2015.

1. 专利

巴基斯坦专利申请费用为 4 500 卢比。对于超过 40 页的详述，每页需要多交 60 卢比；对于超过 20 条要求的申请，每条需要多交 150 卢比。获得专利 4 年后，专利拥有者需要每年缴纳专利续期费 6 000 卢比至第 8 年；第 9－12 年，每年缴纳续期费 9 000 卢比；第 13－16 年，每年缴纳续期费 12 000 卢比；之后每年缴纳 16 000 卢比。外国人需要通过专利代理来申请专利。

2. 版权

版权的期限是作者的有生之年加上 50 年。版权保护涵盖文学、艺术、电影和录音带等领域。作者在提交版权申请后，由知识产权保护组织管理下的版权办公室（Copyright Office）对申请进行审查。对于艺术作品，申请者需要将作品刊登在若干个乌尔都语或英语的报纸上。如果没有接到反对或投诉，在缴纳 1 000 卢比的申请费之后获得版权注册证明。

3. 商标

知识产权保护组织管理的商标注册局（The Trademarks Registry）是巴基斯坦国内负责商标注册的主管部门。

商标注册费用申请费是 2 000 卢比，注册认证费是 6 000 卢比。申请人在提交注册申请后，商标注册管理部门会在 2 个月内接受对拟注册商标的反对意见，并出具相应的审核报告。如果没有接到任何反对意见，则批准通过商标注册。

当前，巴基斯坦还没有具体的地理标志登记制度。地理标志可以作为证明商标①或者集体商标②进行注册。根据相关管理条例，卡拉奇市商品注册局将所有地理标志作为集体商标注册。对上述每个分类的商标注册申请费用均为 2 000 卢比。

一般在申请 10～15 天后，商标注册局会向申请者发送接收申请的通知。出具审查报告的时间一般为 3 个月。如果对于拟注册商标存在异议，申请者将通过通知书的形式收到相关信息。接到异议后，申请者需要在 2 个月内以

---

① 根据巴基斯坦商标管理条例，证明商标指的是商品和服务的质量、性能、起源地或生产地。

② 根据巴基斯坦商标管理条例，集体商标定义了经营者的商品和服务。

通知书形式对异议进行答复。注册主管在一定情况下可以直接将异议上诉到高级法庭。如果在出具报告后 2 个月没有收到任何异议，申请人在缴纳注册费后，由商标注册局提供认证。

4. 工业设计和集成电路布图设计

工业设计注册有效时限是在世界上任何地方的第一次商业开发起的 10 年，之后有 2 次延期机会，能够将时效延长 10 年。对于集成电路布图设计不能延长注册时效。工业设计注册申请费用为 450 卢比，注册认证费需要额外交 750 卢比。

任何在 WTO 成员国内申请相关设计专利的个人有权在之后的 6 个月内在巴基斯坦国内申请同样的设计专利。同样，任何在巴基斯坦国内申请的设计专利有权在成员国规定的官方期限内在其国内进行同等设计的专利申请。

第五节　巴基斯坦贸易协定及安排

一、WTO

巴基斯坦是 WTO 创始成员之一，为除两个 WTO 成员外（印度和以色列）的所有成员提供最惠国待遇，同时还将最惠国待遇延伸到非 WTO 成员的贸易伙伴国。巴基斯坦不是 WTO 多边协定的签署国，但正在考虑签署 WTO 信息技术协议。所有 WTO 协定，一旦签署，巴基斯坦均会将其列入相关国内法中。

至今，巴基斯坦仍未给予印度最惠国待遇。从 2012 年起，巴基斯坦政府规定禁止从印度进口的负面清单，包括 1 200 种产品。在这之前，巴基斯坦从印度进口的商品仅限于 2 000 种列于正面清单的产品。因此，负面清单的改变大大促进了巴印双边贸易。同时，正在给印度提供非歧视市场准入（NDMA）的进程当中，一旦完成，巴基斯坦将有望减少敏感列表中 100 项关税细目。

巴基斯坦与以色列的贸易仍被禁止。

巴基斯坦积极参与多哈回合谈判，并强烈支持建立有效、规则导向的国际贸易体制，这有利于巴基斯坦出口商在全球市场的竞争力。当前谈判回合中，巴基斯坦政府致力于改善巴基斯坦及其他发展中国家在多边贸易中的不平衡及歧视以及其他相关发展问题。巴基斯坦作为 G20、G30 中的成员国之一，也积极参与到非农业产品市场准入、规定、贸易自由化及农业的谈判中。此外，巴基斯坦也是"W52"① 倡导者。

在 WTO 第九届部长会议中，巴基斯坦重申了其在 2008 年在农业模式议题及 NAMA 议题上的立场和态度。但巴基斯坦仅通过 G33 会议一般服务协议中的一部分，即将绿箱政策扩展到农村民生建设当中。同时，巴基斯坦还提出，一国的市场价格支持项目会对食品安全和其他相关问题造成不利影响。

二、区域及优惠协议

巴基斯坦将多边贸易体系作为其贸易政策的基石，同时也将特惠贸易协定作为多边贸易体系的补充。巴基斯坦旨在通过特惠贸易协定和区域性贸易协定增强与合作国家的经济和商业关系，提高与伙伴国的货物和服务贸易量，为贸易持续性增长提供良好的国际环境，同时与贸易伙伴寻求新的经济领域的合作，促进贸易产品多元化，鼓励企业参与良性的国际竞争中，达到减少贫困和提高人民生活质量的最终目标。

（一）区域及双边贸易协定

当前，巴基斯坦与 3 个国家签订了自由贸易协定，分别是中国、斯里兰卡和马来西亚；与 4 个国家签订了特惠贸易协定，分别是毛里求斯、印度尼西亚、斯里兰卡、伊朗；签署了一个区域自由贸易协定，即南亚自由贸易协定。

1. 南亚自由贸易协定

巴基斯坦签署了南亚自由贸易区协定，并于 2006 年 1 月 1 日正式生效。巴基斯坦于 2006 年开始降低关税，并计划于 2016 年完成。在南亚自由贸易协定下，巴基斯坦削减关税将包括两个阶段。第一阶段是在 2006—2008 年，在 20% 税率以上的关税在 2 年内降低至 20%，在 20% 税率以下的关税在优惠幅度基础上每年降低 10%；第二阶段是 2008—2013 年，关税税率在 5 年内降到 0~5% 的水平。敏感列表的商品和服务贸易不在关税削减要求中。

———————————

① "W52"是 WTO 成员组建的多个联盟之一，主要议题：关于知识产权保护。

2. 巴基斯坦—马来西亚自由贸易协定

巴基斯坦和马来西亚的自由贸易协定于 2008 年正式生效，这是巴基斯坦签订的第一个综合性自由贸易协定，包括货物贸易和服务贸易、投资和经济合作等内容。在货物贸易方面，巴基斯坦承诺在当前 43.2% 的进口中免除进口关税，已于 2012 年完成；马来西亚对从巴基斯坦进口 78% 的商品免除关税。服务贸易方面，两国均相互提供超 WTO 的市场准入。在计算机和与 IT 相关服务领域、伊斯兰银行和伊斯兰保险公司，巴基斯坦在马来西亚均获得 100% 的股权特例。同时，该自由贸易协定还包含许多双方互认安排，多在教育领域，促进双边教育机构和学术计划的双方认证。此外，该自由贸易协定还包含关于投资的优惠。

3. 巴基斯坦—斯里兰卡自由贸易协定

巴基斯坦与斯里兰卡签订的自由贸易协定在 2005 年 6 月 12 日正式生效。在该自由贸易协定下，在关税优惠幅度的基础上免除了巴基斯坦 90% 以上的税目的关税。巴基斯坦的降税幅度则在第一年至少达到 34%，在 2 年内达到 67%，第三年达到 100%。在商品负面清单上的商品不能减免关税，巴基斯坦有 607 种列示在负面清单上的 6 位编码下的商品。两国均同意协定包含服务和投资内容。

4. 巴基斯坦—伊朗特惠贸易协定

巴基斯坦和伊朗签订的自由贸易协定在 2006 年 9 月 1 日正式生效。巴基斯坦在 2007 年 9 月 1 日将 5%、10%、15%、20%、30% 的特惠关税幅度扩展到了 338 种 6 位编码项下的商品。

5. 巴基斯坦—毛里求斯特惠贸易协定

巴基斯坦与毛里求斯签订的自由贸易协定在 2007 年 11 月正式生效，协定约定两国将在生效日的 2 年之内分阶段实行关税减免。巴基斯坦同意对毛里求斯的部分商品实行特惠关税，在第一年为 50%，第二年为 0，这些商品包括鲜花、水果、茶叶、金枪鱼罐头、糖、肥皂、部分食品加工品、意大利面、无酒精饮料和部分针织纺织品。毛里求斯进口的其他纺织产品享受 40% 的优惠关税幅度，但有限额规定，每年只能进口 800 万件。同时，两国签订了 6 项备忘录以促进双边的贸易和经济合作，合作领域包括海关、中小企业、国营贸易企业、技术标准、检验检疫措施、渔业、出口促进等。目前，两国还没有将特惠贸易协定扩大为自由贸易协定的意向。

6. 巴基斯坦—印度尼西亚特惠贸易协定

巴基斯坦和印度尼西亚签订的特惠贸易协定在 2013 年 9 月正式生效。在该协定下，印度尼西亚对巴基斯坦出口的部分商品基于优惠关税，这些商品包括鲜果、棉纱、棉织品、服装制成品、电风扇、体育用品（羽毛球和网球球拍）、皮革制品及其他工业制品。同时，巴基斯坦出口的金诺橘关税为 0。同时巴基斯坦也为印度尼西亚出口的商品提供优惠关税，涵盖 313 项商品。同时，巴基斯坦在标准关税的基础上给予印度尼西亚出口的棕榈油产品 15%的关税优惠幅度。

（二）多边及其他贸易协定

除签署双边和区域贸易协定外，巴基斯坦还签署了一些多边贸易协定，主要有伊斯兰会议组织（Organization of Islamic Conference）、D8（Developing-8 Group of Countries）以及经济合作组织（Economic Cooperation Organization）。

同时巴基斯坦还在关税总协定下有关发展中国家之间的贸易谈判框架下和多数隶属由联合国支持的全球贸易优惠系统（GSTP）中提供相应的优惠关税。

综上，巴基斯坦当前签订的双边和区域贸易协定使其出口的产品在南亚地区以及毛里求斯、斯里兰卡、印度尼西亚等亚洲国家都享受有相关的优惠关税政策。中国企业在与这些亚洲国家的贸易中，尤其是与毛里求斯、伊朗等本身与我国尚未签署双边贸易或投资协定的国家进行贸易时，可结合原产地原则，充分利用巴基斯坦与这些国家签订的贸易协定，作为进入相关国家的一大跳板。

第六章 巴基斯坦国际投资政策

世界银行《2015年营商环境报告》显示，巴基斯坦营商环境便利程度（DB排名）在全球189个国家和地区中排名第128位，介于中国和印度之间（中国第90，印度第142），与前沿水平的距离（DFT分数，0表示最差，100代表前沿水平）为56.64。由此可看出，在巴基斯坦营商需克服很多困难，营业外成本较高。具体来看，在DB排名所涉及的10个领域中，巴基斯坦在保护中小投资者方面的表现甚佳，为全球第21名，但在纳税、获得电力、执行合同方面表现糟糕，排名均在第140名以后。①

第一节　投资管理制度

一、投资法规②

（一）投资主管部门

巴基斯坦投资部是巴联邦政府负责投资事务的部门，下辖的投资局（BOI，官方网站 http：//boi. gov. pk）鼓励、促进并协助本地与外国对巴基斯坦投资。因此，投资局是巴基斯坦政府与公共、私营部门的纽带。投资局的主要职责有：

（1）为了改善巴基斯坦营商环境，推动制度改革；

（2）通过宣传巴基斯坦投资目的地的形象与投资机会，促进对巴基斯坦投资；

---

① 尹继武．"一带一路"投资政治风险研究之巴基斯坦［EB/OL］．http：//opinion. china. com. cn/opinion_ 83_ 128483. html，2015 – 04 – 29．

② Board of Investment. Investment Policy［R］. Pakistan：Board of Investment，2013.

（3）加强对投资安全性的监管，增强投资信心；

（4）通过在投资者和巴基斯坦政府间、本国和外国投资者间、公共和私营领域间建立纽带，全方位地协助投资顺利进行；

（5）与巴基斯坦政府和非政府组织合作，制定并实施巴基斯坦投资促进策略。

（二）投资法规

1997 年投资局制定了第一个投资政策，对外国投资者开放巴基斯坦服务业、社会基础设施和农业。《2013 年投资政策》对《1997 年投资政策》进行了改进。新政策强化了现有部分政策，巩固相关部门的现有政策，并添加了进一步自由化政策与未来战略项目的实施政策。投资政策的修改遵循了全球投资趋势、区域投资趋势和经验。

《2013 年投资政策》的目标是在面对不断变化的全球经济放缓、国内供电困难和战争对经济持续压力的同时，解决和调整经济优先权。《2013 年投资政策》是为努力处理经济改变现状和实现《展望 2030》目标制定的。《2013 年投资政策》将帮助巴基斯坦逐步实现下述目标：1 年内外国直接投资净流入 20 亿美元，2014 年实现 25 亿美元，2015 年实现 27.5 亿美元，2016 年实现 32.5 亿美元，2017 实现 40 亿美元，以及此后每年至少 55 亿美元。假设巴基斯坦 GDP 年均增长 5%，外国直接投资将占 GDP 的 20%，接近当前全球平均水平。《2013 年投资政策》为巴基斯坦创造有利于外国直接投资的商业环境提供全面的政策框架。

《2013 年投资政策》的基本原则是：（1）减少在巴基斯坦营商的成本；（2）减少在巴营商流程；（3）通过设立经济特区使营商更简便；（4）贸易、工业和货币政策的连接促进更大的融合。《2013 年投资政策》可登录 http：//boi. gov. pk/UploadedDocs/Downloads/InvestmentGuide. pdf 查阅。

二、资本市场规定①

巴基斯坦国家银行允许完全自由的利润、红利和收回投资收益汇回外国

---

① KPMG. Investment in Pakistan. ［R］. Pakistan：KPMG，2013.

投资者。根据外汇管理规定，外国投资者可投资在巴基斯坦证券交易所上市的股票与证券，并且可以汇回利润、红利或收回投资收益。为在巴基斯坦资本市场投资，投资者须在巴基斯坦任何银行开设特别可兑换卢比账户。

（一）2008 私募股权基金与风险投资法规

基金管理公司（FMC）的最低资本要求为 3 000 万卢比（合人民币约 180 万元），且必须在巴基斯坦证券交易委员会登记。法规还涉及基金管理公司的限制、受托人任命、取消许可证或登记的基金、投资条件和限制等。

（二）证券交易所法规

公司若想向公众发行股票，并想申请在股票交易所上市，就必须符合上市要求。上市要求与公司管理和程序、信息披露和招股说明书有关。公司需公开财务报表和其他各方面事务以确保公众充分了解公司事务。

1. 上市要求与程序

（1）最少实收资本 2 亿卢比（约合人民币 1 200 万元）；

（2）公共的股权认购至少 500 名申请者；

（3）上交给 SECP（巴基斯坦证券交易委员会）的资料必须先由卡拉奇证券交易所通过。

卡拉奇证券交易所在收到上市申请和相关资料最长 3 个月内会予以答复。

2. 公众资本

根据上市规则，每个申请在证券交易所上市的公司应：

（1）如果公司的资本少于 5 亿卢比（约合人民币 3 000 万元），至少 50% 的资本应向公众开放；

（2）如果公司的资本多于 5 亿卢比（约合人民币 3 000 万元），至少 25% 的资本或 2.5 亿卢比（约合人民币 1 500 万元）中更多的资本应向公众开放。

3. 证券交易所

巴基斯坦有 3 个证券交易所，分别是：卡拉奇证券交易所、拉合尔证券交易所与伊斯兰堡证券交易所。其中最大的是卡拉奇证券交易所，在 2000 年被评选为世界表现最好的证券交易所。

三、政策透明度

有关巴基斯坦投资政策的文件都可在投资局官网（www. boi. gov. pk）以及巴基斯坦证券交易委员会官网（www. secp. gov. pk）免费下载。

四、市场准入规定

外国投资者一个根本问题是自由进入市场开展贸易的自由度。从历史上看，自 1997 年以来，巴基斯坦已经建立和维护一个开放的投资机制。相比同地区的其他国家，开放的投资机制是巴基斯坦吸引外资的强大的优势。

为增加巴基斯坦作为投资目的地的竞争力，《2013 年投资政策》保持开放政策，继续扩大所有部门开放度和自由度，整合所有产业政策，开放整个经济领域。

（1）所有部门和活动对外国投资开放，除非专门禁止或者因国家安全和公共安全问题限制。受限制的行业包括武器弹药、炸药、放射性物质、证券、货币、钱币和可消费的酒精。此外，由于巴基斯坦是伊斯兰国家，外国企业不得在当地从事夜总会、歌舞厅、电影院、按摩、洗浴等娱乐休闲业。

（2）任何行业对外国股权投资没有最低要求。

（3）除在特定领域包括航空公司、银行、农业和媒体，没有外国股权的份额的上限。

（4）任何领域的外国投资者可在任何时候汇回利润、股息，或投资公司的本国货币。①

第二节　税收政策

一、税收体系和制度

巴基斯坦是联邦制国家，税收分联邦政府、省政府和地区政府三级，但税收以联邦政府为主，占 70% 左右。联邦政府主要税种包括：所得税、关税、

---

① Board of Investment. Investment Policy ［R］. Pakistan：Board of Investment，2013.

销售税、联邦消费税；省政府主要税种包括：职业税、财产税、车辆税、印花税、土地税等；地区政府主要税种包括：财产税、水资源税、进出口税、转让税、市场税以及其他收费等。

巴基斯坦税收又分为直接税和间接税两大类。直接税主要包括上述的所得税、财产税、土地税、车辆税；间接税包括关税、销售税（增值税）等。

巴基斯坦税收主管部门为巴基斯坦联邦税收委员会，负责制定和实施税收政策，以及联邦税种的征收和管理，海关为其下属部门。近年来为提高财政收入，巴基斯坦不断扩大税基和提高税收幅度。外国公司和外国人与当地公司和国民同等纳税。①

二、主要赋税和税率

（一）所得税

巴基斯坦所得税可分为个人所得税和企业所得税两大类。

1. 个人所得税②

一年中在巴基斯坦居住累计达 182 天或以上；或者该年在巴基斯坦居住累计 90 天或以上，且该年的前 4 年内在巴基斯坦已居住 365 天或以上的需要缴纳个人所得税。

个人所得税被划分为 20 个征税等级，税率自 0.5% 起递增，最高为 20%。2009 年 7 月，巴基斯坦将男性和女性纳税人个税起征点分别调整为 18 万卢比和 24 万卢比。

对非巴基斯坦公民的个人，下列各类所得免税：

（1）根据与巴基斯坦政府签订的援助协定，居住在巴基斯坦，由外国政府支付或者从基金及让与的拨款中支付给个人的工资；

（2）作为外国政府官方代表在巴基斯坦服务的报酬；

（3）外国政府对公认的巴基斯坦教育机构雇员所付的报酬；

---

① 中国驻巴基斯坦使馆经商处. 巴基斯坦税收体系和制度［EB/OL］。http：//pk. mofcom. gov. cn/article/ddfg/sshzhd/200905/20090506216318. shtml.

② 黑龙江国税. 巴基斯坦个人所得税［EB/OL］。http：//www. ctaxnews. com. cn/guo-ji/guojifa/Pakistan/201410/t20141022_ 25707. html.

（4）作为不在巴基斯坦从事工商业活动的外国企业雇员一个所得年度在巴基斯坦逗留不超过 90 天，提供服务所获得的报酬；

（5）一定条件下，从抵达巴基斯坦之日起的 2 年时期内，教授或教师在公认的巴基斯坦大学、学院或其他教育机构提供服务所获的工资；

（6）受雇于英国理事会所获的工资；

（7）在巴基斯坦体育委员会担任教练，提供服务所获得的报酬。

2. 企业所得税①

企业收入可按两种制度征收：正常税收制度（NTR）与最终税收制度（FTR）。

（1）正常税收制度。正常税收制度下，纳税人应纳税部分是在减去有关免税支出后确定的，其中一些重要的免税支出有：①资产折旧免税额。②初始津贴，资产在巴基斯坦运行的第一纳税年度时间，"初始津贴"为 25%。③第一年津贴，相当于 90% 成本的"第一年津贴"，可替代 25% 的初始津贴，允许对工厂、在规定的农村和欠发达地区使用的或用于生产替代能源工业设施的机械和设备使用。④无形资产，摊销扣除允许应用在使用 1 年以上的无形资产上。⑤总公司花销津贴，总公司花销津贴可以对在巴基斯坦设立分支机构的非巴基斯坦居民使用。⑥税务责任，企业所得税标准税率为 34%。然而，《2001 年所得税规章制度》定义的小公司所得税为 25%。⑦税收抵免，税收抵免范围为 10% 至 20%，提供给现有公司在拓展、延伸和更换机械设备的投资。⑧免税，最长 10 年免税权给予特别开发区的投资。

（2）最终税收制度（FTR）。最终税收制度下，应纳税部分不能减去任何免税支出、任何损失的抵消和任何税收抵免。包括在应纳税部分的收入有：①公司支付的股息，每个人从公司收到的股息需要缴税 10%，除非股息是免税的。②基于营业额的最低税，没有可支付的税款，个人年度营业额达到 5 000 万卢比（合人民币约 300 万元）以上，应缴纳营业额 1% 的税款；可支付税款低于营业额 1% 的，应缴纳税款为低于营业额 1% 的部分。③前几年亏损的处理，若业务亏损不能在纳税年度内全部抵销，可以从下一个纳税年度起延续 6 年。出口加工区企业业务亏损可无限期延续。④资本收益。个人在

① KPMG. Investment in Pakistan. ［R］. Pakistan：KPMG, 2013.

纳税年度内处置资本资产而产生的收入为"资本收益"。资本资产是指任何种类的资产，但不包括股票交易、消费品专卖店和用于生产的原材料。获得不动产 1 年内，处置不动产所产生的资本收益的税率为 10%；获得不动产 1－2年，处置不动产所产生的资本收益的税率为 5%；获得不动产 2 年后，处置不动产所产生的资本收益无需交税。

（二）资本税

对购买商用或非商用财产、居住房屋、公司股权和有价证券交易等活动所征收的税。公司股权与证券交易的资本税为 0.02%，购买飞机票的资本税为 3%，购买全新轿车的资本税在 3.75%~7.50% 之间，房地产资本税由房屋具体情况而定。

（三）财产税

巴基斯坦没有统一的财产税税率，各省政府自行制定本省的财产税税率。旁遮普省的财产税是累进税，信德省的财产税为 20%。①

（四）关税

关税是巴基斯坦政府调节进出口和国际收支平衡的重要工具。巴基斯坦关税为 5%－35%，中巴两国已签署双边自由贸易协定，两国间进出口商品关税可享受优惠税率。此外，工业原材料、半成品、发电项目和石油天然气项目的机械设备等商品通常享受低关税或零关税。

（五）销售税

销售税是对本国制造和进口商品（电脑软件、家禽饲料、医药产品、初级农产品及其他经特批免税产品除外）以及服务业等在销售或提供服务环节征收的税，大部分产品税率为 17%。销售税是巴基斯坦政府最主要的税收来源。

---

① Global property guide. Pakistan capital gains tax rates and property income tax ［EB/OL］. http：//www. globalpropertyguide. com/Asia/Pakistan/Taxes－and－Costs.

（六）联邦消费税

《2005 年联邦消费税法案》和《2005 年联邦消费规则》为联邦消费税提供法律框架。联邦消费税是由巴基斯坦联邦对以下类别的商品和服务征收的税项：巴基斯坦生产或制造的商品；进口到巴基斯坦的商品；在非关税地区生产或制造后并被带到关税地区的商品；在巴基斯坦提供的可征税的服务。

联邦消费税的税率依据不同商品或服务变化。然而，巴基斯坦打算逐步取消一些商品和服务的联邦消费税，最终仅对 5 - 6 个非必需品征联邦消费税，例如烟草、面料、水泥等。

第三节　要素供给政策

一、能源供给政策

（一）电力供给政策①

根据《2013 年国家电力政策》，巴基斯坦电力需求和供应缺口很大，有 4 500MW ~ 5 500MW。② 过去 5 年间，缺口一直在不断加大。此外，由于过度依赖昂贵的热源燃料，巴基斯坦发电成本巨大，因此巴基斯坦电费比较昂贵，给广大民众和企业带来经济负担。《2013 年国家电力政策》可登录 http：//www. ppib. gov. pk/National% 20Power% 20Policy% 202013. pdf查阅。

1. 短期政策

（1）若急需电力，风力涡轮机是最合适的，因为安装时间较短。风力发电可以解决巴基斯坦电力短缺问题的大部分，也是巴基斯坦研究的重点方向之一。

---

① Islamabad Chamber of Commerce&Industry，An overview of electricity sector in Pakistan.
② Government of Pakistan，National Power Policy 2013.

（2）应该允许私营部门建立发电站，可以通过贷款方式。巴基斯坦将设立一个独立的代表委员会，选取政府、公民、工业、企业等代表，共同制定合理的电价。

（3）一些非经营性发电站只需要小规模的投资和技术改进就可以恢复运作。巴基斯坦将确保这些资源的合理利用。

（4）市场和购物中心晚上 10 点必须结束营业。

（5）教育、工业和农业部门利益相关者和工人采用新的、高效的用电方法，杜绝浪费。

2. 长期政策

（1）巴基斯坦估计有 33 万亿吨的世界第三大煤储量，解决长期电力短缺问题应从煤炭发电入手。煤炭发电也比热源燃料发电成本低廉。

（2）从长远来看，巴基斯坦应修建更多的核电站和大坝。巴基斯坦可从中国和挪威企业大坝建设技术中获益。水力发电可大大减轻巴基斯坦的电力短缺问题。

（3）天然气发电成本是 6 卢比/千瓦时，高炉燃油发电成本是 14.5 卢比/千瓦时。过去 5 年中，天然气发电比重从 53% 降到 27%，但高炉燃油发电从 17% 提高到 38%，导致电费上涨。巴基斯坦将逐步减少高炉燃油发电，增加天然气发电。

（4）最重要的长期规划和目标必须是规划巴基斯坦的外交政策，与能源富足国家建立良好的纽带。

3. 用电时间与电费

巴基斯坦不同月度的用电高峰和电费计算标准见表 6.1 至表 6.5。

表 6.1　巴基斯坦的用电高峰期

月份	用电高峰期
12 月到 2 月	5pm 到 9pm
3 月到 5 月	6pm 到 10pm
6 月到 8 月	7pm 到 11pm
9 月到 11 月	6pm 到 10pm

资料来源：拉合尔电力供应公司。

表6.2 民用电收费标准1

类别	固定费用 （卢比/千瓦/月）	可变费用 （卢比/千瓦时）		国家补贴 固定费用 （卢比/千瓦/月）	国家补贴 可变费用 （卢比/千瓦时）
少于5千瓦					
50单位以下	—	4.00		—	2.00
50-150单位	—	11.09		—	5.30
151-250单位	—	14.00		—	5.89
251-350单位	—	14.00		—	1.91
351-750单位	—	18.00		—	1.00
多于5千瓦		高峰	非高峰		
用电时间	—	18.00	12.50	—	—

资料来源：拉合尔电力供应公司。

表6.3 民用电收费标准2

类别	固定费用 （卢比/千瓦/月）	可变费用 （卢比/千瓦时）		国家补贴 固定费用 （卢比/千瓦/月）	国家补贴 可变费用 （卢比/千瓦时）
少于5千瓦	400.00	18.00		—	—
多于5千瓦	400.00	16.00		—	—
用电时间	—	高峰	非高峰	—	—
		18.00	12.50		

资料来源：拉合尔电力供应公司。

表6.4 工业用电收费标准

类别	定义	固定费用 （卢比/ 千瓦/月）	可变费用 （卢比/千瓦时）	国家补贴 固定费用 （卢比/千瓦/月）	国家补贴 可变费用 （卢比/千瓦时）
B1	少于25千瓦 （400/230伏）	—	14.50	—	—
B2 (a)	25-500千瓦 （400伏）	400.00	14.00	—	—

续表

类别	定义	固定费用 （卢比/ 千瓦/月）	可变费用 （卢比/千瓦时）		国家补贴 固定费用 （卢比/千瓦/月）	国家补贴 可变费用 （卢比/千瓦时）
	用电时间	—	高峰	非高峰	—	—
B1 （b）	少于 25 千瓦 （400 伏）	—	18.00	12.50	—	—
B2 （b）	25 千瓦~500 千瓦 （400 伏）	400.00	18.00	12.30	—	—
B3	电负荷少于 5 000 千瓦 （1 133 千伏）	380.00	18.00	12.20	—	—
B4	所有负荷 （高于 66 132 千伏）	360.00	18.00	12.10	—	—

注：B1 类消费者每月需缴纳最少 350 卢比电费；B2 类消费者每月需缴纳最少 2 000 卢比电费；B3 类消费者每月需缴纳最少 50 000 卢比电费；B4 类消费者每月需缴纳最少 500 000 卢比电费。

资料来源：拉合尔电力供应公司。

表 6.5 整体供电收费标准

类别	定义	固定费用 （卢比/千瓦/月）	可变费用 （卢比/千瓦时）	
C1 （a）	400/230 伏	—	—	
	少于 5 千瓦	—	15.00	
（b）	5 千瓦~500 千瓦	400.00	14.50	
C2（a）	电负荷少于 5 000 千 瓦（1 133 千伏）	380.00	14.30	
C3（a）	电负荷多于 5 000 千 瓦（66 千伏）	360.00	14.20	
	用电时间	—	高峰	非高峰

续表

类别	定义	固定费用 （卢比/千瓦/月）	可变费用 （卢比/千瓦时）	
C1（c）	25 千瓦~500 千瓦 （400/230 伏）	400.00	18.00	12.50
C2（b）	电负荷少于 5 000 千瓦（1 133 千伏）	380.00	18.00	12.30
C3（b）	电负荷多于 5 000 千瓦（66 千伏）	360.00	18.00	12.20

资料来源：拉合尔电力供应公司。

（二）水供给政策

巴基斯坦是世界上最缺水的国家之一，水资源短缺已对巴经济增长构成威胁。作为一个主要由农业带动经济增长的国家，水短缺可能会导致严重后果。巴基斯坦水储存量仅能满足全国 30 天的用水需求。随着水供应下降和高人口增长率，巴基斯坦注定要制定合理的水资源规划，避免水资源短缺问题的加重。[①]

1. 饮水政策

根据《2009 年国家饮水政策》内容，巴基斯坦水政策的核心是确保人民能享用足量的达标水，并把水价控制在合理区间内。政策包括：[②]

（1）到 2025 年实现为巴基斯坦全体人民提供安全饮用水；

（2）确保水资源保护；

（3）鼓励社会参与到水资源规划、政策制定、监管和保护过程中来；

（4）推进低廉有效的水供给系统的使用；

（5）促进公私合营模式，增加安全饮用水供给；

（6）加大对水资源供给系统安全和效率的研究的支持力度。

[①] Spearhead Research, Pakistan's Water Crisis, 2013.

[②] Government of Pakistan Ministry of Environment, National Drinking Water Policy, 2009.

2. 水费

旁遮普省与信德省的水费情况见表6.6和表7.7。

表6.6 旁遮普省商业/工业水费一览

用量	水费（1 000加仑/分钟）	污水处理费（1 000加仑/分钟）
5 000加仑以下	19.53卢比	13.67卢比
5 001加仑-20 000加仑	34.89卢比	24.42卢比
20 001加仑以上	50.48卢比	35.34卢比

资料来源：旁遮普省政府官网。

表6.7 信德省居民水费一览

用量（立方码）	水费（卢比/月）
60以下	97
120以下	132
200以下	204
300以下	301
400以下	421
600以下	619
1 000以下	895
1 500以下	1 840
2 000以下	2 391
2 500以下	3 047
3 000以下	3 864
3 500以下	4 708
4 500以下	6 537
5 000以下	7 712
5 000以上	8 913

资料来源：信德省政府官网。

二、通信供给政策

(一) 通信运营政策[①]

巴基斯坦网络基础设施落后的问题严重阻碍了 3G/4G 业务的发展。根据个人及商业用户、公共领域的无线通信基础设施、效率和使用技能等关键因素列出的"2013 年数据连接速度排行榜"数据,巴基斯坦手机宽带基础设施排名非常落后。如果将总分定为 10 分,巴基斯坦只能得 2.09 分,在 26 个发展中国家电信市场中排名第 25。

2014 年 4 月,根据最高法院命令,巴基斯坦政府举行了 3G/4G 电信运营执照拍卖会。包括中国移动巴基斯坦分公司——"宗"(Zong)在内的 3 家电信公司参加了竞拍。"宗"以 3.06 亿美元拍得巴基斯坦唯一的 4G 牌照,又以 2.1 亿美元拍得 1 张 3G 牌照,此外还分别以 3.07 亿美元和 3.05 亿美元拍得 10 兆赫频谱的使用牌照。

2014 年 7 至 11 月,巴基斯坦移动 3G 业务用户净增 500 万,数量已占全国手机用户的 4%,同时全国宽带网络用户总数增加至 800 万。新增 3G 用户中,中国移动巴基斯坦公司("宗")以 168 万用户居领跑,其次是 Mobilink 的 144 万和 Telenor 的 118 万。

(二) 通信话费

巴基斯坦电信公司(PTCL)与巴基斯坦国家电信公司(NTC)为巴基斯坦主要的通信与网络提供机构。PTCL 的通信话费见表 6.8。

表 6.8　PTCL 通信话费一览

	本地话费(卢比/分钟)	长途话费(卢比/分钟)
PTCL 打给手机用户	2.50	2.50
PTCL 打给 PTCL 或 PTCL 打给 Vfone	1.10	1.10
座机打给手机	2.5	2.5

---

① 贺斌. 巴基斯坦移动通信即将迈入 3G/4G 时代 [N] . 光明日报, 2014 - 08 - 31 (6) .

续表

	本地话费（卢比/分钟）	长途话费（卢比/分钟）
打给中国座机	2.97	
打给中国手机	2.97	

资料来源：PTCL 网站。

三、劳务供给政策①

（一）委任要求

（1）每个工业或商业机构中每个雇主雇佣员工时需要发出正式委任函。每份劳动合同的内容仅限于工作主要条款和条件，即工作性质、时间、支付津贴和其他附带福利。

（2）除非提前 1 个月通知或以 1 个月的工资代替，否则永久职工不得以除去不当行为的任何理由被辞退。1 个月的工资是在过去 3 个月的平均工资基础上计算出来的。

（二）工作时间要求

（1）根据《1934 年工厂法案》，没有任何 18 岁以上的成年人可以要求或允许 1 天工作超过 9 小时，1 周工作超过 48 小时。同样，没有任何 18 岁以下的未成年人可以要求或允许 1 天工作超过 7 小时，1 周工作超过 42 小时。如果工厂是季节性的，1 个成年工人 1 周内工作不得超过 50 小时，任何 1 天不得超过 10 小时。如果季节性工厂中工人从事的技术工作必须是连续的，在任何 1 周内工作时间不超过 56 小时。矿工每周工作时间在 48 小时以内或一天工作时间在 8 小时以内，且工作 6 小时后要休息 1 小时。

（2）任何工作单位不得雇佣 14 岁以下的职工。14 至 18 岁的职工 1 天工作时间不得超过 5 小时。

（3）已连续工作 12 个月的职工应在随后的 12 个月内得到连续 14 天的假

---

① All Pakistan Federation of United Trade Unions. Labor Laws Pakistan ［EB/OL］. http：//labourunity. org/labourlaws. html.

期。如果一名职工在任何一个 12 个月内未能兑现假期，任何不被兑现的假期都将被添加到他或她 12 个月后的假期中。

（4）在职工工作 4 个月后，她可以得到最多 90 天的产假，期间的工资是根据支付她的最后一次工资支付。公司不得在职工休产假期间解雇职工。

（三）工资要求

巴基斯坦的工资要求见表 6.9。

表 6.9　巴基斯坦职工工资与福利一览

最低工资	每月 12 000 卢比（合人民币约 720 元）
公积金	雇主每月付 10%，职工每月付 10%
死亡抚恤金	最低 30 万卢比（合人民币约 1.8 万元）
结婚奖金	最低 7 万卢比（合人民币约 4 200 元）
养老福利	雇主每月最低付 400 卢比（合人民币约 24 元） 职工每月最低付 80 卢比（合人民币约 4.8 元）
养老金	3 600 ~ 4 800 卢比（合人民币约 216 ~ 288 元）

资料来源：巴基斯坦职工养老服务机构。

第四节　特殊经济区域政策

一、经济特区

2012 年，巴基斯坦颁布《2012 年经济特区法》。作为《2013 年投资政策》的中心条款之一，《2012 年经济特区法》鼓励产业集群化，使巴基斯坦提供更自由的投资机制和更完善的基础设施。《2012 年经济特区法》可登录 http：//boi. gov. pk/UploadedDocs/Downloads/GazetteNotificationSEZAct. pdf 查阅。巴基斯坦投资局在 2013 年颁布了《2013 年经济特区条例》，其中明确表示投资局将在经济特区内为投资者提供一个窗口的便利服务。经济特区将降低营商成本、提高生产率、促进经济发展和降低贫困率。《2013 年经济特区条例》可登录 http：//www. boi. gov. pk/UploadedDocs/Downloads/SEZ_ RULES. pdf 查阅。其中，经济特区企业申请表、对申请企业的要求以及需要上交的申请材料清单都包含在附录中。

（一）特区政策①

《经济特区法》规定经济特区最少占地50英亩，没有上限。具体政策包括：（1）《经济特区法》适用于整个巴基斯坦，优先于其他法律；（2）政府可独立建立经济特区，或以公私合营、私人部门的方式建立经济特区；（3）批准委员会（BOA）应由巴基斯坦总理担任会长，财政部部长担任副会长，包括各省的首席部长、经济部门的首脑，各省投资委员会会长和私营部门代表；（4）批准委员会可能对一个特定的地区或部门经济特区的开发人员、企业、地区和行业给予额外的便利条件；（5）审批委员会（Approvals Committee）应由投资局局长担任会长，也应包括联邦、省级经济部门和私营部门代表；（6）每个省有自己的经济特区的话语权，法人由首席部长或者由首席提名的人担任；（7）任何符合条件的现有区域都可以申请成为经济特区，但只能利用一套激励机制；（8）一旦激励或豁免决定授予给了经济特区，经济特区开发人员和企业不能撤回。

（二）激励或豁免政策方案

经济特区的激励或豁免政策主要有：（1）经济特区开发人员和企业可免税进口资本货物，用于建立、维护区域和项目；（2）经济特区开发人员和企业免除所得税10年；（3）经济特区提供便利的基础设施；（4）经济特区允许自备发电厂，可以出售多余电力；（5）享受投资局的一个窗口服务设施；（6）享受无水港口设施；（7）享受省政府的保安服务。

> **专栏：巴基斯坦建立中国经济特区②**
>
> 巴基斯坦联邦内阁经济协调委员会2007年正式批准在东部城市拉合尔附近的卡拉沙喀库建立中国经济特区，以吸引中国企业前来投资办厂。这是巴基斯坦首次专门面向某一国家的投资者开设经济区，将有助于实现中

---

① Board of Investment. Investment Policy［R］. Pakistan：Board of Investment，2013.
② 新华网. 巴基斯坦开设中国经济特区［EB/OL］. http：//news. xinhuanet. com/overseas/2007 - 03/06/content_ 5808697. html.

巴两国在未来 5 年内将双边贸易额提升到 150 亿美元的目标。

巴基斯坦伊斯兰堡战略研究所东亚研究主任法扎勒乌尔·拉赫曼表示，中国经济区的选址主要出于经济环境和安全因素两方面的考虑。卡拉沙喀库紧靠伊斯兰堡至拉合尔的高速公路，地理和基础设施条件优越。所在的旁遮普省是巴基斯坦工业化程度最高的省份，并且拥有一批顶尖的综合性大学和商学院。

巴基斯坦表示，目前已有约 20 家中国企业有意前来经济特区投资办厂。巴基斯坦将竭尽全力，力争将该经济区打造成为吸引外资的成功典范，为今后设立更多经济特区奠定基础、积累经验。

二、出口加工区

巴基斯坦设立出口加工区的主要目标是加快工业化步伐、提高出口量，为投资者创造有利的促进以出口为导向的项目的投资环境。因此，出口加工区可以创造就业机会、引进新技术以及吸引外国投资。巴基斯坦政府鼓励在出口加工区开办利用当地原材料和劳动力资源并以出口为目的的企业，包括如下行业：电子工业、信息技术、成衣和针织品、工程机械、制药、海产品加工、皮革制品、水果和农产品加工、地毯、家具和木制品、手工艺品、珠宝、成套设备和机械、体育用品、填充玩具、医疗器械等行业。巴基斯坦已建成 7 个出口加工区，另有一个正在建设中。①

（一）优惠措施

出口加工区的优惠措施主要有：（1）进口机械、设备和材料免税；（2）不受国家对进口的限制；（3）巴基斯坦外汇管制规定不适用于出口加工区；（4）资本与红利可汇回；（5）用于生产的投入可免征销售税，包括电费与油费；（6）在一定条件下，可拥有免税汽车，且使用 5 年后，可在按照折旧后

---

① Export Processing Zones Authority. Incentives ［EB/OL］. http：//www.epza.gov.pk/incentives.html.

的价值交纳关税后，在当地市场销售；（7）可在国内市场上销售不超过20%产量的产品；（8）假定税率1%，且只有出口加工区管理局在产品出口时征收；（9）淘汰或陈旧的机械设备在支付适当关税和税赋后可在巴基斯坦当地市场出售；（10）有瑕疵的产品在交纳适当关税（最高按产品价值的3%）后可以在巴基斯坦当地市场销售。

（二）"一个窗口服务"

出口加工区管理局为投资者提供"一个窗口服务"。投资项目方案的处理和最终批准大约需要2个星期。所有程序、手续，包括项目审核、基础设施提供和进口、出口的进行都在出口加工区内。

（三）出口加工区介绍

目前，巴基斯坦设有卡拉奇（Karachi）加工区、锡亚科特（Sialkot）出口加工区、里萨尔普（Risalpur）出口加工区、山达克（Saindak）出口加工区、古杰兰瓦拉（Gujranwala）出口加工区、杜达（Dudda）出口加工区、泰祁（Tuwairqi）出口加工区和瓜哇达（Gwadar）出口加工区。目前，除中冶公司已入驻山达克出口加工区和杜达出口加工区外，其他出口加工区较少中资企业入驻。

1. 卡拉奇出口加工区

卡拉奇出口加工区是巴基斯坦建立的第一个出口加工区，也是最大并最具规模的加工区，共占地505英亩。卡拉奇出口加工区与卡拉奇蓝地（Landhi）工业区毗邻，距离现代化的卡拉奇国际机场（Quaid – e – Azam 机场）18公里，距高速公路7公里。该加工区主要有电力、化学、高科技、珠宝、信息业企业入驻。

2. 锡亚科特出口加工区

锡亚科特出口加工区由国家出口加工区管理局和旁遮普小工业公司合资经营，占地面积238英亩，包含881个位置。区内建有数量众多的高技术产业，如手术器械、体育用品、皮革服装等。

3. 里萨尔普出口加工区

里萨尔普出口加工区离白沙瓦50公里，在伊斯兰堡至白沙瓦高速公路的马尔丹（Mardan）枢纽附近，占地面积92英亩。由于其原材料和廉价劳动力的优势，该加工区具有发展商业活动和矿产、水果、蔬菜加工业以及地毯、家具工业的潜力。

4. 山达克出口加工区

山达克出口加工区是于2003年8月6日正式被批准成立。该加工区位于俾路支省，占地1 284英亩。山达克出口加工区正由中冶公司承租，主要从山达克铜金矿中开采粗铜和金。

5. 古杰兰瓦拉出口加工区

古杰兰瓦拉出口加工区由国家出口加工区管理局和旁遮普小工业公司合资经营，占地113英亩，在拉合尔公路的3公里处。

6. 杜达出口加工区

杜达出口加工区于2003年8月6日正式被批准成立，位于俾路支省的Lasbella地区，占地面积1 500英亩。该加工区正由中国中冶公司租赁经营，主要从杜达铅锌矿中开采铅锌资源。

7. 泰祁出口加工区

泰祁出口加工区占地220.21英亩，位于卡拉奇的Bin Qasim地区。该出口加工区正由泰祁炼钢厂租赁，主要生产钢坯和海绵铁。

8. 瓜哇达出口加工区

瓜哇达出口加工区还未投入使用，是巴基斯坦新建的出口加工区。该加工区位于瓜哇达港口附近，占地1 000英亩。巴基斯坦欢迎外国投资者在该出口加工区投资建厂。

第五节　招商引资政策

巴基斯坦的招商引资政策的主要目标是创建一个投资者友好的投资环境，重中之重是进一步开放有外国直接投资潜力的领域。巴基斯坦已提出各种激励措施来吸引外国投资，包括资本、资本收益、分红和利润完全回流。此外，巴基斯坦有着在整个南亚地区最自由的投资政策制度和公私合作框架之一。

一、投资促进计划①

（一）公私部门对话

结构化的公私部门对话（PPD）是巴基斯坦外国直接投资战略的支柱。PPD 将提供一个促进联邦或省政府与私营部门合作的平台。PPD 的两个主要目标是：（1）协调发展目标行业，发掘并发展这些行业中有竞争力的投资项目，为促进外国直接投资打下基础；（2）制定改善巴基斯坦投资环境的政策。

PPD 将使联邦、省和私营部门利益相关者参与到巴基斯坦外国直接投资战略的各个实施阶段。如果进行非正式对话，私营部门代表倾向于表达特定企业或商业团体的利益。通过让各个私营部门、有着不同的利益的代表聚在一起磋商，特定的个人或群体利益将与相互竞争的利益以及巴基斯坦的预算相互制约。利益冲突在 PPD 中是公开的，因此平衡政策将更容易被达成。

通过对话，不同行业和政策领域的代表将交换关于外国直接投资的策略发展、问题和计划的相关信息。这将有助于私营部门的整体一致性和连贯性。协商过程需要有关部门定期报告私营部门提出的改革措施。这是为确保得到适当的后续改革建议，从而激励改革进程。最后，通过 PPD，投资局（BOI）将获得提升巴基斯坦作投资目的地形象的必要信息，从而推广外商投资机会。这些活动需要评估各个行业的比较优势、劣势与风险，在评估过程中 BOI 需要私营部门的建议与反馈。PPD 正是为促进此类公私合作而设立的。

（二）投资促进活动

启动促进投资活动，包括一系列的目的为吸引外国投资者赴巴基斯坦投资的活动。其中很重要一步是说服这些潜在投资者访问巴基斯坦。促进投资活动将包括：（1）为目标投资者发送"营销信件"，提醒符合他们企业策略的投资机会。BOI 已经准备好了营销信件的模板；（2）BOI 代表参与投资者会议重点部门和贸易展览会；（3）组织巴基斯坦的投资者会议和美国、中东、

---

① Board of Investment. FDI Strategy 2013 - 17 ［R］. Pakistan：Board of Investment，2013.

远东和欧盟的投资者团体；（4）BOI 官员携带巴基斯坦投资项目有关信息，赴目标投资者团体和公司访问；（5）组织外国投资者代表团赴巴基斯坦投资热点地区考察。

在开展这些活动的过程中，BOI 将继续与私营合作促进者合作。投资热点国家的巴基斯坦大使馆将提供有力的支持。BOI 还将与他国商务部和其他商业协会建立业务关系。

（三）优化投资目的地形象

优化巴基斯坦投资目的地形象的活动可能主要通过合作网络被实施。BOI 可能尤其依赖巴基斯坦大使馆商业大使和目标国家投资顾问的帮助。此外，BOI 官员可以在合适的国际投资会议和目标国家的国事访问中介绍巴基斯坦投资情况。巴基斯坦投资者会议将特别涉及巴基斯坦在投目标国家的侨民。投资者会议可以提供（重新）激活两国商业委员会关系的机会。

BOI 已经建立了有关网站，并出版了一本投资者指南，还将准备含有详细的巴投资信息的光盘。这些信息将被进一步细化和更新，BOI 的网站将成为了解巴基斯坦投资最新信息的主要门户（BOI 官网：www. boi. gov. pk）。

二、新增长框架①

《2013 年投资政策》以水平的方式提高巴基斯坦的投资环境。所有部门的投资政策同样的自由和优惠，且特定行业的投资政策适用于国内、国外的所有投资者。政策部门垂直颁布的各种行业政策是透明的。BOI 与所有股份控股部门合作，以便投资者得到及时、准确和高质量的信息。由规划委员会提出的新增长框架侧重于以下 4 个领域。

（1）生产力：提高要素生产力对于吸引外国投资者进入巴基斯坦很重要。而且，外国投资者将引入新技术和管理实践，从而发挥提高生产力的巨大作用。

（2）更好的治理：改善公共服务质量对吸引投资者进入巴基斯坦是必须的。精简的法律法规和减少对市场的干预也为投资者进入巴基斯坦市场创造

---

① Board of Investment. Investment Policy ［R］. Pakistan：Board of Investment，2013.

更多的空间。

（3）市场竞争：外国公司，如其他公司一样，应能拥有进入和退出市场的自由，不应被过度严格的监管或扭曲的政策束缚。

（4）创新与企业家精神：外国投资者的宝贵的经验和资源将激励巴基斯坦创新和企业家精神，也将加重巴本地公司的竞争压力，激励本地公司创新发展。

三、产业鼓励政策[①]

巴政府将鼓励投资的制造业和工业类项目分为 A、B、C、D 四类。A 类是指高附加值工业和产品出口型工业。如果一个企业在投产后前 10 年中出口值占其总产值的一半或以上，就为产品出口型企业，如果该企业扩大生产规模，其所扩大规模的至少 50% 也要出口才可以继续享受产品出口型企业待遇；高附加值工业是指包括在高附加值工业清单中的项目。B 类是指高科技产业。C 类是指其他重点产业。D 类是指以农业为基础的产业。

（一）投资鼓励政策

1. 金融行业

金融行业的投资鼓励政策包括：　（1）BOI 将与巴基斯坦国家银行（SBP）、巴基斯坦证券交易委员会（SECP）和金融部共同努力，在保险、银行和金融部门开放和促进外国投资；（2）SBP 和 SECP 放松银行、寿险、非寿险保险和保险经纪公司的股权设置的上限，使国内外公司获得同等待遇；（3）外国投资者有权将地方货币兑换为任何可自由兑换的外国货币；（4）外国私人贷款在 3 大主要贷款分类中没有使用限制，收到的外国贷款可用于任何目的，不限于工厂和进口机械；（5）外国投资在遵循巴基斯坦国家银行与巴基斯坦证券交易委员会规定的前提下，可申请巴基斯坦国内的借贷项目。

2. 土地和房地产行业

土地和房地产行业的投资鼓励政策包括：（1）外资可拥有 100% 股份；（2）外国投资者有权租赁土地，不受限制条例的规定；（3）外国投资者没有

---

① Board of Investment. Investment Policy ［R］. Pakistan：Board of Investment，2013.

转让的土地的限制，除非合同中有明确规定；（4）外国投资者项目投资总额不得低于 30 万美元。

3. 信息产业

信息产业的投资鼓励政策包括：（1）进口信息产业所需机械设备仅征收 5% 的关税，计算机软件和信息产业其他相关产品进口税率也仅 5%；（2）第一年税收优惠相当于设备投资的 90%；（3）软件出口免征所得税 15 年；（4）软件出口商可以留存创汇额的 35%。

4. 农业

农业的投资鼓励政策措施包括：（1）允许外国投资者在农业项目中持有 60% 的股份；（2）企业农业耕作（Corporate Agriculture Farming）中，外国投资者可持有 100% 股权；（3）无投资下限；（4）允许资本、利润、红利汇回；（5）公司化农业经营享受信贷和其他便利服务；（6）进口农业机械设备享受零关税待遇；（7）本国或外国、国营或私营公司都可投资公司化农业经营。

5. 矿业

矿业的投资鼓励政策措施包括：（1）进口机械设备仅征收 5% 的低关税；（2）外国企业可拥有公司的全部股权；（3）外国投资者在矿业开采上投资必须超过 3 亿卢比（合人民币约 1 800 万元）；（4）允许红利、资本和利润返还；（5）首次折旧机械设备成本的一半；（6）卢比和外国货币可在经常项目下自由兑换；（7）外国企业需持有矿业开采特许权才能合法地进行矿物开采，包括初步探测许可证、勘探许可证、矿藏持有许可证和矿物开采许可证；（8）不对矿产开发商征收除特许使用费外的任何税赋；（9）外国企业无需经过政府许可即建立冶炼厂；（10）投产的前 4 年免收石油产地使用费；（11）近海石油开采的公司收取 40% 赋税，陆上石油开采收取 50% 至 55%；（12）可从任何渠道进口柴油和原油，也可出口生产剩余产品；（13）进口关税和税收在投产后收取 3%。

（二）税收优惠政策

1. 第一年税收减让

投资第一年可享受"第一年税收减让"待遇，税收减让额可以用作折抵纳税年度内的法定收入，在第一年没有用完的情况下可向下一年度顺延，直至用完。具体规定为：（1）制造业、工业 A、B 类项目，"第一年税收减让"相当于厂房和机械设备投资额的 90%；（2）制造业、工业 C、D 类项目，"第一年税收减让"相当于厂房和机械设备投资额的 75%；（3）其他工业项目，"第一年税收减让"相当于厂房和机械设备投资额的 50%；（4）基础设施和农业项目，"第一年税收减让"相当于机械设备投入额的 75%；（5）服务业项目，"第一年税收减让"相当于机械设备投入额的 50%。

2. 再投资税收减让

若投资者将收益用于设备升级以提高生产技术、扩大生产产值、拓宽产品种类，巴基斯坦政府给予此类机械设备投资 50% 的"再投资税收减让"。

3. 厂房折旧减让

中小企业经常面临建设厂房等难题，因此巴基斯坦对建设厂房出售或出租给中小企业的，在第一年给予相当于厂房建设成本 30% 的"厂房折旧减让"。

（三）关税优惠政策

关税优惠政策主要包括：（1）农业机械进口零关税；（2）生产出口产品的原材料进口零关税；（3）A、B 类项目所需机械设备，若巴本地不能生产，需要进口的，只征收 5% 的关税；（4）C、D 类项目所需机械设备，若巴本地不能生产，需要进口的，只征收 10% 的关税；（5）非制造业领域机械设备征收 10% 的关税，具体见表 6.10。

表 6.10 巴基斯坦产业优惠政策

政策内容	制造业				非制造业		
	A 类	B 类	C 类/D 类	其他	农业	建筑业	服务业
外商投资上限	100%						100%，5 年内 60%
资本、利润、红利汇回	允许						
投资下限	无						30 万
第一年税收减让	90%	75%	50%		75%		50%
机械设备关税	5%	10%	10%–30%		无		10%

资料来源：巴基斯坦投资局。

四、投资保护政策[①]

外国投资者主要考虑的是在巴基斯坦的投资风险，因为投资者避免进入一个难以确定和减轻风险的市场。巴基斯坦投资局已经认识到，巴基斯坦政府可以在消除或减少投资风险级别方面起到关键性作用。虽然法律秩序和宏观层面风险很难控制，巴政府仍有很多创建风险管理机制的途径。这可以通过保证投资者基本权利、执行法律和合同、保障投资者安全来实现。

（一）外国投资者基本权利

外国投资者的基本权利包括：（1）所有外国投资者在建立、扩张、管理、操作和保护他们在巴基斯坦的投资时，应当享受公正和平等的对待。（2）所有外国投资者在建立、扩张、管理、操作和保护他们在巴基斯坦的投资时，应至少享受与巴本国投资者相同的待遇。（3）巴基斯坦已与包括中国在内的 50 个国家签订双边投资协定[②]，与巴基斯坦签订的双边投资协定为在巴基斯坦投资提供更强有力的保护。中巴两国 1989 年就签订了双边投资协定，明确规定投资者应受到公平待遇和保护，且应不低于给予第三国投资者的投资和与投资有关的活动的待遇和保护。（4）巴基斯坦私营部门能源设施建设委员（PPIB）已经开发出一种包含实施协议的安装包，将由巴基斯坦政府和项目发起人联合签署。电力购买协议（PPA）将由购买者和项目发起人签署。最重要的是，巴基斯坦政府将提供一份电力购买者付费担保书，以降低电力投资的风险。

（二）外国投资者法律保护

外国投资者的法律保护主要有：（1）《2011 年商事仲裁法案》赋予投资者去高等法院的权力。（2）在巴基斯坦解决合约纠纷半年后，投资者可以选择国际仲裁来解决纠纷。《2011 年商事仲裁法案》的原文可登录 http：//www. na. gov. pk/uploads/documents/1304997073_ 250. pdf 查阅。

---

① Board of Investment. Investment Policy［R］. Pakistan：Board of Investment，2013.

② United Nations Investment Policy Hub. Pakistan［EB/OL］. http：//investmentpolicy-hub. unctad. org/IIA/CountryIris/160#iiaInnerMenu.

（三）外国投资者安全保护

巴基斯坦外国投资者被《1976 年外国私人投资（促进与保护）法案》和《1992 年经济改革促进和保护法案》全面保护。《1976 年外国私人投资（促进与保护）法案》的原文可登录 http：//boi. gov. pk/UploadedDocs/Downloads/InvestementActs. pdf 查阅。《1992 年经济改革促进和保护法案》的原文可登录 http：//www. punjabcode. punjab. gov. pk/public/dr/PROTECTION% 20OF% 20ECONOMIC% 20REFORMS% 20ACT% 201992. doc. pdf 查阅。

投资局配合巴基斯坦省投资促进机构（IPAs）为外国投资者提供"机场到机场"安全服务。在巴基斯坦注册的外国投资者或真诚的潜在投资者都可以向投资局提交行程细节和注意事项。服务内容包括与当地警方协调护送事宜、提供安全的住宿和交通安排。

（四）外国投资者版权保护

外国投资者版权保护主要包括：（1）巴基斯坦知识产权机构（内阁部门）创建于 2005 年，升级知识产权政策；（2）加强法定处罚版权和专利的侵权行为；（3）由于外国投资对巴基斯坦创新能力的带动作用，知识产权机构将为外国投资者建立一个特别窗口。外国投资窗口将协助外国投资者获得专利、商标和版权，以及快速对侵权行为作出回应。

第六节　区域优惠政策

一、旁遮普省优惠政策

（一）旁遮普省经济概况

旁遮普省是巴基斯坦人口最多的省份，也是巴基斯坦的经济中心，巴超过 59％的 GDP 由旁遮普省创造。如今，服务业是旁遮普省最充满活力的产业，占全省 GDP 的 53％。旁遮普省的服务业网络包括电信、医疗保健、教育、银行、保险、信息技术、零售和娱乐行业。服务业快速增长带动了全省经济整体增长，因为消费者基数扩大，收入和购买力提升，消费者有能力承担更多的服务业花销。

旁遮普省有多样化的制造业和强大的工业基础。省内生产大量成熟的、高水平的技术产品。全省有超过 58 000 个大型工业单位，其中纺织单位大概有 11 820 家，有 6 355 个单位生产包括食品和饲料的农业原材料。

旁遮普省是一个矿藏丰富的省份，储藏了大量煤炭、岩盐、铁矿石、铝土矿、白云石、石膏和石灰岩。旁遮普省有着价值数十亿美元的自然资源，包括 6 亿吨的世界第二大岩盐储量、煤炭储量 5 亿吨，铁矿石储备约十亿吨，原油储量超过 4 亿桶和大量的石灰岩和大理石。[①]

（二）优惠政策[②]

旁遮普省的投资优惠政策包括：（1）外资股权可占 100%；（2）先进的税务裁定；（3）遵照国际仲裁的执法指南；（4）所有经济部门开放外国直接投资；（5）本地及外国投资者平等待遇；（6）无须政府批准；（7）在旁遮普无法获得的进口产品只有 5% 的关税；（8）机械进口零销售税；（9）初始折旧津贴为厂房，机器及设备成本 50%；（10）出口加工区和工业区密集；（11）出口产品的进口原材料零税率。

（三）投资项目

旁遮普省可能对投资者开放的项目包括：（1）颗粒土项目；（2）屠宰场项目；（3）10MW 太阳能光伏项目；（4）660MW 进口煤炭发电厂项目；（5）游乐园项目；（6）LDA 塔项目。

二、信德省优惠政策

（一）信德省经济概况[③]

信德省是巴基斯坦第二大省，在国民经济和发展进程中起着举足轻重的

---

① Punjab Board of Investment&Trade，Punjab Investment Guide 2012.

② Punjab Board of Investment&Trade. Punjab Investment Highlights［EB/OL］. http://www. pbit. gop. pk/eng/punjab – investment – highlights.

③ Sindh Board of Investment. Sindh Economy［EB/OL］. http://www. sbi. gos. pk/sindh – economy. php.

作用。巴基斯坦最大的港口城市卡拉奇是巴基斯坦的金融中心。信德省人口占巴基斯坦总人口的23%，创造了巴基斯坦33%的GDP。

信德省有54%的国家纺织单位，45%的制糖工厂和20%的纸浆和造纸厂。信德省占大规模生产工业产能的34%和小规模生产工业产能的25%。

信德省多元化的经济包括由印度河有效灌溉网络支持的发达农业基地，约14%的小麦、30%的水稻、30%的蔗糖、25%的棉花和30%的蔬菜作物生长在信德省。

（二）优惠政策①

信德省的优惠政策包括：（1）一个项目的外国股权要求由50万美元降低到30万美元；（2）资金、利润、版权、技术和特许经营费可100%汇回国内；（3）没有在本地制造的资本货物、工厂机械和设备进口关税为零；（4）第一年折旧津贴由工厂、基础设施和农业项目的机械设备的50%增加到75%；（5）用于注册公司农业项目的非本地生产的进口农业机械关税为零；（6）用于生产出口产品的原材料关税为零；（7）为农基工业提供信德省产业发展基金（SDF）；（8）补贴资本成本100%的KIBOR（卡拉奇国际银行拆出利率）。

（三）投资项目

信德省可能对外国投资者开放的项目有：（1）教育城项目；（2）卡拉奇快速公交系统；（3）Keenjhar湖度假中心；（4）卡拉奇大理石城项目；（5）煤炭开采与发电项目；（6）风能源项目；（7）太阳能路灯计划；（8）水力发电项目。

第七节　外商直接投资政策

随着世界经济一体化发展，FDI规模不断扩大，跨国公司可以灵活地选择参与方式来达到控制其国外分支机构的目的。企业进行国际直接投资有两种

---

① Sindh Board of Investment. Ease of investment［EB/OL］. http：//www. sbi. gos. pk/ease－of－investment. php.

基本方式：一是绿地投资，即外商在东道国，按照东道国的法律，建立合资企业或独资企业；二是跨国公司并购，即跨国公司通过收购目标企业的部分或全部股份，取得对目标企业控制权的产权交易行为。

一、绿地投资

巴基斯坦政府对到巴基斯坦投资的企业无最低要求，如果在巴基斯坦投资办厂政府还能确保电力、煤气和其他设备供应，另外免征 10 年收入所得税，还一次性免除相关进出口税，巴基斯坦几大银行在北京设有 4 个办事处为中国投资者提供免费融资咨询服务。巴基斯坦绿地投资详细政策可参见本章第一节投资管理制度与第五节招商引资政策。

二、收购模式①

商业实体可以通过资产交易或股票交易的方式来实现收购。

（一）资产交易

在资产交易中，买方直接购买卖方的资产和负债。该交易可能涉及购买的所有选定的卖方的资产和负债。购买的净资产账面价值以公平市价记录在买方账目中。购买价格高于公平市价的部分以商业信誉记录在买方账目中。

（二）股票交易

在股票交易中，买方获得公司的股份。与资产交易相比，股票交易一般操作更简单、更省时。

三、并购流程②

（一）外资并购流程

外资并购流程一般包括：（1）潜在买家和卖家间签署备忘录；（2）获得巴

---

① KPMG. Investment in Pakistan. . ［R］. Pakistan：KPMG，2013.
② 中国金融信息网. 一带一路之巴基斯坦投资法律规则与实践［EB/OL］. http：//finance. huanqiu. com/roll/2015 － 05/6360013. html.

证券交易委员会（SECP）及相关机构的批准；（3）融资、法律、商业上的程序，如获得巴基斯坦投资委员会、高等法院、私有化委员会等批准；（4）评估价值和商谈价格；（5）签署销售和购买协议。

（二）股票公开收购流程

股票公开收购流程包括：（1）公司董事会讨论和批准收购草案；（2）通知股票交易所；（3）股票评估；（4）准备并购计划草案；（5）在股票估值的基础上计算换股比率；（6）向巴基斯坦证券交易委员会（SECP）及相关机构通报并购计划；（7）公司董事会确定收购框架、换股比率、向高等法院提交的申请书等事宜；（8）通知股票交易所；（9）从债权人处获得无异议函（非必须，但若获得会对高等法院判决带来积极的影响）；（10）向高等法院提出申请；（11）获得高等法院批准；（12）根据公司法规定，向股东和债权人发布通知；（13）召集股东和债权人会议；（14）向高等法院提交草案备忘录；（15）确定最终的并购方案；（16）向公司登记机构提交高等法院通知；（17）改组董事会，完成相应公司登记的手续；（18）确定股票过户日期；（19）发布股票过户公告；（20）股票过户；（21）公司董事会批准股票分配及发行。

四、并购税收①

买方和卖方可能需要考虑以下并购税务。

（一）处理资产、发行股份的收益

如果符合《1984 年公司条例》第 282L、284 到 287 部分，以及《1962 年银行公司条例》第 48 部分，处理资产和发行、取消、交换、获得股份不应产生影响税收负担的收益或损失。《1984 年公司条例》的原文可登录 http：//www. bu. edu/bucflp/files/2012/01/Companies – Ordinance – of – 1984. pdf 查阅。《1962 年银行公司条例》的原文可登录 http：//www. sbp. org. pk/publications/prudential/ordinance_ 62. pdf 查阅。

---

① KPMG. Investment in Pakistan. . ［R］. Pakistan：KPMG, 2013.

（二） 资本收益的处理

股票交易案例中，个人股东（卖方）出售对目标公司的投资而收到现金：
（1）如果目标公司是挂牌公司，投资持有期 12 个月以上的免税；投资持有期
不到 12 个月的，资本收益应按特定的纳税年度和持有期适用的税率征税。
（2）如果目标公司是非上市公司，投资持有期不到 12 个月的，出售股份的全
部收益都属于纳税范畴。（3） 如果目标公司是非上市公司，投资持有期 12 个
月以上的，出售股份的 75% 收益属于纳税范畴。

（三） 结转损失的处理

银行、保险公司在合并的情况下，累积的商业损失，可被抵消或结转在
合并后公司的经营利润中长达 6 年，从合并后或合并中公司商业损失产生的
下一纳税年度开始计算。

纳税年度（不包含结转损失）合并公司的任何评估损失（不包括资本损
失）应抵销合并后公司的经营利润和收益，反之亦然。任何未经调整的损失
可结转在合并后公司的经营利润中长达 6 年，从合并后或合并中公司商业损
失产生的下一纳税年度开始计算。

五、竞争法[①]

《2010 年竞争法》是巴基斯坦全面竞争政策框架的一部分。巴基斯坦政
府希望通过《2010 年竞争法》鼓励所有领域自由竞争的商业经济活动，从而
提高经济效益，保护消费者免受反竞争行为的危害。

《2010 年竞争法》要求，一个公司收购另一公司的股份或资产，或两家
以上的公司合并全部或部分业务，涉及的公司需向巴基斯坦竞争委员会提出
申请。

《2010 年竞争法》禁止倾向于减少、扭曲或消除竞争的行为，例如滥用
市场支配地位、竞争限制协议和欺骗性的市场行为。《2010 年竞争法》简要
地阐述了有关合并的审查程序、处以罚款、给予宽大处理和其他重要方面。

---

① Board of Investment. Investment Policy ［R］. Pakistan：Board of Investment, 2013.

《2010 年竞争法》的原文可登录 http：//www. na. gov. pk/uploads/documents/ 1306740606_ 319. pdf 查阅。

第八节 中国企业赴巴基斯坦投资流程

一、签证

巴基斯坦工作签证颁发给外国技术和管理人员，目的是欢迎他们向当地居民传授技术知识和技能。为帮助外国投资者顺利地在巴基斯坦工作和生活，巴基斯坦商务签证政策十分宽松。

（一）商务签证

巴基斯坦驻外机构有权颁发巴基斯坦 5 年期商务签证，签证申请人必须在商务签证列表（BVL）上，每次在巴基斯坦逗留时限为 3 个月。外国投资者申请商务签证时需要准备以下的任意一份资料：（1）申请人所在国家商会的推荐信；（2）巴基斯坦贸易协会承认的有关贸易组织的邀请函；（3）巴基斯坦投资局荣誉投资顾问委员会的推荐信；（4）巴基斯坦最高专员公署、大使馆或总领事馆商业专员发布的推荐信。在商务签证列表上的业务人员和投资者也将在巴基斯坦任何机场获得 30 天的落地签证。

（二）工作签证

巴基斯坦驻外机构有权授予为外国技术和管理人员授予工作签证，目的是欢迎他们向当地居民传授技术知识和技能。工作签证的时限是 1 年，并需要每年延期。根据签证政策，新工作签证或延期的工作签证将在上交的 4 周内由巴基斯坦投资局审核完成。所有持有工作签证的外国人不用在警察局登记，除负面国家列表的公民。

（三）商务签证转换工作签证

为将外国员工和投资者的签证从商务签证转换成工作签证，有关外派人员不需要离开巴基斯坦，因为投资局必须在 4 周内处理转换签证的申请。

（四）巴基斯坦国籍

任何一个国家的投资者如果在巴基斯坦投资至少 75 万美元有形资产，25万美元不可遣返现金，同时符合巴基斯坦国籍法要求的条件，都有可能成为巴基斯坦公民。不可遣返投资意味着资金通过正常的银行渠道到达巴基斯坦银行，并换算成卢布，并永远不能遣返。

二、商业机构形式

按照许可证规定，以下任何形式的公司都可以在巴基斯坦建立①：

（一）个人独资企业

在任何税务机关登记的条件下，个人可独立经营企业。

（二）合伙企业

合伙企业可以通过执行合伙契约和认可的公证人公证下建立。《1932 年合伙企业行为》是合伙企业的法律框架。

（三）公司

《1984 年公司条例》及《1985 年公司规则》为巴基斯坦提供公司运作的法律框架，巴基斯坦证券交易委员会（证监会）是这方面的监管机构。《1984年公司条例》规定，巴基斯坦公司可被分成以下几类：（1）股份有限公司；（2）担保有限公司；（3）无限责任公司。

此外，任意上述类别的公司还可分为下列几种类型：

1. 私营公司

私营公司可由一人或多人通过建立公共公司方式建立，但在公司章程（定义公司的标准操作程序的文档）中需要包括：（1）限制公司股份的转让权；（2）公司人数不得超过 50 人；（3）禁止邀请公众人士认购本公司的股份

---

① Knowledge Management. Doing Business in Pakistan ［EB/OL］. http：//www. kmin-corp. com/km/index2. php？ option = com_ content&do_ pdf = 1&id = 19.

和债券。

2. 公共公司

任何包括 3 名成员或以上的小组在合法的目的下，通过到备忘录协会登记姓名和公司信息，以及符合登记要求，就可形成一个公共公司。公共公司人数并无限制，并可向公众发行其股份及其他证券。公共公司还可以通过证券交易所获得其他上市的证券。

3. 单成员公司

外国投资者可以以上述任何公司结构建立独立业务，还可以建立个人独资企业，可以与任何本地人或外国人建立伙伴关系，甚至可以建立一个没有巴基斯坦当地股东或董事的公司。如果一个外国企业设立在巴基斯坦的业务作为其国际业务的一部分，除以上公司结构，投资者也有以下选择：（1）可以通过在巴基斯坦投资局（BOI）注册，在巴基斯坦建立分公司或联络处。投资局对此类企业经营有一定限制。联络处仅限于进行宣传活动，提供技术援助，并代表其母公司在巴基斯坦开展合作和推广活动。联络处严格限制进入创收活动，应该通过其母公司汇款来支付运营费用。母公司汇款应通过正常银行渠道进行。建立联络处的许可权由巴基斯坦投资局（BOI）授予，初始期限为 3 – 5 年。分公司不能在没经过巴基斯坦投资局认可的情况下进行商业或贸易活动。[①]（2）可以在巴基斯坦指定代理商。《1972 年合同法》对代理商的安排事宜有所规定。（3）可以与其他企业合资。《1972 年合同法》和《1932 年合伙企业行为》适用于企业合资的相关事宜。《1972 年合同法》可登录 http：//www. ma – law. org. pk/pdflaw/Contract% 20Act,% 201972. pdf 查阅。《1932 年合伙企业行为》可登录 http：//www. punjabcode. punjab. gov. pk/public/dr/THE%20PARTNERSHIP%20ACT,％201932. doc. pdf 查阅。

三、公司注册流程

每个想在巴基斯坦建立营商处的外国公司必须在设立营商处 30 日内向巴基斯坦证券交易委员会登记处（Registrar）交齐所需文件。营商处包括分公司、办公室、工厂、开采或固定地点的营商处，但不包括办事处，除非该办

---

① Federal Department of Foreign Affairs (Switzerland), Pakistan Business Guide, 2013.

事处行使谈判和签约合同的权利。①

外国公司在巴基斯坦注册公司需要遵循以下步骤：（1）确定合适的公司名称；（2）提交文件。

（一）公司名称的设立

外国公司在巴基斯坦注册的第一步是公司名称的设立。公司名称不应是欺骗性的、不合理的、侵犯宗教信仰的、与现有公司名称雷同的、与政府与国际组织沾边的。每一个公共有限公司的名字的最后应该是"Limited"这个词。每一个私营公司应在名字结尾的"Limited"前加上"Private"。每个担保有限公司应在名字结尾的"Limited"前加上"Guarantee"。巴基斯坦证监会可能向商业、艺术、科学、宗教、体育、社会服务、慈善机构或其他领域的非营利公司授予特殊许可，此类有限责任公司注册为有限责任公司，不需在名字中加入"Limited"、"Private"或"Guarantee"。

上交的公司名称可以通过网上审查和人工审查两种方式进行，网上审查的费用为200卢比，人工审查费用为500卢比。想要更全面地了解公司名称的规定的通过流程，中国企业可登录 http://www.secp.gov.pk/GuideSeries.asp 查询。

（二）提交文件

外国企业确认公司名称审核通过后，下一步便是提交文件。外国公司必须在设立营商处30日内向登记处提交以下所需文件②：

1. 表格38至表格43

表格38至表格43需要填写的内容如下：（1）表格38为公司宪章和备忘录的复印件；（2）表格39为公司登记办公室或总公司地址；（3）表格40为公司首席执行官、董事和秘书的详细信息；（4）表格41为公司巴基斯坦总办事处办公人员的详细信息；（5）表格42为公司授权驻巴基斯坦工作人员的详细信息，与雇佣书复印件、授权书和总办事处同意书一起提交；（6）表格43

---

① SECP. Foreign Companies' Guide［R］. Pakistan：Registration Department.
② SECP. Foreign Companies'Guide［R］. Pakistan：Registration Department.

为公司在巴基斯坦总办事处的地址。有关表格均可登录 http：//www. secp. gov. pk/forms. asp 下载。

2. 公司授权驻巴基斯坦代表的授权书

3. 缴费凭证

其中，公司章程、备忘录或其他定义公司体制的文件需要被以下人员或机构证明：（1）中国的被授予公司原始监管权的公职人员，或（2）中国的一个政府机关，或（3）中国的一个有职务的公司工作人员的宣誓书。

此外，大多数中国公司的章程、备忘录等定义公司体制的文件不是以英文或乌尔都语书写的，巴基斯坦政府要求所有文件都需翻译成英文或乌尔都语，还需提供能证明翻译件与原件表意一致的文件。如果翻译没有在巴基斯坦进行，翻译件需要被以下人员或机构签字盖章：（1）中国的被授予公司原始监管权的公职人员，或（2）中国的一个政府机关。签字盖章人员或机关还需被巴基斯坦外交官证实。如果翻译是在巴基斯坦进行的，一位熟知公司注册流程以及中英或中乌双语的工作人员的宣誓书应与翻译后的文件一并上交。

除在公司名称审核中需要缴纳费用，企业需缴纳外国公司注册费，见表 6.11。

表 6.11 外国公司注册费

费用	人工（卢比）	网络（卢比）
外国公司 注册费	50 000 （合人民币约 3 000 元）	25 000 （合人民币约 1 500 元）
填写每份法定退回/表格	1 500 （合人民币约 90 元）	600 （合人民币约 36 元）

资料来源：Engineering Development Board，Cost of doing business in Pakistan，2015.

外国公司需要取得巴基斯坦投资局的注有设立分公司有效期的许可证，才能合法地在有效期内设立并运营驻巴基斯坦分公司。许可证更新或延期需要在过期后到巴基斯坦投资局领取。许可证原件和更新或延期后的许可证都需要一并提交给相关公司注册部门。

四、公司资产抵押

外国公司将巴基斯坦的资产抵押时需要将抵押的具体情况与一封证明信

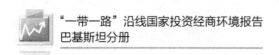
一起提交给相关部门。这些文件必须在抵押开始的 21 天内交齐。①

五、审计账目

中国公司在将账目提交给中国政府机关后的 45 天内，或在账目产生的 6 个月内，需要向巴基斯坦有关部门上交以下材料：（1）表格 45（包括巴基斯坦营商处的地址）、巴基斯坦运营部分的年度审计账目；（2）全球审计账目；（3）巴基斯坦籍成员与公司债券持有者清单。②

六、撤回营商处与停业整顿

中国公司想撤回巴基斯坦营商处必须提前以下面两种形式告知：（1）在撤回前 30 天或之前提交表格 46，告知巴基斯坦有关部门；（2）在巴基斯坦本省的两份每日发行的报刊上发布撤回消息。③

如果有巴基斯坦营商处的中国公司在中国进行停业整顿，此中国公司必须：（1）在 30 天内告知巴基斯坦有关部门；（2）在巴基斯坦两份每日发行的报刊上发布停业整顿消息；（3）在 30 天内向巴有关部门提供在巴基斯坦运营部分的报税表；（4）在每张发票、信纸、订单、空白单据上发布在中国停业整顿的消息。

① SECP. Foreign Companies'Guide ［R］. Pakistan：Registration Department.
② SECP. Foreign Companies'Guide ［R］. Pakistan：Registration Department.
③ SECP. Foreign Companies'Guide ［R］. Pakistan：Registration Department.

第七章　巴基斯坦工程承包与劳务合作

巴基斯坦是海外工程承包的重要市场，目前在巴基斯坦工程承包市场较活跃的企业主要来自马来西亚、韩国、中国、新加坡、沙特阿拉伯等国家。巴基斯坦劳动力丰富，历来是劳务输出大国，劳务主要去向有沙特阿拉伯、阿联酋、科威特等，在劳务输入方面，大多为外资企业进驻时引入的技术工人和管理人才。

第一节　巴基斯坦承包工程的情况介绍

自 2002 年起，在改革政策推动下，巴基斯坦经济一直保持较快增长，带动了承包工程市场发展。到 2008 年，由于安全形势恶化，经常项目赤字扩大，基础设施建设步伐减缓，建筑业出现萎缩，承包工程总值有所下降。2012 年，巴基斯坦基建与建筑业总值达 37.8 亿美元。2013 年总统大选后，巴基斯坦政局稳定，谢里夫政府重视基础设施建设、资源开发等领域，2013—2014 财年预算中大幅增加社会发展项目支出，提出到 2020 年基建和建筑业总值增至 104 亿美元。2015 年习近平主席访问巴基斯坦确定多个包括电力、核能、光伏、路桥等涉及基建在内的重大项目，这些都有利于巴基斯坦承包工程市场的发展。

目前，巴基斯坦承包工程市场主要集中于房屋建筑和基础设施，预计未来几年这两大领域仍将保持较快发展。①

一方面，巴基斯坦已经意识到提高和扩大基础设施对保持经济、社会发展的重要性。供电、供水、污水处理、运输增加数量和改进质量对巴基斯坦人民

---

① 商务部合作司：《承包工程市场国别报告（巴基斯坦）》，2009 – 03。

生活至关重要。① 为此，巴基斯坦提出"全国贸易走廊"规划，计划今后 5 - 6 年投入 60 亿美元，用于建设和改造公路、铁路、港口和机场等设施，使之接近国际化水平，以为促进区域贸易发展提供便利，提升对外竞争力。

专栏：巴基斯坦批准多个项目

2013 年 9 月，巴基斯坦中央发展工作组批准了耗资约 821.14 亿卢比的 33 个项目，涉及卫生、高等教育、环境、住房、文化、交通、水利和发电等领域。其中包括耗资 63 亿卢比的修复 27 个柴油电力机车项目、30 亿卢比的奎塔城市发展项目、俾路支斯坦的公路建设项目以及若干大坝建设项目等。②

巴基斯坦 2014 年社会发展预算的 80% 投向基建和建筑领域，巴基斯坦正试图通过创新融资方式解决财政方面的巨大缺口，即 PPP③ 方式引入私人资本，具体细分市场有运输和物流、城市公共交通、地方政府服务、能源、建筑业、灌溉、基础设施建设等。此外，巴基斯坦计划将城市化水平从 2005 年的 34.9% 提高至 2035 年的 50%，这为建筑业发展提供了机遇。

表 7.1 2004—2010 年巴基斯坦建筑业产值变化情况

单位:%

2004—2005 年	18.6
2005—2006 年	10.2
2006—2007 年	24.3
2007—2008 年	-5.5
2008—2009 年	-11.2
2009—2010 年	15.3

数据来源：巴基斯坦联邦统计局。

---

① Infrastructure/Construction，www.boi.gov.pk.

② 中国对外承包工程商会：巴基斯坦批准多个项目。http：//www.chinca.org/coms/html/main/col285/2013 - 09/10/20130910091019704691957_ 1.html.

③ Public Private Partnership；公私合营。

另一方面，巴基斯坦人口数量大，年龄结构偏小，住房需求将持续增长。巴基斯坦人口每年增长约400万，意味着每年需要650 000套住房。然而，目前巴基斯坦每年新增住房只有350 000套，住房缺口达到300 000套/年，按平均每套100万卢比计算，每年约有3 000亿卢比（约合47.1亿美元）的市场。

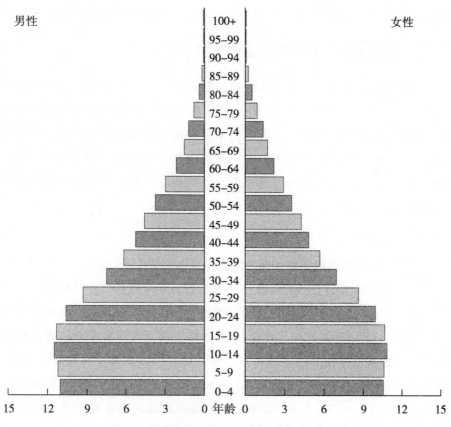

图7.1　巴基斯坦2014年年龄层（单位：百万）

资料来源：巴基斯坦联邦统计局。

第二节　外国承包巴基斯坦工程的总体情况

在巴基斯坦，大中型工程项目较多由外国承包商承揽。巴基斯坦对工程的管理模式与马来西亚、印度等国家类似，招标方式比较灵活，在融资条件方面外资企业与当地企业享受同等待遇。外国公司承包当地工程的流程同样是信息获取—招标投标—申请投标—获取审批，但也有一些特殊的规定，比如巴基斯坦《公共采购管理条例 2004》[①] 规定，金额在 10 万卢比以上的工程承包项目、国际组织贷款和援助项目，必须通过公开招标确定实施单位。

一、巴基斯坦主要的外国工程承包企业

巴基斯坦本地承包企业技术水平比较落后，大中型项目基本被外国企业垄断。尤其是在 2005 年地震中，很多本国建筑承包企业承建的项目被毁，招致当地群众的不信任，更多的项目交由外资承包企业承建，于是外商承包企业的市场份额进一步扩大。目前占据巴基斯坦工程承包市场较大份额的企业主要来自亚洲，如马来西亚、韩国、中国、新加坡、沙特阿拉伯、阿联酋等。

专栏：西门子为巴基斯坦柴油发电站提供控制系统

西门子公司目前为巴基斯坦舍库普拉柴油发电站装配自动化和电力供应系统。据悉，该项目总价值约数百万欧元。巴基斯坦舍库普拉柴油发电站于 2009 年 3 月投入运行，可生产 225MW 电力。建设舍库普拉柴油发电站是基于巴基斯坦政府的一个提议，旨在满足该国日益增长的能源需求。该发电站有 11 个柴油发电机单位，每单位输出功率 19MW，另加一个17MW 汽轮机，可产生高达 225MW 的电能以输送到巴基斯坦北部的供电电网。

[①]　Public Procurement Regulatory Authority（Pakistan）：Public Procurement Rules 2004, www. ppra. org. pk.

> 西门子公司为其提供电力设备，如中压和高压变压器以及所有高、中、低压配电系统。发电站的自动化将在一个基于 Simatic S7 的西门子柴油控制概念下实施。①

2010 年以来，巴基斯坦工程承包市场上最主要的几家外国公司有英国石油（British Petroleum）、东方石油（Orient Petroleum Inc）、Kirther Pakistan B. V、UK Premier Oil、中国路桥（China Road and Bridge）、TCC 铜业公司（Tethyan Copper Company）等。其中不乏外资和当地出资方共同建立的企业。比如 TCC 铜业公司，它由加拿大巴里克黄金公司和智利 Antofagasta PLC 联合成立，这两家公司都是世界上领先的矿业公司，在获得俾路支省西南部 Chagai 山脉段开采权时，俾路支省成为了 TCC 公司的合伙人之一。

二、巴基斯坦对外国公司承包当地工程的政策

巴基斯坦对工程的管理模式与马来西亚、印度等国家类似。巴基斯坦房屋建设与公共工程部门是行业内最高行政机构，负责行业的前景规划、行业规范的制定，拥有最终解释权。另一个类似我国建筑行业协会职能的是成立于 1976 年的巴基斯坦工程理事会（Pakistan Engineering Council，PEC），主管工程承包商及各类工程代理机构、咨询机构的资格资质审定、注册，以及工程师的培训教育、考试、评定等。巴基斯坦所有工程承包商均需要在 PEC 进行注册。房建工程部和巴基斯坦工程委员会均直接隶属于联邦政府。

需要注意的是，承接政府项目的外国承包商除在 PEC 注册，某些省份还要求在省内再次进行注册。巴基斯坦每个省都存在着两个部门管理工程承包行业，比如在旁遮普省，由交通及工程部（Communication & Works Department in Punjab Province）主管工程招标及建设，由城市规划和发展局（Punjab Urban Planning and Development Authority）主管市政规划和建设项目的审核及报批，该部门编制有详细的设计规范，工程项目设计图纸必须向其报批。

---

① 电力爱科网：《西门子为巴基斯坦柴油发电站提供控制系统》。http：//hvdc. chinapower. com. cn/membercenter/autocenter/viewarticle. asp？ user = auto&articleid = 10025247.

（一）许可制度

外国工程承包企业进入巴基斯坦需要先在巴基斯坦工程理事会（Pakistan Engineering Council）注册，需要填写工程类别和许可号。原则上允许自然人在当地承揽工程。但个别行业有具体的资格要求，比如参加电力投资的承包方必须要有成功投资类似项目的经验并有为项目融资的能力。申请表网址：http：//www. pec. org. pk/downloads. aspx。

（二）禁止领域

除非获政府特殊批准，外国承包商在巴基斯坦不可承揽涉及武器、高强炸药、放射性物质、证券印制和造币、酒类生产（工业酒精除外）等领域的工程项目。

（三）招标方式

在大型项目建设和管理上，巴基斯坦相关部门多聘请欧美发达国家的公司作为项目咨询，使用和借鉴西方国家的技术标准与项目管理机制，运作比较规范。大型项目基本采用国际公开招标方式确定承包商，以 EPC、PMC 和带资承包方式实施的项目比例逐年提高。此外，政府积极鼓励投资者通过BOT、BOOT 和 PPP（公私合营）等方式参与项目建设。

（四）融资条件

外资企业与当地企业享受同等待遇。如果外国公司在当地投资或承包工程，需要开设美元账户，并提供抵押或由银行认可的实体机构提供担保，然后需要提供现金流文件、财务报表和其他证明公司资质、信用的文书。中国工商银行是第一家在巴基斯坦投入运营的中国商业银行，可以为中巴工程承包项目提供融资服务，目前中国工商银行在卡拉奇和伊斯兰堡设立了两家分支机构，其中卡拉奇分行的网站为 http：//karachi. icbc. com. cn。

三、外国承包当地工程的流程

（一）信息获取

巴基斯坦规定，建设价格超过 10 万卢比的工程，需要在巴基斯坦公共采购管理局（Public Procurement Regulatory Authority）网站上刊登招标公告。因此，感兴趣的外国承包企业可以在公共采购管理局网站或者当地代理处获取工程招标的信息。巴基斯坦的新闻报等大型报刊也会刊登招标信息。此外，中国驻巴基斯坦大使馆经济商务参赞处也不定期更新巴基斯坦商情，特别是寻求中国合作伙伴的招标信息，并附有联系方式和项目详细资料。

（二）招标投标

根据巴基斯坦《公共采购管理条例 2004》[1] 规定，金额在 10 万卢比以上的工程承包项目、国际组织贷款和援助项目，应通过公开招标确定实施单位。所有竞标单位需要通过项目资格审查，并在规定时间内提交投标文件，通常面向国内的招标期不少于 15 个工作日，国际公开招标期不少于 30 个工作日。项目评标委员会应该按照公开、公正、透明的原则进行甄选，原则上考虑最低标者。特殊情况下，个别项目可实行议标。

（三）申请投标

根据巴基斯坦《公共采购管理条例 2004》规定，外国承包企业不可单独申请投标，必须与当地企业组成共同体（联营体）参加投标，且当地企业所占的股份不能低于 30%，由联营体向巴基斯坦工程理事会申请。

（四）获取审批

所有投标项目计划书和最终的招投标结果，需要巴基斯坦公共采购管理局的最后审批，巴基斯坦公共采购管理局网站为 www. ppra. org. pk。

第三节　巴基斯坦与外国劳务合作的总体情况

截至 2012 年，巴基斯坦登记在册的劳动力大约有 5 921 万，农业相关部门劳动力最多，占总数的 45.1%，其次是服务行业和制造业，分别占比

---

[1]　Public Procurement Regulatory Authority（Pakistan）：Public Procurement Rules 2004, www. ppra. org. pk.

34.2%和20.7%，建筑业劳动力占比13.7%。[1] 巴基斯坦是一个劳动力输出大国，主要去向是中东、欧洲和美国。

一、巴基斯坦是劳务输出大国

巴基斯坦的劳务出口始于20世纪50年代，时值第二次世界大战后欧洲经济复兴，人力短缺，不少巴基斯坦人进入英国务工。自1973年以来，巴基斯坦劳务出口迅速增加。1973年，巴基斯坦外派劳务数量是1.2万人，至1981年时已猛涨13倍达到16.8万人。此后，政府从多种渠道入手，推动外派劳务进程，为本国青年工人提供国外就业机会，以缓解国内贫困状况。根据巴基斯坦海外工作部（Bureau of Emigrants）的数据显示，从1971—2014年6月，共有740万巴基斯坦人到海外工作，仅2013—2014财年就有66万人到海外务工，比上年同期增长2.72%。

巴基斯坦政府成立的海外就业公司（Overseas Employment Corporation），自成立以来已为超过14万巴基斯坦人提供55个不同国家的工作。2013—2014财年，该公司输送了1 615名劳工至其他国家。

（一）劳工侨汇

巴基斯坦在外工程技术人员本地化程度较高，大部分拥有较高执业等级的工程师均为本科毕业，能够熟练使用英语，但由于国内互联网发展落后，技工计算机应用水平偏低。[2] 目前，巴基斯坦有大批技术水平较高的工程师在沙特阿拉伯、马来西亚、阿联酋等地区工作，为巴基斯坦经济发展做出很大贡献。

巴基斯坦人力发展部报告显示，劳工侨汇已成为巴外汇收入的第二大来源且增长迅速，2013—2014财年劳工侨汇收入为158亿美元，同比增长约19亿美元，而在1999—2000财年，劳工侨汇收入不足10亿美元。[3]

---

[1] CIA: The World Fact book. https://www.cia.gov/library/publications/the-world-factbook/index.html.

[2] US Department of State, 2012 Investment Climate Statement - Pakistan, US Department of State, 2012. 6.

[3] Ministry of overseas Pakistanis and Human resource development, Final Year Book 2013 - 14.

表 7.2　2003—2014 年巴基斯坦劳工侨汇情况

年度	10 亿美元	净增长（%）
2003—2004	3.872	
2004—2005	4.169	0.3
2006—2007	5.494	1.33
2007—2008	6.451	0.96
2008—2009	7.811	1.36
2009—2010	8.906	1.10
2010—2011	11.201	2.30
2011—2012	13.187	1.99
2012—2013	13.920	0.73
2013—2014	15.832	1.91
总计	90.843	11.96

资料来源：巴基斯坦人力发展部。

（二）主管部门

巴基斯坦负责劳务输出具体事务的部门是移民/海外巴基斯坦居民工作部（Emigration/overseas Pakistanis wing），其下辖海外社区福利联络处，制定海外劳工政策，并负责与劳务进口国家签订备忘录和合作协议。海外工作部和海外就业公司均归其管辖。

为保障海外劳工的福利与安全，巴基斯坦在 14 个国家建立了 16 个社区福利联络处，2013 年由于政府倡导节约，关闭了其中 7 个巴基斯坦人口相对较少的地区的联络处。

（三）巴基斯坦劳工在海外

巴基斯坦与英国、韩国、沙特阿拉伯等多个国家签订了劳务方面的双边协定。

沙特阿拉伯是巴基斯坦劳工输出的最大市场，2013—2014 财年新增 25 万巴基斯坦人在沙特就业。巴基斯坦曾为沙特阿拉伯提供医生，涉及 83 个专业。阿联酋是仅次于沙特的第二大劳务输入国，2013—2014 财年共有 33 万巴基斯坦人前往工作。阿联酋正在进行工业化，未来需要更多的巴基斯坦劳工。

2013 年巴基斯坦人在科威特申请签证受阻，主要是受到贩毒和伪造证件影响。巴基斯坦人力发展部表示将与科威特协商解决相关问题，愿继续开启巴基斯坦劳工赴科威特工作的大门。

截至 2009 年年底，巴基斯坦每年向英国输出包括瓦工、电工、管工在内的 40 万名熟练劳务工人。2012 年 8 月，巴基斯坦人力资源发展部与韩国劳工部续签关于劳务合作的谅解备忘录。截至 2012 年 7 月底，巴基斯坦已向韩国输送超过 2 800 名非娴熟工，平均月收入为 1 200 ~ 1 500 美元。[①]

表7.3 巴基斯坦海外劳工主要工种

工种	1971—2014 年总人数	占总海外劳工比例
劳工	2 903 961	38.96%
司机	737 686	9.9%
瓦工	570 908	7.66%
木匠	394 723	5.3%
技术人员	313 983	4.21%

资料来源：Ministry of overseas Pakistanis and Human resource development.

（四）巴基斯坦海外劳务纠纷

巴基斯坦劳工若在海外发生纠纷，可以向人力资源部纠纷调节室（Complaint Cell）寻求帮助，该部门与警局、使馆等单位联系紧密，可以较为快速地解决海外劳工遇到的困难。2013—2014 财年，人力资源部纠纷调解室共接收 804 起海外劳务纠纷，404 起纠纷涉及死亡赔偿，其中 513 起得到解决，其余的正在处理中。

二、巴基斯坦接收外派劳务

由于巴基斯坦劳动法曾受到不少批评，巴基斯坦政府于 2000 年建立了一个政府委员会专门修订和巩固巴基斯坦劳工立法，2002 年出台《劳资关系立法》，2008 年进行修订，法案于 2010 年 4 月 30 日到期后，于 2011 年 7 月 18

---

① 巴基斯坦与韩国续签劳务合作备忘录，巴基斯坦《每日时报》，2012.8.

日由总统下令再次实施。根据第 18 条修正案，劳资关系的监管权和执法权下放到各省。

（一）巴基斯坦的劳务政策

巴基斯坦是人口大国，青壮年在总人口中占比较高，劳动力价格有优势，且巴基斯坦对外资企业雇佣本地员工有政策鼓励。所以，除管理、技术人员外，在巴基斯坦承包企业一般都雇佣当地劳工。巴基斯坦员工的薪酬包括工资、保险和退休金三部分，最低工资为 4 500 卢比（约合 75 美元）/月，最低退休金为 1 500 卢比（约合 25 美元）/月。此外，企业承担社会职业培训义务，以雇员总人数为基数计算所需承担的培训量。

巴基斯坦关于劳动就业方面的政策法规如下：经过本人或监护人申请并取得体检证明适合参加工作的 14－18 岁少年，可被雇佣从事非繁重劳动，每天工作时间不得超过 7.5 小时，每周工作时间不得超过 42 小时，不得兼职，不得值夜班（夜班时间段由各省政府公告）；年满 18 岁的雇员，每天工作不超过 9 小时，每周工作不超过 48 小时；斋月期间工作时间要相应减少。雇员每年可带薪休假两周（孕产妇 6 周），事假 10 天（全薪），病假 16 天（半薪），公众假期 13 天（全薪），雇员享受政府临时规定的其他假期。雇员如在公众假期上班可同时享受双薪及串休。根据有关协议，雇员参加朝觐可请假两个月。10 人以上企业雇员参加社保计划，雇主需交纳参保职工工资的 7%。

有关社保基金情况为：（1）准备基金，雇主、雇员分别交纳雇员每月工资的 8.33%；（2）工人福利基金为收入（收入 1 万卢比以上者）的 2%；（3）工人利润参与基金为税前利润的 5%；（4）老年救济金，雇主交纳工人最低工资的 6%，雇员交纳最低工资的 1%。[①]

（二）巴基斯坦的劳工签证

在巴基斯坦的企业聘用外国技术和管理人员不需要获取工作许可，但需要

---

① 中华人民共和国驻巴基斯坦使馆经商处：《巴基斯坦劳动就业方面的法规政策》，2014－06－26。http：//pk. mofcom. gov. cn/article/ddfg/laogong/200905/20090506216321. sht-ml。

由雇佣单位向巴基斯坦投资委员会（BOI, http：//www. pakboi. gov. pk）申请工作签证，签证审核期限约4周，申请时提交的资料如下：护照信息、专业资格证书、雇用单位资信证明文件、劳动合同等，投资委员会审批通过后将出具同意函，申请人再持函向巴基斯坦内政部（http：//www. interior. gov. pk）申办工作签证。关于办理签证的费用，一年的工作签证收费为25美元，两年的工作签证收费为50美元。

巴基斯坦政府最新规定的工作签证有效期为1－2年（如护照有效期低于2年，则与护照有效期相同）。到期后如需延期，则向投资委员会申请延展，延展审核期为4周。负责延展授权和签发的仍是内政部。此外，持工作签证的外国人需在巴基斯坦警方登记备案。对于外国投资者或雇员申请由商务签证换发工作签证的，内政部将根据投资委员会的核查结果予以受理。

第四节 中国在巴基斯坦的工程承包

随着"一带一路"倡议的提出和践行，中国在巴基斯坦的工程承揽也进入了新的发展周期。2015年4月，习近平主席访问巴基斯坦，双方高度评价将中巴经济走廊打造成丝绸之路经济带和21世纪海上丝绸之路倡议重大项目所取得的进展。巴方欢迎中方设立丝路基金并将该基金用于中巴经济走廊相关工程，丝路基金随后入股三峡南亚公司，与长江三峡集团等机构联合开发巴基斯坦卡洛特水电站等清洁能源项目。

此外，两国还于4月20日发表联合声明，表示双方将积极推进喀喇昆仑公路升级改造二期（塔科特至哈维连段）、海尔－鲁巴经济区、瓜达尔港东湾快速路、卡拉奇至拉合尔高速公路、拉合尔轨道交通线、中巴跨境光缆、新国际机场等重点合作项目及一批基础设施和能源电力项目。

一、现状描述

巴基斯坦是中国对外承包工程的重点市场之一。随着"一带一路"倡议和"中巴经济走廊"的实施，越来越多的中国企业进入巴基斯坦，积极参与巴基斯坦基础设施建设等领域的项目开展，如能源、交通、港口、通信、矿石资源开发等。

专栏：巴基斯坦驻华大使马苏德·哈立德谈中国在巴工程承包

从喀喇昆仑公路的历史性建设，到如今各种基础设施和工业项目投资建设，中国企业和勤劳的中国人民在巴基斯坦辛苦工作数十年，深受巴基斯坦人民欢迎。中国企业具备技术优势、强大的人力和设备资源，并能兑现承诺。今天的中国企业与国际知名公司的实力已经不相上下，并一直通过不懈努力，在工作数量和质量上获得认可。中国在巴基斯坦建设项目所体现出的专业性，一直让巴基斯坦能从中受益。①

据中国驻巴基斯坦大使馆统计，承包工程方面，2015 年 1 - 2 月中国企业在巴新签合同额 37 171 万美元，同比增长 8 504.4%，营业额 7.74 亿美元，同比增长 98%。截至 2015 年 2 月底，中国企业累计在巴签订承包工程合同额 336.4 亿美元，营业额 286.9 亿美元。截至 2015 年 2 月底，中国在巴基斯坦各类劳务人员 7 513 人。② 大型工程承包项目主要集中于电站、交通、大坝领域，包括中国葛洲坝集团承建 SK 水电站项目、中国水利水电建设集团对外承建的曼格拉大坝加高项目、中国路桥承建的喀喇昆仑公路升级改造项目、中兴通讯承建的 Telenor Palistan 全网项目、华为承建巴基斯坦电信、长江三峡技术经济发展有限公司 - 中国机械设备工程股份有限公司联营体承建卡洛特水电项目等。

二、重要工程介绍

（一）中国水利水电承建曼格拉大坝加高项目

2004 年 6 月 7 日，中国水利水电中标巴基斯坦曼格拉大坝项目加高工程，标价 2.4 亿美元。③

---

① 叶知秋：中巴经济走廊是巴基斯坦的"命运改变者" ［J］. 国际工程与劳务，2015（7）。

② 2015 年 1 - 2 月中巴双边经贸合作简况，中华人民共和国驻巴基斯坦伊斯兰共和国大使馆经济商务参赞处。

③ 资料来源：商务部驻卡拉奇总领馆 http：//karachi. chineseconsulate. org/chn。

曼格拉大坝位于旁遮普省的吉拉姆河畔（JHELUM），是集截流河水、蓄洪以供灌溉、发电等多种功能的大坝。原大坝于 1964 年由美国公司建成，运行 34 年后，由于泥沙淤积的影响，库容量已经从原有的 5.88MAF 降至 4.82MAF，大坝蓄水、发电等功效的正常发挥被严重削弱。大坝加高建设是巴基斯坦水电发展 2025 计划内的重要项目。建设工期 39 个月，工程内容包括：主坝加高 30 英尺、主溢洪渠道加高加固及上游紧急溢洪道控制堰的建设等多项土建施工。项目完工后，灌溉水量将增加 3550MCM，现有机组发电量将增加 12%。

该项目由巴基斯坦联邦政府出资，2004 年 3 月实行国际招标，共有 6 家外国公司以同当地公司组成合资联营体的形式参与竞标，其中 4 家中国公司报价位列前 4 名。该项目的中标过程体现了中国企业承揽境外水电工程能力的增强，同时也反映出中国公司海外竞标中的协调工作还有待进一步改进。

（二）中国建筑投资巴基斯坦

中国建筑 2013 年 7 月就曾与巴基斯坦签署基础设施合作谅解备忘录。2014 年中国建筑与旁遮普省就基础设施工程投资进行讨论，并一致同意加快合作进程。截至 2014 年，中国建筑在巴基斯坦业务主要局限于房屋建设，两方都希望在基础设施建设领域开展新的合作。谢里夫总理表示非常欢迎中国建筑参与巴基斯坦的基础设施建设。中国建筑一度跟踪伊斯坦布尔—拉合尔高速公路、拉合尔环城路、旁遮普省、卡拉奇—拉合尔高速公路等 5 个公共轨道交通项目。2015 年 4 月，中建巴基斯坦有限公司承建的巴基斯坦伊斯兰堡贝布托国际新机场航站楼外围建设已经完工，进入到机电安装和内部装修阶段。伊斯兰堡贝布托国际新机场是巴近年来最有影响力的公共建筑，航站楼由主楼和东、南、北 3 个休息长廊组成，地上 3 层、局部 4 层，建筑面积 16.54 万平方米，合同额约 2.36 亿美元。[①]

---

① 中工网：《中国建筑走入巴基斯坦》2015.4.24。http://world.workercn.cn/76/201504/24/150424062040176.shtml.

> **专栏：中国建筑拟投资巴基斯坦基础设施**
>
> 2014年4月，中国建筑副总裁陈国才率领的代表团，与巴基斯坦旁遮普省首席部长穆罕默德·沙赫巴兹·谢里夫进行了会晤，双方就基础设施工程投资进行了讨论。陈国才在与会时表示，中国建筑期待与旁遮普省一道推进基础设施领域的合作。

此前，中国建筑巴基斯坦有限公司先后在巴基斯坦建成 JF - 17 飞机建线、巴基斯坦第三大港口瓜达尔港、拉合尔电信软件科技园、人马座酒店等工程，其中 JF - 17 飞机建线工程荣膺中国建筑境外工程鲁班奖，瓜达尔港口的落成意味着货物到达巴基斯坦北部地区比传统的经由卡拉奇的路线节省了400 公里，该港口将成为巴基斯坦重要的进出口港。同时，巴基斯坦对中国建筑的专业实力赞赏有加，希望在卡拉奇 - 穆尔坦 - 拉合尔高速公路项目中有更大的合作。

（三）中国石油与巴基斯坦合作建设天然气管道

巴基斯坦正与中国石油天然气集团公司旗下的中国石油天然气管道局协商，计划建设一条长 435 英里（700 公里）的液化天然气管道，华尔街日报称其为"和平管道"。管道路线是从巴基斯坦西部瓜达尔港口到南部信德省纽瓦布沙阿（Nawabshah），管线将在纽瓦布沙阿市与巴基斯坦现有天然气输送网络相衔接。建造成本在 15 亿~18 亿美元间，若方案纳入备选的瓜达尔液化天然气码头，成本可能在 20 亿美元。根据协议，85% 的建造费来自中国贷款，其余由巴基斯坦出资。

（四）葛洲坝投资巴基斯坦电力项目

葛洲坝集团业务遍布全球 70 个国家和地区，横跨亚洲、中东、美洲大陆。2014 年 3 月，葛洲坝集团与巴基斯坦私营电力及基础设施委员会签署合作备忘录，计划在该国建设 3 家总发电量 1 980 兆瓦燃煤发电厂。加上此前确定的一个发电厂，4 家发电厂总发电量将达到 2 640 兆瓦，投资总额为 35 亿~40 亿美元。

图 7.2　"和平管道"路线图

资料来源：华尔街日报。

（五）上海建工在巴基斯坦项目

近六年来，上海建工累计完成海外营业额 366 亿元人民币，在 25 个国家和地区完成 55 个项目。其中，上海建工参与的巴基斯坦瓜达尔港项目和巴基斯坦巴中友谊中心项目取得巨大成功。巴中友谊中心荣获中国境外工程"鲁班奖"。

（六）巴基斯坦是中国港湾重要的市场

从 1987 年至今，中国港湾在巴基斯坦经历了 28 年的风雨历程，最初主要承揽疏浚工程。1988 年中国港湾首次获得卡西姆港的航道维护疏浚项目，打破了荷兰公司长期以来对该市场的垄断。1989 年，中国港湾巴基斯坦办事处正式成立。但在 1991 年以前，中国港湾的业务范围仍然集中于疏浚工程。1991 年 3 月，中国港湾获得卡拉奇港 OP－Ⅴ 油码头项目，从此打开了在巴基斯坦的经营活动新局面。2014 年 5 月 5 日，中国港湾工程有限责任公司与巴基斯坦恩格尔伊燃气码头公司（EETL）成功签署了卡西姆港 LNG 码头项目

EPC 合同，合同额约 5 000 万美元，资金来源由业主自筹，合同工期为 10 个月。

20 多年里中国港湾已经承揽了巴基斯坦大大小小共 30 多个项目，累计合同额超过 15 亿美元，占巴基斯坦水运工程市场份额的 80%。在中巴经济走廊框架下，中国港湾已经参与了瓜达尔港疏港公路、瓜达尔新国际机场、瓜达尔城区供水设施及排水设施、瓜达尔燃煤发电厂等项目。

中国港湾在巴基斯坦能取得成功的主要原因是他们始终能够保质保量地完成施工任务。[①] 2002 年中港集团开始承建瓜达尔港建设项目，短短 3 年不到的时间就完工并交付使用，当时的瓜达尔还是个偏僻落后的小镇，这样的中国速度让巴基斯坦人感到震惊。而且在工程施工期间，3 名中国港湾工程师遇袭身亡，这是海外中国工程人员第一次遇袭，事件震惊了世界，但袭击事件并没有影响到中国港湾的建设者，他们在确保安保工作的同时坚守岗位，最终中国港湾圆满地完成了中国对外援助史上最大的单个援助项目，也正是这个项目为公司树立了良好的形象，赢得了巴基斯坦发包单位的信任和感谢。中国港湾驻巴基斯坦办事处总经理王小平总结在巴经商的经验教训时，提到中国在巴企业一定要特别重视合同管理水平的提高，因为巴基斯坦人一旦签订合同就会一丝不苟地执行，所以对合同的管理不可大而化之掉以轻心。

三、需要注意的事项

中国承包商在进行工程设计时，要注意遵守巴基斯坦水电发展署（Pakistan Water and Power Development Authority，http：//www. wapda. gov. pk）、供水和污水处理局（Water Supply&Sewerage Authority，http：//wssa – beth. org）、资本开发局（Capital Development Authority，http：//www. cda. gov. pk）等相关部门对图纸设计的具体要求。当地建筑材料与国内建筑材料规格多有不同，设计方面有特殊设计参数和图纸要求，因此国内承包商要向巴基斯坦当地的工程设计公司咨询或者合作。

在巴基斯坦承揽工程项目应结合适当市场营销，比如邀请巴方业主参观

---

① 国际在线：《专访中国港湾驻巴基斯坦办事处总经理王小平》。http：//gb. cri. cn/27824/2012/10/04/3245s3875153. html.

中国企业的在建工程、展示精美的画册等，体现出中国承包商与其他外资企业的差异性。

在巴基斯坦承包工程建议采用量价分离的报价方式，即报总价和单价合同，将所有的费用包括在单价中。对于合同涉及的价格波动较大的材料，建议事先做好价格调查，以便在投标报价时，给出合理的材料价格。

巴基斯坦的节假日较多，除周末还有数个宗教节日，以及公假（元旦节、五一节、独立纪念日、国父真纳生日）。工人宗教意识强烈，偏好闲适生活，不愿意在宗教日或节假日加班。此外，每逢节假日，全国各地停工停产，政府部门闭门休假。而且巴基斯坦的机械设备较为落后。以上原因导致工程施工效率偏低。建议中国工程承包企业充分考虑当地员工的生活习惯，合理规划项目进度。

巴基斯坦基础产业水平较低，与工程承包相关的许多建筑材料产量小、品质差、供货周期长、价格高昂。如给水需要的 PE 管，巴基斯坦只有一两家公司在生产，基本处于垄断地位。若遇到需要深化加工的零配件更加大了采购难度。建议中国承包企业充分考虑巴基斯坦的实际情况，适当延长材料采购期限，做好材料进场计划。在建筑材料支付方式上，大多数供应商都要求支付较高的预付款，有的机电产品预付款高达75%，且预付款越高，供货周期越短，建议承包商要求其供应商开具保险保函和银行保函保障自身利益。

在巴基斯坦进行项目管理时，不需要提供月度、半年度进度表，但需要提供整个工程的总进度计划、按照单位工程划分的进度表以及项目具体分管人员的工作计划表。

巴基斯坦大部分国土属于亚热带森林气候，常年受到洪涝灾害的影响，每次遇到暴雨天气，室外工程被迫暂停甚至遭到不同程度破坏，严重时不得不返工重建，导致工期的延长。

巴基斯坦政府和群众对中国工程企业印象较好，这也是很多中国在巴企业坚守岗位、踏实肯干才赢得的。除了上文提到的中国港湾，再比如由东方电气承揽的巴基斯坦巴罗塔水电站，在通过年质保期运行并授予了东方电气最终完工证书短短 20 天后，巴罗塔水电站经受住了当地 7.8 级地震的考验，毫发未伤。所以建议在巴中国承包商今后更要特别注意保质保量地完成承揽任务，坚守住严格履约、提供专业服务的中国企业形象，从而保持我们领先的市场地位。

第八章　中国与巴基斯坦双边经贸关系

第一节　中国与巴基斯坦双边贸易关系

一、中国与巴基斯坦双边贸易发展历程

自 1950 年建交以来，中巴一直保持着互相信任、和睦友好的双边关系，这为两国经贸往来奠定了坚实基础，并促进两国经济共同发展，形成合作共赢的良好局面。自 20 世纪 50 年代初中巴建立起贸易关系，巴基斯坦一直是中国在南亚地区的重要贸易伙伴。1963 年 1 月，两国签订第一个贸易协定；1967 年启动边境贸易；1982 年 10 月，两国成立了中巴经济、贸易和科技合作联合委员会，至 2015 年 3 月已召开 14 次会议；1981 年，中国进入巴基斯坦工程承包劳务市场，为推动巴基斯坦的基础设施建设做出了巨大贡献，援助巴基斯坦建设各类大型交通、能源、电力项目。两级格局结束后，经济全球化发展趋势增强，各国在考虑地缘战略的时候，不约而同地将地缘经济关系放在一个更重要的位置。中巴双方在继续加强政治往来的基础上，日益重视地缘经济合作，两国为数众多的公共部门和私人部门都参与到双边经济交往中。

但相比两国在政治和军事方面友好合作的长久历史，两国经济交往在 2000 年以后才进入前进的快车道。近年来，双方致力于深化和拓展经济联系，采取了一系列战略性举措和制度性安排。2003 年 11 月 3 日中巴在北京签署《中巴优惠贸易安排》，2006 年 11 月签署《中巴经贸合作五年发展规划》与《中巴自由贸易区协定（货物贸易和投资合作）》，2009 年 2 月 21 日两国政府在武汉签署《中巴自由贸易区服务贸易协定》。《中巴自由贸易区服务贸易协

定》的达成标志着中巴两国将建成一个涵盖货物贸易、服务贸易和投资等内容全面的自由贸易区,为两国企业深入合作创造了良好的环境。2011 年,《中巴自由贸易区协定(货物贸易与投资合作)》生效 6 年,双方已经完成第一阶段降税进程,第二阶段谈判启动。2015 年 8 月 5 日,中巴自由贸易区第二阶段谈判第五次会议圆满完成。

随着自贸区各项协议的生效,中巴双边贸易发展更为迅速,双边经济关系密切发展,不断踏上新台阶。但同时,双方经济交往中也出现了一些问题。中国对巴基斯坦出口贸易顺差数额持续扩大,双边贸易不平衡未能有效解决;巴基斯坦对中国出口商品单一、集中度高,导致对中国出口波动性大。这些难题,需要两国寻找良好的解决方案与更为适宜的合作方式。目前,中巴已成为全天候战略合作伙伴关系,这种建立在相互信任、理解与对和平进步的共同期望基础上的友谊将有力推动双方跨越经济合作道路上的阻碍,步入更广阔的互利共赢新局面。

二、中巴双边贸易规模发展情况

2000 年以来,中巴双边贸易发展虽有波动,但规模增长迅速。根据中国海关统计,2013 年中巴双边贸易总额首次突破百亿美元大关,2014 年中巴双边贸易总额 160.06 亿美元,同比增长 21.5%,相比 2000 年增长近 13 倍。分别根据中国海关统计和联合国统计的 2000—2014 年中巴贸易情况见表 8.1 和表 8.2。

表 8.1 中巴双边贸易总额情况

单位:亿美元,%

年份	贸易总额	占中国贸易总额比重	增长率	中国贸易总额增长率	中巴贸易差额
2000	11.63	0.25	19.8	31.5	1.78
2001	13.97	0.27	20.2	7.5	2.33
2002	18.00	0.29	28.8	21.8	6.85
2003	24.30	0.29	35.0	37.1	12.80
2004	30.61	0.27	26.0	35.7	18.72
2005	42.61	0.30	39.2	23.2	25.95

续表

年份	贸易总额	占中国贸易 总额比重	增长率	中国贸易 总额增长率	中巴贸易 差额
2006	52.47	0.30	23.1	23.8	32.33
2007	68.86	0.32	31.2	23.6	46.75
2008	69.81	0.28	1.3	17.8	49.69
2009	67.75	0.31	−2.95	−13.9	42.55
2010	86.67	0.29	27.7	34.7	52.09
2011	105.64	0.29	21.9	22.5	63.16
2012	124.17	0.32	17.6	6.2	61.36
2013	142.19	0.34	14.7	7.9	78.23
2014	160.06	0.37	21.5	3.4	104.89

数据来源：中国海关统计。

表8.2 中巴双边贸易总额情况

单位：亿美元,%

年份	巴中贸易额	占巴基斯坦 贸易总额比重	巴中贸易 额增长率	巴基斯坦 贸易增长率	巴中贸易 差额
2000	8.0	3.9	—	—	−3.1
2001	7.8	4.0	−2.3	−4.1	−2.0
2002	9.4	4.5	20.4	8.0	−4.6
2003	12.2	4.9	30.2	18.9	−7.0
2004	17.9	5.7	47.0	25.4	−11.9
2005	27.9	6.8	55.7	31.3	−19.1
2006	34.2	7.3	22.9	13.6	−24.1
2007	47.8	9.5	39.6	7.9	−35.5
2008	54.7	8.7	14.4	24.1	−40.1
2009	47.8	9.7	−12.6	−21.5	−27.8
2010	66.8	11.3	39.9	20.0	−38.1
2011	81.5	11.8	21.9	16.9	−47.9
2012	93.1	13.6	14.21	−0.7	−40.7
2013	92.8	13.5	−0.31	0.7	−39.8
2014	118.4	16.4	27.62	4.9	−73.4

数据来源：UN Comtrade 数据库数据整理。

对中国来说，中巴贸易在中国对外贸易总额中占比不高，但2011年后比例增长较为迅速，从2011年的0.29%上升至2014年的0.37%，实现了连续3个年度在中国对外贸易地位的提升。2014年中国从巴基斯坦进口27.58亿美元，比2013年下降13.7%；向巴基斯坦出口132.47亿美元，比2013年上升20.22%，中国对巴基斯坦出口增长高于中国出口贸易的整体增速，对巴基斯坦贸易顺差达到104.9亿美元，同比上升34.16%。

对巴基斯坦来说，中国是巴基斯坦主要的进出口市场，在巴基斯坦对外贸易中有着举足轻重的作用，且占据着越来越重要的地位。双边贸易额在2010年首次突破巴基斯坦总贸易额的10%，在2014年达到16.4%，中国取代阿联酋成为巴基斯坦第一大贸易伙伴。

表8.3 中国与巴基斯坦出口及进口情况

单位：亿美元,%

年份	中国对巴基斯坦出口				中国从巴基斯坦进口			
	金额	占中国出口总额比重	增长率	中国出口总额增长率	金额	占中国进口总额比重	增长率	中国进口总额增长率
2000	6.7	0.27	15.3	27.8	4.9	0.22	26.2	35.8
2001	8.2	0.31	21.6	6.8	5.8	0.24	18.3	8.2
2002	12.4	0.38	52.4	22.4	5.6	0.19	-4.3	21.2
2003	18.6	0.42	49.4	34.6	5.8	0.14	3.2	39.8
2004	24.7	0.42	32.9	35.4	6.0	0.11	3.5	36.0
2005	34.3	0.45	39.0	28.4	8.3	0.13	40.0	17.6
2006	42.4	0.44	23.7	27.2	10.1	0.13	20.9	19.9
2007	58.3	0.48	37.6	25.9	11.0	0.12	9.6	20.8
2008	60.5	0.42	3.8	17.3	10.1	0.09	-8.8	18.5
2009	55.2	0.46	-8.9	-16.0	12.6	0.13	25.1	-11.2
2010	69.4	0.44	25.8	31.3	17.3	0.12	37.3	38.8
2011	84.4	0.44	21.7	20.3	21.2	0.12	22.7	24.9
2012	92.76	0.45	9.9	7.9	31.4	0.17	48.1	4.3
2013	110.19	0.50	18.8	7.9	31.97	0.16	1.82	7.3
2014	132.47	0.57	20.22	6.1	27.58	0.14	-13.7	0.4%

资料来源：中国海关统计数据整理。

表 8.4 中国与巴基斯坦出口及进口情况

单位：亿美元，%

年份	巴基斯坦对中国出口				巴基斯坦从中国进口			
	金额	占巴基斯坦出口总额比重	增长率	巴基斯坦出口总额增长率	金额	占巴基斯坦进口总额比重	增长率	巴基斯坦进口总额增长率
2000	2.5	2.7	—	—	5/5	5.0	—	—
2001	2.9	3.1	18.3	0.5	4.9	4.8	−11/5	−7.9
2002	2.4	2.4	−18.3	7.1	7.0	6.3	43.4	8.9
2003	2.6	2.2	9.8	20.5	9.6	7.3	37.1	17.5
2004	3.0	2.3	15.8	12.2	14.9	8.3	55.5	37.6
2005	4.4	2.7	45.0	20.0	23.5	9.4	57.8	39.8
2006	5.1	3.0	16.3	5.5	292	9.8	24.1	18.8
2007	6.1	3.4	21.1	5.4	41.6	12.8	42.9	9.3
2008	7.3	3.6	18.4	13.7	47.4	11.2	13.8	29.9
2009	10.0	5.7	37.3	−13.4	37.8	12.0	−20.2	−25.4
2010	14.4	6.7	43.9	22.0	52.5	14.0	38.8	18.8
2011	16.8	6.6	16.9	18.4	64.7	14.8	23.3	16.1
2012	26.2	10.6	56.0	−2.9	66.9	15.3	3.4	0.5
2013	26.5	10.5	1.1	2.1	66.3	15.1	−0.9	−0.1
2014	22.5	9.1	−15.1	−1.6	95.9	20.2	44.65	8.6

数据来源：UN Comtrade 数据库数据整理。

　　根据巴基斯坦统计，2014 年巴基斯坦从中国进口 95.9 亿美元，进口增长率高达 44.65%，远高于巴基斯坦 8.6% 的进口总额增长率，说明巴基斯坦对中国进口商品依赖日益加深；对中国出口不增反降，为 22.5 亿美元，同比下降 15.1%，跌幅大于巴基斯坦出口总额 −1.6% 的跌幅。其中最重要的原因是受卢比币值高估影响，巴基斯坦对中国出口棉花大幅下降，其余谷物、铜及其制品、矿沙及其他矿料等主要出口产品也不同程度下跌。中国对进口矿石、家畜、宝石、化学品、水果的需求在增长，而巴基斯坦政府在推动非纺织品出口方面没有作为，巴方对中方出口贸易多样化进程微弱。巴基斯坦认为，中巴自由贸易协定是巴基斯坦目前利用率最高的自由贸易协定，但是巴基斯坦从该协定中获益明显少于中国，巴基斯坦仅在第一、二类产品出口关税减少中获益，而中国对巴基斯坦出口覆盖协议规定的五类关税减产产品，这导致中巴双边贸易失衡不断加剧。因此在中巴自由贸易协定第二阶段谈判中，巴基斯坦贸易发展署提出关税减让产品建议清单，推荐具有竞争优势和贸易顺差的产品，以增加中巴自由贸易协定下对中国的出口。[①]

专栏：巴基斯坦央行批准出口人民币贸易结算

2003 年 2 月 24 日，巴基斯坦中央银行已经批准在该国出口业务中使用中国的人民币进行结算，这使得巴基斯坦成为第五个将人民币用于出口结算的国家。

2009 年 5 月，农行喀什兵团支行与巴基斯坦哈比银行建立业务合作，率先在全疆打开中巴边贸结算第一扇窗口，并借助"喀什·中亚南亚商品交易会"，加大跨境贸易人民币结算政策的宣传与推广，引导优质企业先行试点。

2010 年 9 月，渣打银行与巴基斯坦国民银行（NBP）及 Askari 银行签订了人民币跨境结算账户协议。协议将首次允许巴商业银行在渣打银行（中国）开立人民币往来账户，从而渣打银行可协助其实现中巴跨境人民币结算。

2015 年 6 月，巴基斯坦中央银行于 6 月上旬批准工行卡拉奇分行启动人民币清算机制建设，并同意当地银行在卡拉奇分行开立人民币账户。该机制启动后，巴基斯坦和南亚其他国家的商业银行将可以通过在工行卡拉奇分行开立的账户直接办理人民币业务。

三、中巴双边贸易结构

中巴双边贸易结构一直较为稳定。巴基斯坦对中国出口产品过于集中在原材料、初级产品和中间产品，多为中巴自由贸易协定项下的第一、二类产品；中国对巴基斯坦出口产品则覆盖了中巴自由贸易协定项下的五类关税减免产品。

---

① 梁明，李西林．中国自由贸易区发展报告 2012.［M］北京：中国商务出版社，2013，102 - 123。

（一）中巴历年贸易结构

从最近3年（截至2015年7月）中巴进出口前20种商品来看，中国对巴基斯坦出口产品变化不大，前20种商品排位虽有所不同，但种类基本不变。机械产品和电子产品一直是出口支柱产品，化纤、纸质、橡胶、玻璃、钢铁、橡胶制品、家具、褥垫、鞋靴等出口稳定，出口商品涉及范围广。中国从巴基斯坦进口商品多集中于原材料及初级制品，除占比最大的棉花，其他多为农业谷物、鲜果蔬菜、水产品、初级矿产品、皮毛、铜制品及纤维等。

从中国海关统计最新年度数据来看，2014年中国对巴基斯坦出口前10位商品依然包括：机电产品、化学纤维长丝及短纤、钢铁及其制品、有机化学品、肥料、针织物品等，前10位出口商品占中国对巴基斯坦出口总额的66.71%。其中机械类设备尤为重要，比例超过30%，并连续同比增10%以上。钢铁和肥料出口增幅均超过60%，有机化学品、塑料及其制品增幅分别为19.26%和24.84%。巴基斯坦对中国主要出口商品仍以原材料为主，主要有棉花、谷物、铜及其制品、生皮（除毛皮）及皮革、矿产品及辅料、水产品等。其中棉花占比超过60%，前10位出口产品占巴基斯坦对中国出口总额的92.89%。2014年巴基斯坦对中国出口较为逊色，最主要产品棉花出口额大幅下跌21.98%，其余谷物、铜及其制品、矿沙及其他矿料等主要出口产品也不同程度下跌，对中国出口总额跌幅达13.73%。但2014年中国开始大规模进口巴基斯坦的矿物燃料、矿物油及其蒸馏产品、沥青物质这类产品，金额由原先不足1万美元跃升至近4000万美元的规模。对食品工业的残渣及废料等、软体动物及其他水生无脊椎动物的进口大幅增长，分别上升51.74%、46.37%。

表8.5　中国对巴基斯坦出口前20种商品（2013—2015）

	2013	2014	2015（1-7月）
1	85电机、电器设备及其零件；录音机及放声机	85电机、电气设备及其零件；录音机及放声机	85电机、电器设备及其零件；录音机及放声机
2	84核反应堆、锅炉、机器、机械器具及零件	84核反应堆、锅炉、机器、机械器具及零件	84核反应堆、锅炉、机器、机械器具及零件
3	54化学纤维长丝、化纤材料制扁条	54化学纤维长丝、化纤材料制扁条	72钢铁

续表

	2013	2014	2015（1 – 7 月）
4	55 化学纤维短纤	72 钢铁	54 化学纤维长丝、化纤材料制扁条
5	72 钢铁	55 化学纤维短纤	29 有机化学品
6	29 有机化学品	29 有机化学品	55 化学纤维短纤
7	39 塑料及其制品	31 肥料	39 塑料及其制品
8	73 钢铁制品	39 塑料及其制品	73 钢铁制品
9	31 肥料	73 钢铁制品	64 鞋靴、护腿及类似品
10	40 橡胶及其制品	40 橡胶及其制品	52 棉花
11	50 蚕丝	64 鞋靴、护腿及类似品	40 橡胶及其制品
12	60 针织物及钩编织物	90 光学、照相、电影、计量检验、医疗制品	94 家具、寝具、褥垫、弹簧床垫、软坐垫及类似品
13	87 车辆及其零件、附件，铁道及电车道车辆	50 蚕丝	60 针织物及钩编织物
14	64 鞋靴、护腿及类似品	96 杂项制品	90 光学、照相、电影、计量检验、医疗制品
15	96 杂项制品	87 车辆及其零件、附件，铁道及电车道车辆	48 纸及纸板、纸浆、纸或纸板制品
16	90 光学、照相、电影、计量检验、医疗制品	70 玻璃及其制品	96 杂项制品
17	69 陶瓷产品	52 棉花	87 车辆及其零件、附件，铁道及电车道车辆
18	70 玻璃及其制品	48 纸及纸板、纸浆、纸或纸板制品	70 玻璃及其制品
19	48 纸及纸板、纸浆、纸或纸板制品	94 家具、寝具、褥垫、弹簧床垫、软坐垫及类似品	69 陶瓷产品
20	32 鞣料浸膏及染料浸膏；鞣酸及其衍生物	69 陶瓷产品	50 蚕丝

资料来源：中国海关统计。

表8.6 中国对巴基斯坦进口前20种商品（2013—2015）

	2013	2014	2015（1-7月）
1	52 棉花	52 棉花	52 棉花
2	74 铜及其制品	10 谷物	74 铜及其制品
3	10 谷物	74 铜及其制品	41 生皮（皮毛除外）及皮革
4	26 矿沙、矿渣及矿灰	41 生皮（毛皮除外）及皮革	26 矿沙、矿渣及矿灰
5	41 生皮（皮毛除外）及皮革	26 矿沙、矿渣及矿灰	10 谷物
6	25 盐；硫黄；泥土及石料；石膏料、石灰及水泥	23 食品工业的残渣及废料；配制的动物饲料	22 饮料、酒及醋
7	23 食品工业的残渣及废料；配置的动物饲料	25 盐；硫黄；泥土及石料；石膏料、石灰及水泥	25 盐、硫黄；泥土及石料；石膏料、石灰及水泥
8	39 塑料及其制品	03 甲壳动物、软体动物及其他水生无脊椎动物	03 甲壳动物、软体动物及其他水生无脊椎动物
9	03 甲壳动物、软体动物及其他水生无脊椎动物	27 矿物燃料、矿物油及其蒸馏产品；沥青物质	08 食用水果及坚果、甜瓜或柑橘属水果
10	08 食用水果及坚果、甜瓜或柑橘属水果	39 塑料及其制品	62 非针织或非钩编的服装及衣着附件
11	63 其他纺织制成品、成套衣物；旧衣着及其他	08 食用水果及坚果、甜瓜或柑橘属水果	39 塑料及其制品
12	07 食用蔬菜、根及块茎	63 其他纺织制成品、成套衣物；旧衣着及其他	63 其他纺织制成品、成套衣物；旧衣着及其他
13	62 非针织或非钩编的服装及衣着附件	62 非针织或非钩编的服装及衣着附件	23 食品工业的残渣及废料、配置的动物饲料
14	13 虫胶；树胶、树脂及其他植物汁、液	07 食用蔬菜、根及块茎	61 针织或钩编的服装及衣着附件

续表

	2013	2014	2015（1－7月）
15	61 针织或钩编的服装及衣着附件	61 针织或钩编的服装及衣着附件	13 虫胶；树胶、树脂及其他植物汁、液
16	82 贱金属工具、器具、利口其器、餐匙、餐叉及其他	12 含油子仁及果实；杂项子仁及果仁	07 食用蔬菜、根及块茎
17	12 含油子仁及果实；杂项子仁及果仁	13 虫胶；树胶、树脂及其他植物汁、液	20 蔬菜、水果、坚果或植物其他部分的制品
18	55 化学纤维短纤	42 皮革制品、鞍具及挽具；旅行用品、手提包	95 玩具、游戏品及其零件、附件
19	90 光学、照相、电影、计量、检验、医疗及相关制品	90 光学、照相、电影、计量、检验、医疗及相关制品	42 皮革制品、鞍具及挽具；旅行用品、手提包
20	42 皮革制品、鞍具及挽具；旅行用品、手提包	57 地毯及纺织材料的其他铺地制品	90 光学、照相、电影、计量、检验、医疗及相关制品

数据来源：中国海关统计。

（二）中国对巴基斯坦出口极少或为零商品

根据巴基斯坦央行发布的贸易数据统计，2013/2014—2014/2015 财年，中国向巴基斯坦出口极少或为零的产品多集中于：诸如猪牛羊类的活体动物以及动物肉制品和冻肉；奶酪、凝乳，鸟类的蛋；鲜果、蔬菜、可食用植物的块茎、根，鲜果蔬菜制品等；竹子、芦苇、木棉、棕叶纤维等植物原材料；烟草及烟草制品；木材、木块、木条及木质用具，编制材料；男女式 T 恤、衬衫；帽子及其材料、头饰、花边；水泥、沥青、石膏；金银铜锌等各类金属其制品，珠宝制品及其原料；农业收割机械、传动机械等；电动剃刀；渔轮、捕鱼船，其他渔业用品；管风琴等乐器；各类盐、碱、醇及脂肪酸；钟表、手表及类似制品。[1]

综合来看，中国对巴基斯坦出口较少的领域正是巴基斯坦具有的丰富资源，即农产品及动植物原材料、服装材料及产品、矿材料及产品、金属及其制品，以及小部分手工产品、钟表等小型机械。

（三）巴基斯坦对中国出口极少或为零商品

巴基斯坦向中国最近2年出口极少或为零的商品有：天然蜂蜜、冷冻蔬菜、椰子、巴西坚果/腰果、初加工肉类/内脏/血液、麦片、面包/糕点/蛋糕、烟草及烟草替代品、天然硫酸钡、金刚砂/天然刚玉/石榴石、电能、磷酸盐/硅酸盐、烃的卤化衍生物、维生素及其衍生物、护发制剂、软管制品及其配件、板材、薄膜、橡胶充气轮胎、木制包装箱/托盘/首饰盒、纤维包装材料、壁纸及类似制品、纸箱/纸袋及其他包装产品、黄麻或其他纺织用韧皮纤维织物/废麻、地毯及其他类似品、婴儿服饰及附件、拐棍/手杖、假发/胡子等毛发、陶砖/地板砖/瓷砖、玻璃灯泡/灯管、珠宝首饰及部件、平轧不锈钢制品、合金钢长条、铸铁管及类似空心制品、镍粉/薄片、餐具/厨具、农业手工工具、手动机械设备、刀片、水轮机/水轮/调节器、冰柜/冰箱及其零件、离心机/干燥机/过滤器、起重/装卸器械、乳制品机械及零件、排版/印刷机械、金属车床/各类机床、自动数据处理设备、发电机组/变电器、录音机等音像机械、阴阳极管、发动机地盘、钟表机芯、医疗器具、儿童玩具/娱乐用品、钢笔/软笔、船舶用品等。除少部分初级制品和简单加工品外，大型/精密机械、电子产品及其零配件是巴基斯坦向中国出口较为弱势的产业，这也正是巴基斯坦向中国进口的主要产品。

四、中巴双边贸易发展面临的挑战

中巴双边贸易发展面临的挑战主要体现在以下几个方面。

第一，中国对巴基斯坦贸易顺差持续扩大，双边贸易不平衡问题较为

---

[1] 巴基斯坦央行网站 http://www.sbp.org.pk/ecodata/index2.asp《IMPORTS OF GOODS BY COUNTRY / COMMODITY AND SERVICES BY COUNTRY / TYPE》，2015年7月。

严重。中巴双边贸易发展中，中国对巴基斯坦出口增速远超巴基斯坦对中国的出口增速。在《中巴自由贸易协定（货物与投资部分）》签订前中巴贸易顺差便持续增长，协定签订后也并未改变这一情况。从巴基斯坦统计数据看，2007年协定生效的第一年中国对巴基斯坦出口总额同比仍然大幅度上升。

第二，巴基斯坦对中国出口商品结构单一。目前巴基斯坦对中国出口产品仍以原材料和初级制品为主，除此类产品在中国有较大的市场需求，其他类产品还未能够大量进入中国市场。此外，巴基斯坦对中国出口产品集中度高，出口规模前10的商品占比超过90%，棉花比重超过50%，能够极大影响巴基斯坦对中国的出口情况。中巴两国要采取各种政策措施扩展两国贸易合作的范围。巴基斯坦应发挥自身优势，提供更多丰富的、满足中国市场需求的产品。

第三，贸易纠纷数量上升，类型复杂多变。在中巴双边贸易规模不断扩大的同时，贸易纠纷数量也随之上升。极少部分进出口商不守信任，采取不当手段来损害合作方权益，严重打击双边贸易往来的积极性。不慎重选择贸易伙伴及对当地情况和海关法规的不了解都容易造成中国出口企业利益受损。随着电子商务的普及，贸易纠纷类型变得更为复杂，与B2B平台相关的贸易诈骗或遇上信誉极差的进口商概率大大增加。妥善解决贸易纠纷，增进双方诚实互信是保持良好贸易关系的必修课程。

专栏：中巴贸易纠纷常见类型

第一，选择贸易伙伴不谨慎。随着电子商务的普及，一些B2B平台作为成本低、接触面广且方便快捷的方式，被越来越多的企业作为拓展市场的途径。但这些电子商务平台所展示的公司和产品信息均由用户自行发布，其真实性和合法性均由信息发布人自行负责，一旦贸易纠纷发生，这些电子商务平台不会对处理结果提供任何保证和承诺。中国许多出口企业急于扩大贸易量，对于在此类商务网站上结识的贸易对象不认真辨析，将可能遇到纯粹的贸易诈骗，或是对方信誉极差，货到目的地港口后以各种借口拒付或者少付货款。

第二，对当地市场情况和海关法规不了解。按照巴基斯坦 1969 年海关法规定，在货物到港进口商拒付提货的情况下，出口企业转卖或退运货物均需得到原进口商（货主）签署的"无异议证明"（No Objection Certificate，NOC），且巴基斯坦海关办事效率较低，退运手续非常复杂，耗时很长。如果货物到港后一段时间无人认领或者滞港费用累计到一定程度，海关将做无人提货（无主货）处理，有权拍卖该批货物，拍卖所得充抵仓储费等相关滞港费用。货物被拍卖时，在同等条件下原进口人为优先购买人。因此，巴基斯坦恶意进口商可以待货物到港后以各种借口拒绝付款提货，要求降价，有的甚至不索要提单，拖延至达到海关无货主拍卖的条件，然后与当地海关勾结低价购得货物，从中牟取暴利。期间由于无法得到巴基斯坦进口商拒绝签署的无异议证明，中国出口商无法退货或转售。此类为中巴贸易纠纷的最常见类型。

第三，合同条款有缺陷。进出口双方签订的合同在数量、质量、价款水平、履行地点、期限、方式或费用等内容方面的约定不明确，导致发生纠纷时，双方各执己见。产生这种合同条款缺陷的原因包括：一是进出口双方之间为实现共同的商业目的，故意对某项合同条款不作明确约定。如故意不明确质量规定，原因是巴基斯坦进口商存心订购低档或假冒伪劣商品，而中国出口商则投其所好，不计后果，到港货物表面并无缺陷。但这类货品往往不能满足最终用户对质量的需求，一旦出现问题，进口商往往不愿承担责任和损失，诬称出口商供货存在质量问题以转嫁风险。二是中国一些出口企业人员业务不熟，在商签合同过程中不细心，或是外语水平较低，双方沟通障碍造成误解，导致交货时间延迟或与信用证要求不符等情况发生。三是中国出口企业过于轻信对方，特别是轻信一些有过贸易往来的巴基斯坦进口商，在货物价格、数量等关键地方疏忽，造成贸易纠纷。

第四，采用 D/P 等高风险付款方式。非信用证（L/C）的商业信用付款方式包括 D/P 付款（付款交单）、D/A 付款（承兑交单）等既可加速双方资金周转、提高资本运营效率，还可为进口商节约开立信用证等银行手续费，有助于抓住更多商机。但 D/P 付款方式是以买家自身商业信誉为基础的，在巴基斯坦等欠发达国家使用的潜在风险不容忽视。中国众多中小出口企业常常为扩大出口贸易量而接受巴基斯坦进口商仅预付少量货款（甚至有的未付预付款），其余货款在货物离港后电汇（T/T）或抵港后D/P的方式，这种表面低风险的支付条件实际上隐患重重。通常巴基斯坦进口商在货物抵达卡拉奇港后以各种借口拒绝去银行赎单提货，然后利用前述海关关于退运、转卖和拍卖货物的有关规定达到压价目的。甚至有不法商人通过伪造付款证明、利用同当地银行和货代的不一般关系获取原始单据，轻松将货物所有权转移，达到欺诈行骗的目的。中国商务部驻卡拉奇总领馆经商室接到的此类贸易纠纷投诉案例包括，巴基斯坦进口商在货物到港后一是要求中国出口商降价；二是要求中资公司更改D/P at sight付款方式为D/A 30天，中国企业一旦不小心同意并通过银行更改付款方式，巴基斯坦进口商提走货物，但仍以各种理由不付款，甚至消失；三是巴基斯坦进口商在没有原始单据的情况下，与当地船运代理勾结，通过中国企业发给其货物提单和装箱单传真件获取交货单（delivery order），将货物清关后并拒绝同中国出口商联系。

第五，采取不当手段来拓展贸易量。一些中资贸易公司业务员为扩大贸易量，采取不恰当手段，造成贸易纠纷，不仅损害巴基斯坦进口商的利益，还损害了中国企业整体形象。一是仿冒产品或侥幸以次充好，在验货装箱后偷梁换柱。二是低价招揽客户，但实际发货少于合同规定数量，变相提高单价。三是在收到预付款后，看市场情况变化按照原合同发货利润很薄或已无利润，但又不想失去此笔生意，就利用手中已收到的预付款威胁巴基斯坦进口商提高买价签订新合同。

资料来源：涂竞，《从中巴常见贸易纠纷类型析拓展欠发达地区出口市场应注意问题》，中国商务部驻卡拉奇总领馆经商室。

第二节　中国与巴基斯坦双边直接投资

一、中巴双边投资协定及优惠政策

（一）中巴双边投资协定

早在1989年2月，中巴两国便签订了《双边投资保护协定》，鼓励双方在对方领土内进行投资，并规定两国在对方领土内的投资及与投资相关的活动应得到公平的待遇和保护，且该待遇和保护不低于给予第三国投资者的规格和级别等。1989 年 11 月，双方签订《避免双重征税和防止偷漏税的协定》，约定中国居民从巴基斯坦取得的所得按协议规定在巴基斯坦缴纳的税额可以在中国税收中抵免（抵免额不应超过应缴按中国税法和规章计算的税收数额），双方在对方国家享受税收无差别待遇等。2006 年 11 月，双方签署《自由贸易协定》，内容有关投资促进与保护、投资待遇、征收、损害补偿以及投资争端解决等事项，还有就原产地规则、贸易救济、技术性贸易壁垒等内容做出详细规定。2008 年 10 月，双方签署《自贸协定补充议定书》，巴基斯坦专门给予中巴投资区 12 条优惠政策。

（二）巴基斯坦设立经济特区（China special economic zone）

2007 年，为吸引中国企业投资，巴基斯坦特地设立中国经济特区。该经济特区位于旁遮普省的喀喇·沙赫·喀库（Kala Shah Kaku）附近，建设面积达 300 英亩，重点吸引中国企业或中巴合资企业。到该经济特区投资的中国企业可享受以下特殊优惠：（1）免除园区建设及工程项目所需机器、设备的进口关税和税收；（2）园区内项目自运营之日起 5 年内免税（该条也适用于园区开发商）；（3）现行 50% 的初始折旧率可以提高到 100%；（4）巴基斯坦国内其他地方享受的出口优惠政策同样适用于该经济特区内；（5）中国企业在经济特区内投资所产生利润可 100% 带回国。[1]

此外，巴基斯坦还负责提供气、电和其他公用设施，旁遮普省政府负责修建道路，相关部门在园区内设立办公机构提供一站式服务，投资委员会（BOI）采取上门服务、免费咨询，联邦政府可从联邦公共发展计划中拨款补充征地所需费用，建设无水港为经济特区进出口提供便利。

（三）中资企业在所有经济特区可享有的附加一揽子优惠政策

《中巴自由贸易补充协定》为中国企业在巴基斯坦经济特区提供的一揽子优惠政策，主要包括：（1）免除经济区建设及工程项目所需资本设备（厂房、机器、设备和零部件）的进口海关关税和税收；（2）经济区内项目自运营之

---

[1] 中国驻巴基斯坦商赞处网站 http：//pk. mofcom. gov. cn/aarticle/jmxw/200702/20070204410751. html《巴基斯坦通过中国经济特区一揽子经济政策》，浏览于 2015 年 8 月。

日起 5 年内免征公司所得税，本优惠也适用于经济区开发商；（3）巴基斯坦国内其他地方享受的出口优惠政策同样适用于经济区内生产的出口产品；（4）巴基斯坦联邦政府/机构将在经济区新址提供气、电和其他公用设施，允许经济区开发商自备发电；（5）巴基斯坦省级政府负责修建通往经济区新址的道路；（6）巴基斯坦投资委员会将在经济区内提供一站式服务；（7）为投资者在经济区提供上门服务，以完成所需的程序/手续；（8）巴基斯坦投资委员会将为投资者提供免费的便利服务和指导；（9）在经济区内设立员工培训中心；（10）在经济区内，只有中资比例达 40% 以上的项目或合资企业才能享受一揽子优惠政策；（11）在经济区内建设无水港为区内企业进出口提供便利；（12）巴基斯坦省级政府将为海尔 – 鲁巴集团购买土地提供便利。

二、中巴双边投资规模发展情况

外商直接投资是促进巴基斯坦经济增长的支柱之一，为此巴基斯坦政府努力改善本国营商环境，吸引国外资金、技术和先进企业管理模式进入本国市场，帮助当地经济社会发展。中国则是利用外商直接投资发展经济的成功典范，外商直接投资为中国经济发展做出了巨大贡献。随着中国经济实力的不断增长，中国企业"走出去"步伐加快，对外直接投资规模日渐增大，2014 年首次突破千亿美元。

长期以来，中国政府以无偿援助和优惠贷款等形式向巴基斯坦提供融资，援建巴基斯坦各类基础设施及重大能源项目。2007 年前，中国企业对巴基斯坦直接投资一直较少。2007 年后，在两国政府间经贸合作协定的推动下，中国对巴基斯坦投资出现飞跃，近年来，两国企业在对方国家直接投资均日渐活跃。

从巴基斯坦投资局统计数据来看，受 2008 年全球金融危机和经济衰退以及 2009 年巴基斯坦国内安全局势动荡等不利因素影响，中国对巴基斯坦这段时间的直接投资为净流出，但这并不影响整体投资规模呈现上升势态。2013/2014 财年，中国以 6.96 亿美元的规模取代美国成为巴基斯坦最大外商投资国，截至 2015 年 6 月，中国仍然是巴基斯坦本财年最大外商直接投资国。随着中巴经济走廊建设的逐步展开，中国外商直接投资将在巴基斯坦经济发展中发挥越来越重要的作用。

单位：百万美元

表 8.7 巴基斯坦外商直接投资国别（地区）统计

国家/地区	2007/2008	2008/2009	2009/2010	2010/2011	2011/2012	2012/2013	2013/2014	2014/2015	2015/2016
美国	1 309.3	869.9	468.3	238.1	227.7	223.0	212.1	238.7	-49.8
英国	460.2	263.4	294.6	207.1	205.8	632.3	157.0	99.9	6.9
阿联酋	589.2	178.1	242.7	284.2	36.6	19.9	-47.1	222.4	15.3
日本	131.2	74.3	26.8	3.2	29.7	30.7	30.1	58.2	2.0
中国香港	339.8	156.1	9.9	125.6	80.3	242.6	228.5	83.6	0.1
中国	13.7	-101.4	-3.6	47.4	126.1	90.6	695.8	229.5	53.5
中国排名	第 10 位	—	—	第 6 位	第 4 位	第 5 位	第 1 位	第 2 位	第 1 位

数据来源：巴基斯坦投资局。

表 8.8　中国对巴基斯坦非金融业直接投资金额

单位：万美元

年份	2006	2007	2008	2009	2010	2011	2012	2013	2014
流量	379	333	368	38	2 609	8 695	6 016	12 023	100 918

数据来源：中国商务部网站数据整理。

表 8.9　巴基斯坦对中国直接投资金额

单位：万美元

年份	2006	2007	2008	2009	2010	2011	2012	2013	2014
流量	618	248	1 452	380	570	971	183	1 805	2 323
存量	2 633	3 336	4 788	5 168	5 738	6 709	6 892	8 697	12 020
个数	28	20	20	30	33	—	—	31	66
累计	157	176	196	229	262	—	347	378	444

数据来源：中国统计年鉴 、商务部网站。

根据商务部统计，中国对巴基斯坦非金融业直接投资金额从 2006 年 379 万美元增长至 2014 年 10.09 亿美元，年复合增长率为 200%，存量也由不足 10 亿美元增长至 32.41 亿美元。2013 年中巴经济走廊的提出，优先项目的开展及后续项目逐步开工，2014 年中国对巴基斯坦直接投资呈现爆发式增长。

相比之下，中国利用巴基斯坦外商投资虽占中国整体外商直接投资比重不高，但是上升速度快。根据最新统计数据，截至 2014 年年底，巴基斯坦在中国投资项目 444 个，净投资流量 2 323 万美元，占中国当年使用外商投资的 0.02%，累计投资总额 1.2 亿美元。

专栏：中巴联合投资公司介绍[①]

2007 年，中国国家开发银行和巴基斯坦共同出资设立了中巴联合投资有限公司，注册资本 2 亿美元，巴基斯坦政府和国家开发银行各持股 50%。由于自身具有的特殊优势并被赋予促进巴基斯坦的贸易、投资发展和经济增长的任务，中巴投资有限公司致力于发展成为双边投资活动枢纽，通过

[①]　中巴联合投资公司网站 http://www.pakchinainvest.com/，浏览于 2015 年 8 月。

全方位的投行服务为投资者提供常规帮助与创新型解决方案，帮助企业在制造业、农业、服务业、IT、不动产、基础设施建设领域创造价值。

作为中巴双边投资重要的流动渠道，中巴联合投资公司为两国投资者提供私人顾问和咨询服务，其擅长于发现在巴基斯坦的投资机会，并积极引入中国的技术、资金和先进企业经验，实现两国合作共赢。

三、中巴双边投资领域

（一）中国在巴基斯坦投资领域

巴基斯坦吸引外商直接投资多集中于石油及天然气、金融、纺织、贸易、建筑、电力、化学品制造、交通运输、通信领域。[①] 中国对巴基斯坦投资的产业集中在能源和基础设施建设领域，此外，中国企业在矿业、电信、水产、包装、家电、汽车、机械、金融、制造业、农业等领域投资逐渐增多，截至2014 年年底，在巴基斯坦的中资企业超过 120 家，主要分布于伊斯兰堡、卡拉奇、拉合尔、费萨拉巴德、苏斯特等几个城市。目前，在巴基斯坦大型中资企业有中国移动、长安汽车、东风汽车、上汽奇瑞、海尔集团、中国水电、中兴通讯、中国建筑、中国建材等。[②]

能源和基础设施建设是中国在巴基斯坦投资最重要的领域：能源投资方面，中国企业投资的种类包括常规能源、新能源和民用核能，[③] 承建了恰希玛核电站、巴洛塔水电站、Quaid – E – Azam 工业园区大型太阳能光伏电站等；基础设施领域，中国企业在巴基斯坦的道路、高速公路、港口和通信等公共设施建设中大显身手，最典型项目是巴基斯坦第三大深水港瓜达尔港口建设。此外，中国通讯企业及中国家电企业在巴基斯坦市场也占据重要地位。2013

[①] 巴基斯坦投资局网站 http：//boi. gov. pk/ForeignInvestmentinPakistan. aspx，浏览于2015 年 8 月。

[②] 详细名录见中国商务部驻巴基斯坦经商处网站。

[③] 王旭. 中巴经贸发展：现状与挑战 ［R］，载于《印度洋地区发展报告（2014）》［M］. 北京：社会科学文献出版社，2014。

年，华为在巴基斯坦手机市场份额为 13%[1]，在电信领域运营商基础设施建设方面市场份额约 60%。中国移动是巴基斯坦唯一可同时运营 3G 和 4G 移动网络的运营商。家电领域的领军企业为中国海尔集团和巴基斯坦 RUBA 集团共同设立的合资工厂，位于拉合尔市郊，主要生产空调、洗衣机、冰箱等大小家电。

专栏：海尔－鲁巴经济区

2006 年，海尔－鲁巴经济区是中国在海外建立的第一批工业园区，也是巴基斯坦的第一个特别经济区。其位于拉哈尔市 12 公里外，距首都伊斯兰堡约 300 公里，交通便利。工业园区现已形成大小家电，如生产空调、洗衣机、冰箱，及黑白家电的供应链平台及产业配套体系。其销售服务覆盖巴基斯坦大部分地区，覆盖全巴基斯坦 90% 以上的销售网络。如果有中国企业加入园区，海尔可以将该销售服务网络共享。海尔集团介绍，经济区将充分利用中巴全天候多领域的合作关系，将利用巴基斯坦提供的贸易优惠政策，依托海尔集团在巴建立的生产、销售渠道和物流基础，为入区企业搭建巴基斯坦及周边南亚市场的跨国通道。[2] 经济区考虑根据市场环境拓展国内有比较优势的制造业企业入区投资建厂，建立中资企业制造业产业及配套体系基地，形成强大的供应链配套产业集群，同时避免同业恶性竞争，形成中国名牌产业集群。如今，园区内的企业以包括家电、汽车、纺织、建材、化工等领域。

（二）巴基斯坦在中国投资领域

巴基斯坦在中国的投资项目主要分布在江苏、浙江等省份，也有部分位于上海、广州、深圳，以及新疆中巴边界地区。巴基斯坦商人在中国经商多倾向于设立商务办事处及贸易公司，经营日用品、家电、机械、餐具、轻纺、服装等。在中国的巴基斯坦商人多有自己的销售渠道，有的除在巴基斯坦有

---

[1] 华为消费者业务 2014 年度经营数据。
[2] 丘文敏. 走近海尔—鲁巴经济区［J］. 大经贸，2007。

销售渠道外，还在欧美和中东等地有自己的商店。当前，巴基斯坦商人在中国人数最多的地区是江浙地区。以义乌为例，据当地工商局统计，在义乌的巴基斯坦商人早已过千，他们穿梭于这座全球最大的小商品集散基地，选购各类商品，小到纽扣、大到货架等日用百货，从服装鞋类到电器数码产品，巴基斯坦商人正源源不断地将"中国制造"的产品带回本国。另一个为巴基斯坦商人青睐的地区是广东，珠三角工厂制造的摩托、家电、小型机械产品对他们颇具吸引力。

另一方面，巴基斯坦在华注册的水产品生产企业众多。截至 2014 年 9 月 11 日，根据国家认证认可监督管理局的统计，在中国注册的巴基斯坦水产品生产企业共 179 家，为中国进口大量鱿鱼、墨鱼、虾、贝类等海产品，并提供鲜活水产品加工服务。

四、投资主体及主要投资方式

与巴基斯坦在华企业多为私人贸易企业或水产品企业不同，目前在巴基斯坦投资的中国企业以国有企业为主，主要承揽大型基础设施建设和能源工程项目。但巴基斯坦政府希望吸引更多的中国私人企业进入巴基斯坦市场，在各个生活、生产领域投资，提供更多的产品以及工作岗位。

中国企业在巴基斯坦直接投资可以通过两种方式：绿地投资，即在巴基斯坦领土，按照当地法律建立合资企业或独资企业；并购投资，即跨国公司通过收购目标企业的部分或全部股份，取得对目标企业控制权的产权交易行为。[①] 中国企业对巴基斯坦直接投资采取的方式多为绿地投资，辅以并购投资。

（一）绿地投资典型项目

目前，中国企业在巴基斯坦以绿地投资形式进行的典型项目主要有：

1999 年，华为集团在巴基斯坦设立第一个海外子公司。

2000 年，中兴通讯在巴基斯坦生产基地一期工程峻工投产，以固网、移动通信产品生产、软件开发为主。这是中国高科技通讯公司在海外设立的第一个"来料加工厂"。

---

① 两种投资具体流程见第七章。

2002 年 10 月，湖北百科药业股份有限公司与巴基斯坦古田有限公司共同设立年产 300 吨布洛芬原料药的合资企业——百科药业（巴基斯坦）有限公司，因此巴基斯坦成为百科药业布洛芬原料药的主要出口国之一。

2007 年，长安汽车集团建立的第一家海外工厂在巴基斯坦正式投产。长安在卡拉昆仑公司建设一条汽车生产线，将采取出口散件，在巴基斯坦组装的方式进行生产。

2014 年 9 月，农发种业控股子公司湖北省种子集团公司公告，拟在巴基斯坦拉合尔市设立"HS 农业（私人）有限公司"。新公司注册资本 10 万美元，其中湖北种子出资 9.85 万美元，占注册资本的 98.5%。

（二）并购投资典型项目

目前，中国企业在巴基斯坦以并购投资形式进行的典型项目主要有：

2007 年，中国移动斥资 2.84 亿美元收购巴基斯坦移动运营商巴科泰尔有限公司（Paktel）88.86% 的股份。巴科泰尔是巴基斯坦第五大移动运营商，此次收购是中国移动国际化过程中取得的首个成功案例。

2014 年 12 月，上海嘉麟杰纺织品股份有限公司宣告其公司出资 27 926 633 美元收购巴基斯坦最大的一体化针织供应商和最大的成衣出口企业——MTM 有限公司 24.36% 普通股股份，已经完成股权交接。

五、巴基斯坦投资优势及投资机遇

当前中国企业正处转型升级的关键时期，在世界经济结构和产业价值链中重新寻找更高更好的定位。这要求中国企业必须加紧创新研发，进入高附加产品生产领域，并将一些低附加值产业向海外迁移。巴基斯坦与中国毗邻，劳动力市场庞大，巴基斯坦国内消费市场需求发展空间广阔，是较为理想的投资地区。且中巴已签署 100 亿元人民币的双边货币互换协议，中国工商银行在卡拉奇和伊斯兰堡设立的分行可以进行人民币跨境结算，赴巴基斯坦投资企业可用人民币直接结算，减少交易成本。

结合巴基斯坦国内经济发展情况、资源禀赋、各产业政策鼓励以及中国企业特有优势，中国企业在巴基斯坦投资机遇集中于电力设施建设、以交通设施为主的基础设施建设、矿产、农业及畜牧业、纺织业、食品业等。

1. 能源电力

基础设施落后于电力缺口是巴基斯坦经济发展的重要阻碍，交通基础设施、通信行业、传统火电、水电以及太阳能、风能等新能源发电都是巴基斯坦急迫需要的。更加之，中巴双方在这些领域经历了长时间的各类大型项目紧密合作，经验丰富。

2. 基础设施

中巴经济走廊战略以基础设施建设为基础，致力于打造公路、铁路、管道、光缆"四位一体"的交通运输枢纽。为实现这一战略目标，喀喇昆仑公路二期升级、卡拉奇—拉合尔的高速公路、瓜达尔—旁遮普省公路等大型项目正在推行。此外，瓜达尔港口配套基础设施建设也需要大量投资。

3. 农业及畜牧业

巴基斯坦农业资源丰富，农产品种类繁多，但是农业产出不高，增长缓慢。为改善这一情况，巴基斯坦政府积极推进农业机械化进程，加大对拖拉机和收获机械等农业机械的补贴力度，该类产品市场需求庞大。与此同时，巴基斯坦畜牧业发达，拥有世界第三大牲畜总量，是世界第四大牛奶生产国，但巴基斯坦境内加工比例不足10%，值得中国奶制品企业前去探索。

4. 矿业

巴基斯坦矿产资源种类丰富，储量规模庞大。在信德省和俾路支省发现的铜、煤矿、铁、锌、铬等金属及工业矿盐、煤炭有很大的开采潜力，但巴基斯坦企业整体开采技术水平不高，中国企业可以利用自身技术优势充分发掘巴基斯坦矿产资源潜力。

5. 纺织业

巴基斯坦是世界第四大棉花生产国，亚洲第三大纺织工业国，纺织业为国内支柱产业。巨大的行业规模带来对纺织机械的庞大市场需求，当前巴基斯坦纺织业所用机械多为德国或意大利制造，价格较为昂贵。此外，巴基斯坦2013年获欧盟授予超普惠制待遇，巴基斯坦600多种纺织品均可免税进入27个欧盟成员国市场。[①]

---

① 东方早报（上海）http://news.163.com/14/0327/14/9OBOM25I00014AED.html《巴基斯坦期待中国投资能源和纺织业》，2014年3月27日。

6. 食品业

目前全球清真产品市场规模约为 1.3 万亿美元,但世界前 5 大清真产品出口国均为非伊斯兰国家,巴基斯坦在全球清真市场所占比例微不足道。中国企业可以在巴基斯坦积极投资扩大清真产品生产并出口。经巴基斯坦官方授权机构认证的清真食品可为全球其他伊斯兰国家认可并批准进口。

专栏:巴基斯坦拟设特别安全部队保护中国工人

中巴经济走廊将吸引巨大投资,一些中国工人也将到巴基斯坦帮助建设工程。据熟悉内情的巴基斯坦官员透露,巴基斯坦计划为这些中国工人提供安全保障——设立特别安全部队,巴基斯坦军方将训练超过 1.2 万名人员加入其中。

该报道称中巴经济走廊的投资高达 450 亿美元,将通过 3 000 公里的路程将巴基斯坦西南部的瓜达尔港和中国新疆的喀什连接起来。在巴基斯坦总理谢里夫的许可和巴基斯坦军方的帮助下,巴基斯坦内政部将通过这支特别队伍,向参与中巴经济走廊建设的中国工人提供严密的安保措施。①

六、中巴双边投资货币结算政策

外汇管理和结算方面,巴基斯坦中央银行(State Bank of Pakistan,SBP)使用的官方文件为《外汇管制引导规则(1947)》。巴基斯坦外汇管制较为宽松,准许在巴基斯坦经商的个人和企业出于合理目的持有外汇,只需要遵守 SBP 的明确规定的管制准则。进口方面,SBP 不对进口商持有外汇进行交易设限(被禁止的进口产品或者从以色列进口的产品除外)。外贸机构可以因各种商业交易的需要而购买外汇,例如出口合同约定的支付条款、给国外中介机构支付佣金、特许经营权/技术服务费、股息/红利分发、软件许可证/维修/升级费用、购买国外报纸杂志版面进行投放广告的费用、商业出差费用等。②

---

① 人民网 http://world.people.com.cn/n/2015/0331/c1002 - 26775657.html,2015 年 3 月 31 日。

② KPMG Taseer Hadi & Co. Chartered Accountants 《invest in Pakistan》,2013 年 8 月 31 日。

在巴基斯坦的外商投资能够享受充分的保护，再将企业利润汇回母国方面也可享受优惠政策。《境外私人在巴投资（促进和保护）条例（1976）》将准许汇回至母国的收益扩展至原始投资、投资项目所获利润、资本回报。

（一）准许境外投资者进入巴股票市场

SBP 准许非本国居民购买巴基斯坦股票交易市场上公开报价的本国企业股票，购买的股票所属行业范围较广，包括制造业、能源产业以及指定范围内的服务业。这里所指非本国居民包括：（1）在境外的巴基斯坦国民；（2）拥有包括巴基斯坦国籍在内双重国籍的境内外人士；（3）巴基斯坦外侨；（4）在巴基斯坦境外注册并运作的企业（包括合伙企业）或者信托、共同基金，境外国有企业或国有控股企业除外。可以汇回母国的股票投资收益必须符合以下三个条件：（1）由外汇投资带来的收益；（2）如果企业退市，交易的股票价格不得低于经注册会计师审计的破产清算价值；（3）交易的股票不得低于市场报价。

（二）股息汇回母国

企业必须指定一家当地银行，并通过这家银行将股息汇给非本国居民的股东。当地银行收到企业的汇款后，SBP 将批准该银行将该企业属于非本国居民的股东分红汇回，而不需要其事先申请。

（三）特许经营权/技术使用费

1. 制造业领域

为鼓励技术转让与引进，SBP 准许一定条件下因特许经营权和技术使用费用需向境外支付的外汇。当地企业可以指定任一获得外汇兑换授权的银行，通过该银行向境外进行外汇支付。

2. 非制造业领域

在非制造业领域，特许经营权费用和专利使用费向境外支付仅向外商直接投资开放，例如国际食品连锁店投资，且需一次性支付，额度最高为 10 万美元，无论产品销量多少，一般按照净销售额的 5% 进行计算，并且该款项的汇回时间限定在 5 年内。

3. 金融业

在金融业方面，特许经营权费用或佣金/服务费用汇回母国所受管制较为严格，SBP 对某些情况或将批准，但这需要针对具体项目进行分析，视境外合作者的金融产品和服务而定。一次性汇回的总额不得超过 50 万美元，持续性支付的比例不得超过客户对账单总额的 0.25%。

（四）私人企业厂房及设备购买所需的外汇借款

准许私人企业家从境外银行、金融机构获得外汇贷款，准许跨国公司的母公司对子公司提供信用（政府保证金除外），以此支持在巴基斯坦投资项目的建设。由此带来的财务外汇费用问题都涵盖在了巴基斯坦政府工业投资的政策里。这类贷款/信用汇出境外的期限必须在 5 年之后。贷款合约和还款境外支付计划必须在 SBP 备案，SBP 将授权当地银行在扣除相关税负后，对贷款利息和本金分期进行对外偿还。

（五）其他目的的境外私人贷款

个人、事务所、包括外资控股的当地企业、外国公司的当地分支机构在内的各类企业（银行除外）都可以正当理由从境外获得外汇贷款，并被批准将由此产生的本息汇回母国，只需要遵守 SBP 的外汇管理引导准则。

（六）短期境外私人贷款

1. 外资控股企业出于营运资本需要进行外汇贷款造成资本偿还

外资控股企业（包括境外公司的分支机构、在巴基斯坦组建的 50% 以上股份由境外持有的企业、管理层人员 50% 以上非本地居民的企业）可从境外银行、金融机构、跨国企业母公司或其他相关海外机构获得所需贷款作为营运资本，但偿还期限不得超过 12 个月，利率不得超过 LIBOR 以上 1%。偿还期限可另行延长 12 个月，但境外公司分支机构不能汇回期限延长时间所带来的额外利息。

2. 巴基斯坦企业出于营运资本需求进行外汇贷款造成资本偿还

巴基斯坦当地企业，并在当地营运的，除银行外，境外私人贷款不受任何本息偿还的限制。

3. 境外私人贷款的提前偿付

SBP 允许境外私人贷款的提前偿付（除政府担保贷款），但需视具体情况而定。如果贷款方有使用卢比作为结算货币的交易对手，或者能够设立使用卢比的基金，那么贷款方可以更好地取得政策便利。

（七）外汇持有

巴基斯坦对于居民及非居民带入外汇、持有外汇资产不设任何限制，但是一次性带到境外的外币现金不能超过 1 万美元。

（八）外汇账户

个人及企业都被准许在巴基斯坦当地银行开设外汇账户，外汇交易手册上特别规定的禁止情况除外。

（九）外资控股企业在当地的信贷

1. 因营运资金需要而进行的信贷

具有授权的银行及其他金融机构都可以向外资控股企业提供卢比贷款以满足他们对营运资金的需求。

2. 因资本支出需要进行的信贷

从事制造业的外资控股企业可以从银行、政策性金融机构、其他金融机构处获得资本支持所需的卢比贷款，或发行股权权证等来进行融资。但是，想要获得中长期贷款的话，外资控股企业需要获得特别批准。

3. 非居民申请贷款所需担保

在外汇管理条例下，具有授权的银行一般情况下可以向其客户（包括外资控股企业在内）提供卢比贷款。只需客户需提供担保或者有境外营运的银行为其提供商业担保，这些担保应该满足 SBP 制定的谨慎性管理条例。

第三节　中国与巴基斯坦自由贸易区

一、发展历程

2003 年 11 月 3 日，中巴两国签署《中巴优惠贸易安排》，2004 年 1 月 1

日起正式生效。

2004 年 10 月 18 日，中巴启动自由贸易协定联合可行性研究。2005 年 4 月正式启动自由贸易协定谈判。2005 年 12 月第二轮谈判结束后双方共同签署《中巴自由贸易协定早期收获协议》，让双方企业和人民提前享受自由贸易的好处。2006 年 11 月 23 日至 26 日，前任国家主席胡锦涛应邀对巴基斯坦进行了国事访问，并在此次访问中正式签订《中巴自由贸易协定（货物贸易和投资合作）》。

为进一步促进投资合作，2008 年 10 月 17 日中巴签署《自由贸易协定补充议定书》，约定为包括海尔－鲁巴经济区在内的中巴投资区的建立提供便利，降低或消除在中巴投资区生产的货物以及双方有出口兴趣的其他货物的关税。此外，附件《经济区优惠政策》还具体补充了经济区的一揽子优惠政策。

服务贸易方面，《中巴自由贸易协定（货物贸易与投资合作）》签订之后，双方启动服务贸易协定谈判。在历经 2 年 5 轮谈判后，2009 年 2 月 21 日，两国政府签署《中巴自由贸易区服务贸易协定》，于 2009 年 10 月 10 日生效实施，这标志着中巴两国将建成一个涵盖货物贸易、服务贸易和投资等内容全面的自贸区。

2011 年是《中巴自由贸易协定》生效第 6 年，双方按照协定安排完成了当年的降税进程，并启动第二阶段降税谈判，目标是各自零关税产品占税号和贸易量的比例均达到 90%。同时，两国还续签《中巴经贸合作五年发展规划》。

2015 年 8 月 3 日至 5 日，中巴自由贸易协定第二阶段谈判第五次会议在巴基斯坦首都伊斯兰堡举行。双方就第二阶段货物贸易降税模式、服务贸易领域进一步扩大开放、海关数据交换合作和巴基斯坦部分产品输华的检验检疫措施等议题进行了磋商。

二、主要协定内容

中巴自由贸易协定主要包括《中巴自由贸易协定（货物贸易和投资合作）》《中巴自由贸易协定（货物贸易和投资合作）补充议定书》《中巴自由贸易区服务贸易协定》。

（一）《中巴自由贸易协定（货物贸易和投资合作)》

约定两国将分两个阶段实施降税。第一阶段在协定生效后 5 年内，双方对占各自税目总数 85% 的产品按照 5 种类别，以不同的降税幅度实施降税。第 1 类产品在《协定》生效后 3 年内降为零。该类产品中巴双方分别为 2 681 个和 2 423 个 8 位税号，约占各自税目总数 36%，占贸易量比例分别为 40% 和 30%。中国降税产品主要包括畜产品、蔬菜、矿产品等，巴基斯坦降税产品主要包括牛羊肉、化工产品、机电产品等。

第 2 类产品关税在《协定》生效 5 年内削减到 0～5%，该类产品约占中国税目总数 34%，共计 2 604 个 8 位税号，主要包括化工品、水产品等；占巴税目总数 20%，共计 1 338 个 8 位税号，主要包括机电产品、农产品、化工产品等。

第 3 类产品的关税在《协定》生效 5 年内削减 50%，该类产品约占中国税目总数 8%，共计 604 个 8 位税号，主要包括蔬菜、果汁、服装等；占巴税目总数 2%，共计 157 个 8 位税号，主要包括水产品、化妆品、陶瓷等。

第 4 类产品的关税在《协定》生效 5 年内削减 20%，该类产品约占中国税目总数 7%，共计 529 个 8 位税号，主要包括水产品、家电、纺织品等；占巴税目总数的 26%，共计 1 768 个 8 位税号，主要为蔬菜、水果、服装、塑料、棉机织物等。

第 5 类产品为例外产品，暂不进行关税减让，该类产品的税目数比例双方都为 15% 左右，我方共计 1 132 个 8 位税号，主要包括部分木材和纸制品、关税配额产品、食用植物油等。巴基斯坦共计 1 025 个 8 位税号，主要包括纺织品、汽车及零部件、部分家电产品等。此外，巴基斯坦还有因宗教和安全等原因禁止进口的部分产品，如猪肉、酒等，不参加降税，共计 92 个 8 位税号，约占巴税目数的 1%。

第二阶段是指从协定生效第 6 年开始，双方将在对以往实施情况进行审评的基础上，对各自产品进一步降税。目标是在不太长的时间内，在照顾各自关注的基础上，使双方零关税产品占税号和贸易量的比例均达到 90%。

在原产地规则方面，双方将以完全获得和 40% 区域价值成分（即增值百分比）作为原产地判定的基本标准。双方还将根据需要对一些商品制定特定产品原产地标准。在技术性贸易壁垒（TBT）方面，双方将在开展双边强制性合格评定结果互认的可行性研究工作、提高贸易政策透明度等方面开展合作。在卫生与植物卫生措施（SPS）方面，双方将加强实施检验检疫、出证程序、控制和加工过程的核查、核查结果等方面的信息交流。在反倾销、反补贴、全球保障措施方面，双方将保留在 WTO 相关协定下的权利与义务。同时，双方参照 WTO 保障措施协定和国际自由贸易协定的通行做法，设立了双边保障措施条款。

（二）《中巴自由贸易协定（货物贸易与投资合作）补充议定书》

在中巴自由贸易协定框架下，对巴基斯坦境内"海尔－鲁巴经济区"等中巴投资区生产的货物以及双方有出口兴趣的货物，优先考虑削减或消除关税。巴基斯坦还专门给予中巴投资区 12 条优惠政策，免除经济区内中资比例达 40% 以上的建设工程项目或合资企业资本设备的进口海关关税和税收，5 年内免征公司所得税，为开发商提供用电、公路等公用设施与其他一站式服务等，作为补充议定书的附件。

（三）《中巴自由贸易区服务贸易协定》

协定按照 WTO《服务贸易总协定》的服务部门分类，在全部 12 个主要服务部门中，巴基斯坦在 11 个主要部门的 102 个分部门对中国服务提供者进一步开放，其中新开放 56 个服务部门和分部门。具体包括：第一，对建筑、电信、金融、分销、医疗、环境、旅游、运输、研发、计算机教育等众多服务部门和分部门扩大开放，大幅减少对外资的股比限制（从原来的外资股比不得超过 40% ~ 51%，提高到允许中资占股 60% ~ 99.99%）；第二，在 56 个服务部门和分部门提供市场准入，包括新开放分销、教育、环境、运输、娱乐文化和体育等 5 个主要服务部门，以及新开放快递、法律、会计和簿记、建筑设计、兽医、助产士和护士护理、计算机及其办公设备维修、干租、印刷出版、农用设备等众多服务分部门；第三，根据具体情况，同意在外资股比方面给予中国服务提供者更加优惠的待遇，特别是在快递、电信、旅游三个服务部门视情允许独资；第四，在人员流动方面提供更加宽松和便利的条件。

中国在对 WTO 承诺基础上，在 6 个主要服务部门的 28 个分部门对巴基斯坦服务提供者进一步开放，具体包括采矿、研发、环保、医院、旅游、体育、交通、翻译、房地产、计算机、市场调研、管理咨询、印刷出版、建筑物清洁、人员提供和安排服务等。

第四节　"一带一路" 倡议下中巴经济走廊所带来的合作机遇

一、"一带一路" 构想及中巴经济走廊战略

（一）"一带一路" 倡议构想

2013 年 9 月和 10 月，国家主席习近平在出访中亚和东南亚国家期间，先后提出共建"丝绸之路经济带"和"21 世纪海上丝绸之路"（即"一带一路"）的重大倡议。

"一带一路"倡议规划涵盖 50 多个国家、44 亿人口，占全球总人口的 63%，覆盖区域经济总量 21 万亿美元，约占全球 29%。其中发展中国家居多，许多国家基础设施建设水平普遍较低，提升空间巨大。部分国家缺水、缺电、交通设施落后。区域内高收入国家与低收入国家发展差距大，各国交往并不通畅，部分高收入国家也面临主要依靠能源出口、产业结构单一的问题。

"一带一路"以丝路基金、亚洲基础设施投资银行、金砖国家开发银行等机构为资金池，通过充分利用中国巨大的外汇储备，以债券、基金等形式吸收各类社会资本，允许企业、银行发行离岸人民币债券等方式吸纳资金，重点用于各国及国家之间的基础设施建设，共同进行能源开发、产业合作、金融合作等，打造区域互联互通，促进各国贸易交往和投资合作。以"一带一路"为依托，中国的电子、交通、工程机械、电力行业可以向覆盖区域内的国家出口投资，通过资本输出带动产能输出，加强区域协同，盘活区域经济。[①]

总体来说，共建"一带一路"致力于亚欧非大陆及附近海洋的互联互通，

---

① 新浪财经 http://finance.sina.com.cn/c/t/20150325/143293.shtml《大热的"一带一路"到底是什么》，浏览于 2015 年 8 月。

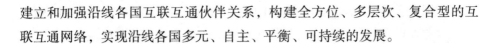
建立和加强沿线各国互联互通伙伴关系，构建全方位、多层次、复合型的互联互通网络，实现沿线各国多元、自主、平衡、可持续的发展。

（二）中巴经济走廊经济意义及发展规划

中巴经济走廊是"一带一路"倡议迈出的第一步，外交部长王毅将其比喻为"'一带一路'交响乐中的第一乐章"，对中巴两国都具有重大意义。中巴经济走廊将促进共同发展，深化双边合作，加强两国政治、经济、文化交流及人民友好往来，充分体现两国"全天候战略合作伙伴关系"，揭开合作共进的新篇章。

中巴经济走廊起于喀什，连接巴基斯坦的瓜达尔港，全长近3 000公里（喀什—红其拉甫—巴基斯坦苏斯特—洪扎—吉尔吉特—白沙瓦—伊斯兰堡—卡拉奇—瓜达尔港），北接"丝绸之路经济带"，南连"21世纪海上丝绸之路"，是贯通南北丝路关键枢纽。中巴将在这一路线进行包括公路、铁路、油气和光缆通道在内的交通运输建设和电力设施建设，同时还将沿线开展重大项目、基础设施、能源资源、农田水利、信息通信等多个领域的合作，创立工业园区和自由贸易区。

巴基斯坦总理谢里夫曾表示中巴经济走廊是巴基斯坦面临的史无前例的经济发展机遇，能够改变本地区命运。其对巴基斯坦交通等基础设施和电力设施建设推动作用不言而喻，沿线建立的工业园区、自由贸易区还将积极吸引中国企业入驻投资设厂，全方位提振巴基斯坦各行业发展，提供众多就业岗位。这意味着中巴经济走廊使巴基斯坦在基础设施、能源、贸易、电力等社会经济领域全方位受益。

与此同时，中巴经济走廊将对中国经济发展也有诸多层面的意义。首先，中国目前正在建立喀什经济特区，需要大量资源，中巴经济走廊建成后，连接喀什和瓜达尔港的公路、铁路能够为中国经济欠发达的西部地区提供前往阿拉伯海的高速通道，大大缩减西部地区对外贸易交通成本，除了助推喀什经济特区建设外，其经济影响还将辐射中国西部大开发地区。其次，中巴经济走廊支持中国企业走出去，将中国生产附加值较低的生产链进行转移，开辟海外市场，释放国内某些行业过剩产能。再次，中巴经济走廊还对中国能源进口安全具有重要战略意义，瓜达尔港口至喀什路线

2 500公里输油管道可以使中国进口原油运输绕开马六甲海峡,缩短运输距离,还可以减少对中缅输油管道依赖,保障中国原油进口输运通道安全。最后,中巴经济走廊还将加强中国通阿富汗之间的贸易往来,并辐射西亚和非洲地区。

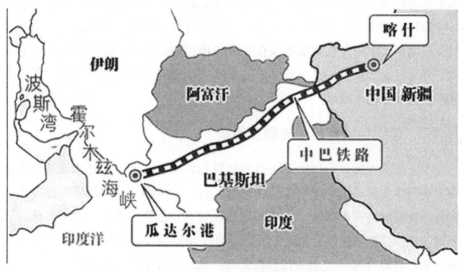

图8.1　中巴经济走廊路线示意图

中巴经济走廊的建设将充分开发利用沿线能源资源,打造区域互联互通,促进区域贸易交往与投资合作,带动周边经济发展,成为源源不断输送能量的"经济大动脉",打开两国全天候多领域合作的新局面。

二、中巴经济走廊发展进程

2013年5月,李克强总理出访巴基斯坦,提出打造北起喀什、南至瓜达尔港的经济大动脉,推进双方互联互通,加强交通、能源、海洋等领域的交流与合作,促进两国共同发展。

2013年9月和10月,国家主席习近平出访中亚和东南亚国家提出共建"一带一路"倡议。

2014年11月,双方签署《中巴经济走廊能源项目合作的协议》。

2015年4月8日,"中巴经济走廊委员会"在伊斯兰堡正式成立。委员会的宗旨在于整合资源,汇聚各界力量,为经济走廊的建设提供支持,并推动巴中两国在技术等方面的交流与合作。[1]

2015 年 4 月 20 日至 21 日，习近平主席对巴基斯坦进行国事访问，与巴基斯坦总理谢里夫举行了中巴经济走廊五大项目破土动工仪式，并签订了中巴 51 项合作协议和备忘录。合作协议主要为包含核能、中巴经济走廊项目和瓜达尔港建设三大领域构成的一揽子项目投资计划，投资总额约 460 亿美元。

2015 年 8 月 11 日至 12 日，中巴经济走廊新疆·克拉玛依论坛在油城举行。在闭幕式上双方共同签署了总价值约 103.5 亿元人民币的 20 项合作备忘录，并通过论坛宣布了《克拉玛依宣言》。签约清单涵盖能源、电力、工业园区等基础设施建设项目。

三、中巴经济走廊优先建设领域

中巴经济走廊并不局限于通道的建设和贯通，更重要的是以此带动中巴双方在经济走廊沿线开展产业园区建设，将中国西部大开发战略与巴基斯坦国内经济发展进程相结合，进一步加强在贸易、投资、能源、农业、金融等领域的合作。整个建设分为三个阶段：2017 年完成短期工程，2025 年实现中期规划，2030 年最终建成中巴经济走廊。这在过程中，双方将集中力量，优先完成交通基础设施、港口和航运、能源三方面建设。[2]

（一）交通基础设施建设

当前，中国境内喀什至红其拉甫边境口岸的交通设施已经建设完毕，未来将重点推进巴基斯坦国内红其拉甫边境口岸至瓜达尔港口的交通设施建设。最先推进的 4 项工程为：喀喇昆仑公路升级改造二期工程、卡拉奇—拉合尔的高速公路、东方港湾高速公路、新瓜达尔国际机场。

（二）海岸和港口设施建设

在瓜达尔港口的 5 年运营计划中，来自两方面的压力使得瓜达尔港

---

① 人民网 http://world.people.com.cn/n/2015/0409/c1002 – 26820417.html《巴中经济走廊委员会成立仪式在伊斯兰堡举行》2015 年 4 月 9 日。

② Punjab Board of Investment & Trade（PBIT）–《PAK – CHINA ECONOMIC CORRIDOR》，2015.

口建设意义重大——瓜达尔地区与俾路支省的联动发展以及瓜达尔港口在中巴经济走廊建设中的重要地位。中巴经济走廊的合作机制将给这一港口提供加速发展的环境。同时，当地社区人民的主动性对于港口建设十分重要，因此瓜达尔港口的配套系统如仓储仓库、酒店旅馆与当地民生有关的水供给系统、职业培训机构以及医院等设施的建设都十分紧迫。

（三）能源项目

电力规划专家达成共识的项目清单中，优先建设的项目工程必须达到年10 400 兆瓦的发电产能，这样才能实现项目预期的计划。预计在 2017/2018年，地热能、太阳能、风能发电设施建成并投入使用，2020 年实现水力发电设备的投入使用。其中下述 5 项工程将承揽 5 520 兆瓦的年发电量：沙西瓦尔煤电厂（1 320 兆瓦）、Hubco 电力公司煤电厂（1 320 兆瓦）、卡西姆港口煤电厂（1 320 兆瓦）、塔尔煤电厂（660 兆瓦）、巴哈瓦尔布尔 Quaid Azam 太阳能工业园区的太阳能电厂（900 兆瓦）。

专栏：中国企业在巴基斯坦计划、在建和完成的大型项目

旁遮普生光伏地面电站项目（900 兆瓦）——世界上最大单体太阳能发电工程，由中兴能源有限公司投资建设；

吉姆普尔风电项目（500 兆瓦），计划总投资额 13 亿美元，由联合能源集团和葛洲坝集团共同投资建设；

卡西姆火电站（1 320 兆瓦），由卡塔尔的一家投资公司和中国电力建设集团下属公司共同投资建设；

卡拉奇核电项目，将向巴基斯坦输出 5 台"华龙一号"核电机组，预计投资 150 亿美元，由中核集团投资建设；

卡洛特水电站（720 兆瓦），南亚投资有限公司承建；

Quaid－e－Azam 太阳能园区大型光伏电站（100 兆瓦）已竣工投运，该项目由特变电工新能源公司承建；

新瓜达尔国际机场，预计投资 17 亿美元，由中国交建承建；

> 喀喇昆仑公路改扩建（雷科特—红其拉甫）2013 年年底竣工，由中国路桥工程有限公司承建；
>
> 喀喇昆仑堰塞湖改线项目，2015 年 9 月竣工，由中国路桥工程有限公司承建。

四、中巴经济走廊前期招标项目

鉴于巴基斯坦国内电力短缺的巨大缺口以及交通设施落后是提振经济的最大客观阻碍，因此电力设施建设以及交通设施建设将是目前中巴经济走廊投资的重点领域。以下介绍这两个领域的重点招标工程。[①]

（一）电力设施建设

巴基斯坦电力缺口庞大，当前需求为发电功率 14 000 – 22 000 兆瓦，供给仅为 12 500 – 17 000 兆瓦，缺口约为 5 000 兆瓦。到 2020 年，为满足巴基斯坦全国电力需求，行业发电功率需达到 34 000 兆瓦，计划提升全国发电能力 17 000 兆瓦。

巴基斯坦拥有丰富的煤矿资源，因此国内有建设大型火电站的需求，多集中于煤矿资源丰富的旁遮普省和信德省。此外巴基斯坦还大力发展新能源及可再生能源，要求到 2030 年，风能产能 5 000 兆瓦、太阳能 2 500 兆瓦、小水电项目 500 兆瓦。为促进本国电力生产，巴基斯坦政府不仅鼓励国外大型企业以工程承包方式援建大型发电项目，同时鼓励私营部门进入本国电力生产行业，投资小水电项目等小型发电项目。截至 2014 年，巴基斯坦私人投资电力行业工程项目达 29 个，总投资 96.4 亿美元，产能 8 657 兆瓦。

电力行业投资机会有：（1）入驻 Gaddani 电力园区；（2）旁遮普省和信德省政府鼓励到当地煤矿区投资火电厂；（3）Turtonas – Uzghor 水电工程（58 兆瓦）招标；（4）Neckerdim Paur 水电工程（80 兆瓦）招标；（5）Athmuqam 水电工程招标；（6）Rajdhani 水电工程招标。

---

① 巴基斯坦投资局 http：//boi. gov. pk/InfoCenter/ImportantLinks. aspx 巴基斯坦 2014 年 10 月国际投资会议文件。

部分核心工程要求入股，签订 EPC 合同、运营维护合同以及提供机电设备援助、信贷援助：（1）Azad Pattan 水电工程（640 兆瓦）；（2）Chakothi Hattian 水电工程（500 兆瓦）；（3）Kaigah 水电工程（548 兆瓦）。

> **专栏：电力生产鼓励政策**
>
> （1）免征企业所得税、流转税和销售税，仅对非本国制造的工厂和设备征收 5% 的优惠进口关税；
>
> （2）共和党保证对产出电力进行采购；
>
> （3）保护不可抗力对企业造成的危害、避免法律和税收体制改变给企业带来的损失；
>
> （4）电力购买方承担水电工程带来的水文风险；
>
> （5）准许以当地原煤为燃料的煤电厂 ROE 达 20%，水电项目 ROE17%；
>
> （6）根据汇率和燃料价格变动调整关税；
>
> （7）根据 CPI 指数调整关税；
>
> （8）政府保证电力项目所获收益可以完全兑换为外币。

（二）交通设施

当前巴基斯坦公路运输占据全国货运规模 95%、客运规模 90%，铁路设施货运规模仅为 5%、客运规模 8%，航空仅承担 2% 的客运。全国公路密度 0.32 公里/平方公里。在巴基斯坦政府发展规划蓝图《2025 展望》中，交通设施基础建设是 7 大优先发展领域之一。至 2025 年，将把公路密度提高至 0.45 公里/平方公里，铁路货运规模提升至 20%。

中巴经济走廊也是以交通设施建设为基础，初期重点工程多为公路、铁路项目，由于项目规模庞大、投入资金量高、影响范围广，故巴基斯坦政府推动以 PPP（public‐private partnership）模式来进行。中巴经济走廊初期重点项目为喀喇昆仑道路、卡拉奇—拉合尔高速公路及瓜达尔港口建设。前期各项目分段招标情况如下：

1. 喀喇昆仑道路

Khujerab‐Raikot（已完成）；Raikot‐伊斯兰堡（487KMs，工程总承包）。

2. 卡拉奇—拉合尔高速公路

（1）拉合尔—阿卜杜勒哈基姆（BOT）；（2）苏库尔—木尔坦（375km，工程总承包）；（3）苏库尔—海德拉巴（345KMs，BOT）；（4）海德拉巴—卡拉奇（36KMs，BOT）。

3. 瓜达尔港口

（1）瓜达尔—Ratodero（892KMs）；（2）Hoshab—Sorab（450KMs）。

更多项目可见巴基斯坦投资局网站 http：//boi. gov. pk/InfoCenter/CPEC. aspx.

五、中巴经济走廊面临的挑战

需要指出的是，在迈向中巴经济走廊光明前景的过程中，两国都面临来自诸多方面的挑战。恶劣的地理环境首当其冲，例如中巴经济走廊计划建设的公路和铁路需要穿越崇山峻岭，面对山区恶劣的气候环境，这都将对工程施工带来难以想象的困难。其次，巴基斯坦电力紧缺的局面是制约大型工程项目施工的重要原因，即使是首都伊斯兰堡，夏天也面临着最长 12 小时的停电。最严重的问题还是来自恐怖主义，巴基斯坦时常紧张的安全局势使中国投资者、在巴基斯坦技术工程人员等承受巨大压力。

面对这些困难，前往巴基斯坦投资的中国企业首先需要进行认真的前期考察，彻底了解工程项目、投资设厂的客观环境，做好充分应对准备。电力供应紧张局面一时难以缓解，但随着各大能源项目逐步竣工投产，这一情况将得到逐渐改善。在巴投资的中国企业最关注的应为企业、员工在当地的安全问题。在这一点上，在巴中资企业要积极融入巴基斯坦当地人民生活之中，尊重对方的宗教文化习俗，为当地人民提供就业岗位，利用好中国在巴基斯坦的民意基础及官方和军方的保护措施，在突发情况下及时向驻巴大使馆等相关部门寻求帮助。为克服这些问题，仅靠单边的力量是远远不足的。巴基斯坦政府对中巴经济走廊战略的高度认可与积极配合，严肃打击国内恐怖势力，加强对中方企业的保护等措施以及中巴人民之间的深厚友谊都将强化两国实现这一战略的信心。坚定不移稳步推进中巴经济走廊建设，深化各领域务实合作，需要双方携手并进，共同努力，切实行动，取得实实在在的成果。

第九章 中国与巴基斯坦贸易投资合作风险及应对

在中国与南亚各国双边关系中，中国与巴基斯坦始终保持着"铁杆朋友"关系，巴基斯坦国内无论是民选政府当政还是军人政权当政都一贯执行对华友好政策。2015年4月习近平主席访问巴基斯坦期间，提出将双方的"战略合作伙伴关系"进一步提升为"全天候战略合作伙伴关系"，有了友好的双边政治关系做保障，中国企业在巴基斯坦贸易投资面临"高层政治"风险概率较低。但巴基斯坦地处大国博弈核心地带，政治风险、恐怖主义事件、民族宗教等给中国企业在巴进行贸易投资带来了潜在风险。因此，对于中国企业在巴基斯坦贸易投资合作的风险进行分析与防范成为重要的必修课之一。

第一节 政治风险及应对

EIU① 对巴基斯坦政治风险评级为 CC 级②。

巴基斯坦虽历来与中国保持良好关系，但由于恐怖组织、教派冲突，使得中国企业投资巴基斯坦的政治风险增加。因此，我们可以从贸易/投资前和贸易/投资后两个层面进行政治风险的防范与应对。投资前的防范工作主要包括实施风险评估、加强媒体宣传造势、投保境外投资保险；投资后的工作主

---

① Country Risk Service March 2015, Pakistan, EIU.

② Ratings are derived from the scores as follows：100 – 89 = D；92 – 79 = C；82 – 69 = CC；72 – 59 = CCC；52 – 39 = BB；32 – 19 = A；22 – 9 = AA；12 – 0 = AAA

要有处理好与政府、群众的关系、加强企业自身监管等。

一、做出全面客观的政治风险评估

我国企业在做投资巴基斯坦的决策时，第一步应该是全面考察巴基斯坦的政治、社会环境，以及与本公司投资项目相关的法律法规。进行考察时可以借助于专业咨询公司或专门风险评估机构，比如美国的 Standard & Poors、英国的 Euromoney，尽可能客观地评估巴基斯坦投资的政治风险，重点分析那些有可能使营商环境突然改变的政治力量。中国出口信用保险公司每两年发布的《国家风险分析报告》，从产业结构、投资环境、双边贸易等角度做出目标国家总体风险评估。2011 年中信保《国家风险分析报告》对巴基斯坦的参考评级是 8（8/9）级，[①] 国家风险水平显著，未来风险水平有待观望。[②] 此外，还可以参考商务部国别障碍报告以及国别投资指南。

二、加强媒体在当地的宣传

重视媒体的力量，加强媒体的正面宣传是增强中国企业与当地社会融洽度的首要任务，是一个不应被忽略的公关活动。例如，在企业投资巴基斯坦前，可以通过巴基斯坦媒体宣传该企业将给当地新增多少就业岗位，每年缴税金额将达到多少，将承担什么样的社会责任，开展什么样的公益活动等，说明中国企业在追求利润的同时，也在尽可能解决巴基斯坦基础设施落后、人民生活水平低的问题。通过当地的网络、报纸宣传合作共赢的思想，让当地政府和群众提前了解中国企业，增加亲切感，这也是为企业日后树立良好的公众形象打下基础。

三、投保境外投资保险

国际上通行的应对政治风险的措施是通过投保进行分散，中国在巴基斯坦的企业也应该充分利用好保险业务保障自身的利益。在开展对巴基斯坦投资和

---

① 中信保国家风险参考评价共分为 9 个等级，从 1 到 9 风险水平依次增加。1 为最好，9 为最差。

② 中国出口信用保险公司，《国家风险分析报告 2011 版—巴基斯坦》。

贸易业务时，可以使用中国出口信用保险公司提供的保险服务（www. sinosure. com. cn）。中国出口信用保险公司是由财政部出资设立的国家政策性金融机构，也是中国唯一承办政策性出口信用保险业务的金融机构。该公司提供的信用风险保障产品包括了政治风险和商业风险。具体来说，对支持企业海外投资合作的保险产品有短期/中长期出口信用保险、海外投资保险和融资担保等，对海外并购企业建议投保并购保证保险，对海外销售的企业可以投保产品责任保险，对因投资所在国发生的战争、政治暴乱、违约等政治风险造成的经济损失提供保障。

四、与当地政府、群众融洽相处

巴基斯塔有4个省，旁遮普省、信德省、西北边境省和俾路支省，各省的省长都受联邦政府领导，但各省对本地经济、社会发展拥有较大的自治权利，所以中国企业要处理好与地方政府的关系，保持与各级政府的紧密联系，在遇到经营困难时也可以恰当进行反映寻求帮助。特别注意因过度追求经济利益而与当地政府、教派产生纠纷。巴基斯坦是一个伊斯兰教为主要教派的国家，企业要提前做好有关当地习惯、风俗、禁忌的功课，了解所在地区大家族、大宗教团体情况，尊重当地员工的宗教信仰，如有余力可以参与当地的公益活动，赢得政府和百姓的尊重和好感。

五、加强企业自身监管

在巴基斯坦的中国企业要想实现长久稳定发展，一定要加强对自身监督和管理。杜绝生产、销售假冒伪劣产品，提高服务质量和办事效率，抵制商业贿赂行为，做到诚信经营，守法经营。企业要了解巴基斯坦《劳动法》中关于雇佣的条款，依照规定订立雇佣合同，按期发放工资。对中方员工进行规范管理，不要打扰当地员工做礼拜的时间，在斋月时期的工作时间可做适当调整，切忌在公司聚餐上吃猪肉或者饮酒，切忌在当地人面前谈论亵渎穆斯林的话题，女员工忌穿着暴露，如要投放涉及女性的广告，因事先向当地媒体了解是否可行。

六、巴方军队保护中国投资

安全因素是影响巴基斯坦进一步吸引外资的主要因素之一。2014年2月

25 日，巴基斯坦召开内阁会议，鉴于在巴西南部俾路支省的中国工人有遭受袭击的风险，巴政府计划通过增强对基本安全的保障，来缓和中国投资者的担忧。2014 年 3 月，巴基斯坦政府决定向在巴中国投资者提供军方的保护。根据环球时报[1]的报道，巴基斯坦将训练超过 1.2 万名警察和边防军，组成特别安全部队，为参与矿区、瓜达尔港、能源等建设项目的 8 100 名中国工人提供安保。

第二节　经济环境问题及应对

巴基斯坦的经济困境主要源于基础设施建设落后、金融业风险、产业基础薄弱、政策不明朗等，EIU[2] 对其 2014 年经济结构风险评级为 B 级、银行业风险评级为 CCC 级[3]。

一、基础设施问题

用国际标准来看，巴基斯坦的基础设施建设相对落后。[4] 随着人口增长，这些问题变得日益严重。据估计，由于基础设施建设不足，巴基斯坦每年损失约 600 万美元，占 GDP 的 4% ~ 6%。随着巴基斯坦经济的开放，这些问题也影响着在巴基斯坦投资的企业，比如由于公路短缺带来的物流不畅，增加了产品 30% 的运输成本，[5] 削弱了巴基斯坦产品在出口方面的竞争力。

巴基斯坦政府意识到基础设施落后对经济的制约，也希望大力发展本国水、电、公路、港口等设施。但政府资金严重不足，巴基斯坦央行发布的《基础设施建设融资季度评论》预计在 2020 年，巴基斯坦政府需要将基建投资金额提高到占 GDP 的 10%，才能填补基础设施建设的资金缺口。

---

① 环球网：《巴基斯坦拟设特别安全部队保护中国工人》，2015.3.31，http：//world. huanqiu. com/exclusive/2015 – 03/6053000. html.

② Country Risk Service March 2015, Pakistan, EIU.

③ Ratings are derived from the scores as follows：100 – 89 = D；92 – 79 = C；82 – 69 = CC；72 – 59 = CCC；52 – 39 = BB；32 – 19 = A；22 – 9 = AA；12 – 0 = AAA. Higher scores are better.

④ The Pakistan Infrastructure Report, State bank of Pakistan , 2013.

⑤ The Pakistan Infrastructure Report, State bank of Pakistan , 2013.

此外，巴基斯坦政府在开工、管理基建方面能力也不够，[①] 开始鼓励私人部门参与基础设施建设，但进度缓慢，原因在于用何种方式引入以及如何有效地对企业进行约束的政策并未出台。此外，巴基斯坦在基建方面也高度依赖外国援助和贷款，一些规划中的基建项目仍然建设进度滞后。

（一）能源供给问题

巴基斯坦能源的需求以每年 7.4% 的速度增加，已经造成大约 2 000 千兆的电力短缺。巴基斯坦的装机容量是 2 371.8 万千瓦，但由于一些工厂老旧、水利发电工程无法运转、输电损耗和窃电损失高，可用容量低于装机容量。以 PEPCO[②] 辖区为例，实际电力需求超过实际发电能力 600 万千瓦。

巴基斯坦政府已经采取提高电力的措施，如兴建国内第一家太阳能发电站。但是，巴基斯坦对电力的征税过低，无法弥补生产成本，也无法保证电力供应商的收入，使能源领域的公司债台高筑，这便是即便石油价格下降巴基斯坦依然普遍能源短缺的原因。EIU 预测巴基斯坦最快能在 2019 年彻底解决能源短缺问题。

（二）公路运力问题

截至 2013 年年底，巴基斯坦公路里程有 263 775 公里，包括 17 条国道、6 条高速公路、3 条战略公路和若干辅道。巴基斯坦的公路密度是 0.32 公里/平方公里，低于周边国家 0.5 公里/平方公里的平均公路密度。巴基斯坦内陆货运和客运的年均增长分别为 10.6% 和 4.4%。从巴基斯坦港口走公路运输到其北部地区需要 4–6 天，几乎两倍于在东亚或欧洲公路运输同样路程的时间。

（三）自来水供应问题

持续的城镇化和工业化增加了水的使用和消费，给巴基斯坦自来水的供应造成较大负担。目前，灌溉用水占巴基斯坦总供水的 93%，剩下的 7% 供

---

① 对外投资合作国别（地区）指南 – 巴基斯坦，商务部国际贸易经济合作研究院，2014.

② PEPCO：巴基斯坦国家电力公司。

应城市和农村生产及生活。除卡拉奇、海德拉巴和伊斯兰堡部分地区，城市供水都来源于地下水，农村供水主要依靠地下水和灌溉渠。根据政府的报告，巴基斯坦只有65%的人口可以获得安全的饮用水。[1] 面对不稳定的水供应，巴基斯坦人用电动泵抽水、打井、建大型的存水池等方式，却进一步增加了水资源的分配不公。

（四）移动通信价格问题

2003年，巴基斯坦解除了对移动电话使用的限制，并对外开放电信行业。根据巴基斯坦电信局的统计，截至2014年5月末，巴基斯坦移动电话用户达1.392亿人次，占全国人口76.2%。巴基斯坦政府在2014年4月举行了3G/4G的电信运营执照拍卖，包括中国移动巴基斯坦分公司——"宗"（Zong）在内的3家电信公司参加了竞拍。"宗"以3.06亿美元战胜对手，拍得巴基斯坦唯一的4G牌照，又以2.1亿美元拍得一张3G牌照。但由于3G/4G昂贵的月租费用（二者的月租费是12~30美元），使用2G手机的人仍占绝大多数。截至2014年8月，巴基斯坦3G手机用户不超过120万人，4G手机开通仅5万部。因为目前2G手机的月租费只有5美元，3G/4G的月租费超出一般消费者的承受力。

二、金融业风险

巴基斯坦的金融业风险主要表现为货币风险、银行业风险。

（一）货币风险

2014年国际油价下跌，预期将降低巴基斯坦2015—2016年的名义进口额和通货膨胀率，并降低卢比大幅贬值的风险。然而，巴基斯坦持续的贸易和经常账户赤字意味着其国际收支状况差强人意。[2]

（二）银行业风险

2015年国际油价下降预期将刺激银行业发展，巴基斯坦银行业长期被严重的通胀和缓慢的GDP增长拖累。但巴基斯坦的存贷比较低，且商业银行持

---

[1] Medium Term Development Framework 2005—2010.

[2] EIU, Country Risk Service March 2015, Pakistan.

有净流入外国资金，这对稳定巴基斯坦的银行业有一定的帮助。

三、产业配套风险

巴基斯坦被联合国列为 24 个最不发达国家之一，主要依靠农业，工业基础薄弱，门类不齐全。工业主要以生产原材料和加工初级产品为主。在巴基斯坦投资需要克服产业链不健全、上下游配套企业缺失的问题。此外，巴基斯坦对资源的开发能力较弱。

四、征地移民风险

在巴基斯坦投资建厂需要考虑到征地移民的问题。巴基斯坦实行土地私有，政府没有权利强行征收土地，在投资建设的过程中一旦有对征地赔偿不满意的地主选择上诉，将会造成工期延长，带来经济损失。且巴基斯坦土地较分散，企业如需征得土地需要一块一块地去谈判，按照每平方米出价，于是价格越抬越高。巴基斯坦各省对获得土地的规定有所不同，详情请参考以下网站：www. sbi. gos. pk（信德省投资委员会），www. balochistan. gov. pk（俾路支省政府），www. investinkpk. org. pk（开普省投资局）。

五、财政和税务改革不明确

2013 年国际货币基金组织（IMF）开始为巴基斯坦提供为期 3 年的中期贷款，以支持其经济改革并推动包容性的经济增长。首批向巴基斯坦提供的援助贷款为 5.4 亿美元，剩余的贷款将在 IMF 完成季度性项目评估后逐笔发放。季度性项目评估包括要求巴基斯坦大力削减财政赤字等，EIU 预测巴基斯坦短期内的经济政策将围绕财政赤字的削减进行。IMF 的中期贷款将于 2016 年结束，虽然这笔资金在缓解巴基斯坦的国际收支平衡压力方面有所作用，但 EIU 认为因经常账户的赤字和外币计价的债务较高，巴基斯坦经济基本面依然疲弱。

2014 年 6 月，巴基斯坦政府发起私有化改革，售卖了国家银行和巴基斯坦石油有限公司的股权。但由于谢里夫派受到对立党的抗议，该改革进程缓慢。此外，如何重建企业从而让投资人对长期亏损的国有企业感兴趣也让政府感到困难重重。

2014 年 6 月，巴基斯坦财政部提出税制改革方案，拟将税收规模提高约 5 000 亿卢比。首先增加富人的赋税，通过区别化的预扣税税率提高其纳税

额；其次将营业税税率降至 5% ~ 7%，将组建专门委员会研究降低营业税的
细则；再次是严厉打击偷税漏税行为。然而，2014 年 12 月，巴基斯坦食糖业
协会将食糖业的标准营业税提高至 17%，与财政部的税制改革相违背。贸易
方面，巴基斯坦政府每年公布新财政年度的贸易政策，会对部分进出口商品
税率进行调整，应随时关注巴基斯坦商务部网站。

六、应对经济风险的措施

(一) 借力"一带一路"投资巴基斯坦基础设施建设

虽然巴基斯坦基础设施建设落后、产业基础薄弱，但随着中国"一带一
路"倡议的落地，巴基斯坦的基建状况将得到改善。2015 年 4 月，习近平主
席访问巴基斯坦，共签署总价值 460 亿美元的投资协议，投资的主要领域均
是巴基斯坦大型基础设施建设领域，如电力、天然气、铁路、港口、公路、
通信等。比如在电力方面，中国许诺到 2017 年，成本为 155 亿美元的煤电、
水力、太阳能和风力发电项目将启动，届时巴基斯坦国家电网增加总装机容
量 10 400 兆瓦，在一定程度上缓解电力短缺的问题。

(二) 做好风险规避工作

中国企业在巴基斯坦开展贸易、投资、劳务合作和承包工程前，可以利用
当地的人力资源建立一支经验丰富的团队，充分地调研营商环境，了解如征地、
税收、行业规范、劳务等细节问题，对所在地区的政治环境和商业风险加以评
估，开展针对合作伙伴或相关方面的资信调查以及对项目本身进行可行性分析。
建议企业利用专业的风险管理机构或保险金融机构进行风险规避，比如中国进
出口银行提供的商业担保业务，商业银行提供的对外担保业务等。

第三节 自然灾害风险

2011 年联合国气候变化大会期间，欧洲某 NGO 组织公布了"气候风险指
数"报告，报告显示，2010 年巴基斯坦、危地马拉、哥伦比亚和俄罗斯是全
球受极端气候和自然灾害影响最大的 4 个国家。频发的自然灾害不仅影响巴

基斯坦国民的正常生活，也给国家带来巨大的经济损失。据苏黎世保险发布的研究报告，仅 2014 年 9 月份印度和巴基斯坦的洪水灾害就造成了 180 亿美元以上的经济损失。

巴基斯坦位于"地中海—喜马拉雅地震带"上，地震频发，给老百姓的生活、生产带来诸多不便。2014 年 5 月 9 日，巴基斯坦南部地区讷瓦布沙阿发生 5.0 级地震，造成至少 40 多人死伤。2013 巴基斯坦境内共发生 3 次 7 级以上重大地震。

巴基斯坦受热带季风气候的影响，且防洪基础设施落后，雨季期间常年遭受洪水侵袭，损失严重。2015 年 7 月，巴基斯坦旁遮普省南部连降暴雨，导致印度河水上涨，附近 200 多座村庄被淹，多座桥梁及房屋被毁，基础设施遭受损坏。

应对自然灾害和卫生问题的措施包括：

一、建立安保预案

地震、洪灾等自然灾害往往发生在一瞬间，需要企业提前做好预案，防患于未然。密切关注气象信息，可在中国驻巴基斯坦大使馆经济商务参赞网站（www. pk. mofcom. gov. cn）查看提示预警。预案内容包括全体员工名录及电话、撤离路线、临时集合地点、应急车辆的指定等。有条件的可以为员工购买保险，特别是中国赴巴基斯坦的劳务人员。

二、自备药品

前往巴基斯坦可携带常备药品，比如清凉油、止泻药、感冒药、医治肠胃疾病的药品等。有条件的也可接种预防疟疾、黄热病、乙肝、乙脑等疫苗。注意饮食卫生。

第四节　其他风险及应对

一、慎选项目代理人

中国企业在巴基斯坦开展贸易、投资、承包等业务时，一般需要在当地找代理人以获取相关信息、参与项目实施、解决实施过程中的问题。工程承揽商与代理人之间需要签署市场合作协议，协议中应明确双方的权利与义务、代理费的比例及支付形式、协议的唯一性和排他性等问题。待项目中标后，随着业主工程款的支付进度和额度，支付给代理人代理费。代理人通过自身关系获取一定的项目信息后，与中方合作研究其可行性，决定是否参加投标。承包商要慎重选择资信好、实力强、能办事的代理机构。一定要注意甄别一些小公司和个人的商业信誉，以免受骗。

二、创新投资的策略

防范风险还可以通过加强与当地企业之间的联合，以集团方式参与贸易和投资以增强抵抗风险的能力。巴基斯坦政府推广的 BOT 和 PPP 经营模式也可以进行尝试。BOT 是指政府通过契约授予私营企业（包括外国企业）以一定期限的特许专营权，许可其融资建设和经营特定的公用基础设施，并准许其通过向用户收取费用或出售产品以清偿贷款，回收投资并赚取利润；特许权期限届满时，该基础设施无偿移交给政府。PPP 是指政府与民营机构签订长期合作协议，授权民营机构代替政府建设、运营或管理基础设施（如道路、桥梁、电厂、水厂等）并向公众提供公共服务。

三、外派劳务注意事项

（一）注意用工的规范

根据国内的相关规定与外派劳务人员签署规范的劳动合同，条款应清晰明确。明确告知工作地点、工作时间、工作待遇、工作和生活环境以及医疗保险等，由外派企业申请工作签证，劳务人员只能为该企业工作。如果外派企业是一些不符合办理签证的单位，会造成外派员工的身份不合法。

（二）对劳务人员进行培训

劳务人员派出前，外派企业必须对其进行培训，介绍巴基斯坦基本国情、风俗人情、宗教禁忌等。由于巴基斯坦安全局势严峻，大城市也不乏抢劫、偷窃、假冒警察持枪抢劫案件，应提示外派人员在巴基斯坦提高安全意识，减少不必要的外出，如不得不前往人烟稀少的边远地区，最好结伴而行。

附录1 巴基斯坦政府部门及 经贸机构一览表

伊斯兰堡政府

秘书处电话：0092 - 51 - 9206211

商务处电话：0092 - 51 - 9205708

纺织部

地址：1st Floor, Evacuee Trust Complex, Agha Khan Road, F - 5/1, Islambad.

电话：9212799　9217242

网址：http：//www. textile. gov. pk/

国家卫生服务、监管和协调部

地址：LG&RD Complex, G/5 - 2, Islamabad.

电话：051 - 9245814

传真：051 - 9245815

网址：http：//nhsrc. gov. pk/

药品监督局

地址：2nd Floor, Block C, Pakistan Secretariat Islamabad 或 Telecom Foundation (TF) Complex, Building, 7 - Mauve Area, G - 9/4, Islamabad.

电话：092 - 051 - 9202566

传真：092 - 051 - 9205216

邮箱：contact@ dra. gov. pk

网址：http：//www. dra. gov. pk/

药品局

地址：Chamber of Commerce Building, Talpur Road, Karachi.

电话：+92 - 21 - 3241 0814 或 15

传真：+92 - 21 - 3247 7503

邮箱：nhussain@ csquareonline. com

网址：http：//www. pharmabureau. org/

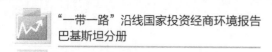
续表

巴基斯坦水电部
地址：Room No. 201 - 204, 2nd Floor, A Block Pak Secretariat, Islamabad, Pakistan.
电话：+ (92 - 51) 9212442, 9210533
传真：+ (92 - 51) 9224825
网址：http：//www. mowp. gov. pk/

巴基斯坦国家电力监管局
地址：NEPRA Tower Attaturk Avenue (East), Sector G - 5/1, Islamabad.
电话：+92 51 2013200
传真：+92 51 2600021
邮箱：info@ nepra. org. pk; office@ nepra. org. pk
网址：http：//www. nepra. org. pk/

巴基斯坦投资局
地址：Ataturk Avenue, G - 5/1, Islamabad.
电话：+92 - 51 - 922 4101；+92 - 51 - 922 4101
传真：+92 - 51 - 921 5554
网址：http：//boi. gov. pk/

巴基斯坦电信管理局
网址：http：//www. pta. gov. pk/
服务部门
电话：+92 - 51 - 9216767
传真：+92 - 51 - 9216644
执法部门
电话：+92 - 51 - 9221444
传真：+92 - 51 - 2878139
政府及外部事宜
电话：+92 - 51 - 9207385
传真：+92 - 51 - 2878132
工程现场协调员
电话：+92 - 51 - 2878125
传真：+92 - 51 - 9225368
许可证
电话：+92 - 51 - 2878128
传真：+92 - 51 - 2878129

续表

法律法规 电话：+92 – 51 – 9225341 传真：+92 – 51 – 2878113 商业事宜 电话：+92 – 51 – 2878150 传真：+92 – 51 – 2878133
战略及发展部 电话：+92 – 51 – 2878130 传真：+92 – 51 – 2878120 电信收入保障 电话：+92 – 51 – 9212307 传真：+92 – 51 – 9214459
国家食品安全和研究部 地址：Ministry of National Food Security & Research，3rd Floor，B – Block，Pak Secretariat，Islamabad . 电话：0519210088 传真：0519205912，92519210616（公共传真） 邮箱：minister@ mnfsr. gov. pk 网址：http：//www. mnfsr. gov. pk/
经济及统计部 地址：Block – C，Economic Affairs Division，Islamabad. 电话：051 – 9201682 邮箱：webmaster@ ead. gov. pk 联络人：Mr. Pervaiz Ahmed Junejo，Sr. Joint Secretary 网址：http：//www. ead. gov. pk/
联邦税收局 地址：Constitution Avenue，G – 5，Islamabad. 税收法规和程序咨询热线：051 – 9207540 电子表格填写咨询 电话：051 – 111 – 772 – 772（9 am. to 9 pm. ） 邮箱：esupport@ pral. com. pk 网址：http：//www. fbr. gov. pk/

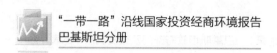
续表

信息科技部
地址：4th Floor, Evacuee Trust Complex, Agha Khan Road, F – 5/1, Islamabad.
电话：051 – 9201990
传真：051 – 9205233
邮箱：mos@ moitt. gov. pk
网址：http：//www. moitt. gov. pk/

商务部
地址：Room # 322, Block "A", Pak – Secretariat, Islamabad.
电话：+ 92 – 51 – 9205708
传真：+ 92 – 51 – 9205241
邮箱：mincom@ commerce. gov. pk
网址：http：//www. commerce. gov. pk/

巴基斯坦电子媒体监管局
地址：PEMRA Headquarters, Mauve Area G – 8/1, Islamabad.
电话：92 (51) 9107151 – 3
网址：www. pemra. gov. pk/

交通部
电话：9204918, 9204917
网址：www. communication. gov. pk/

石油和自然资源部
地址：Room No. 301, 3rd Floor, A block Pak Secretariat Islamabad.
电话：+ (92 – 51) 9210220
传真：+ (92 – 51) 9206416
邮箱：minister@ mpnr. gov. pk
网址：www. mpnr. gov. pk/

石油和汽油监管局
地址：54 – B, Fazal – e – Haq Road, Blue Area, Islamabad.
电话：051 – 9244090 – 98
传真：051 – 9244310
网址：www. ogra. org. pk/

续表

政府采购监管局

地址：1st Floor FBC Building Near State Bank，Sector G – 5/2，Islamabad – Pakistan.

电话：92 – 51 – 920 – 57 – 28，26

传真：92 – 51 – 921 – 91 – 49

网址：www. ppra. org. pk/

巴基斯坦标准及质量控制局

地址：Block – 77，Pakistan Secretariat Saddar，Karachi – 74400 – Pakistan.

电话：+92 – 21 – 99206260

传真：+92 – 21 – 99206263

24 小时免费服务热线：0800 – 80000

邮箱：psqcadg@ super. net. pk ，dgeneral@ psqca. com. pk

网址：www. psqca. com. pk/

港口和运输部

电话：9210322

网址：www. mops. gov. pk/

巴基斯坦知识产权保护局

地址：3rd Floor，NTC – HQs Building，Attaturk Avenue（East），Sector G – 5/2，Islamabad.

电话：+92 – 51 – 9245830 – 32

传真：+92 – 51 – 9245874

邮箱：dg@ ipo. gov. pk

网址：http：//ipo. gov. pk/

巴基斯坦财政局

地址：Room # 514，Block – 'Q'，Finance Division，Pak. Sectt. Islamabad.

电话：0092 – 51 – 9206382

电子邮箱：so_ coord1@ finance. gov. pk

网站：http：//www. finance. gov. pk/

巴基斯坦计划、发展改革委员会

地址："P" block Pakistan Secretariat，Islamabad.

电话：0092 – 51 – 9206639

传真：0092 – 051 – 9201777

网站：http：//www. pc. gov. pk/

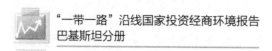

续表

私有化委员会

地址：5 – A Constitution Avenue, EDB Building, Islamabad, Pakistan.

电话：+92 – 51 – 9205146, 47, 49, 52, 53, 56, 58

传真：+92 – 51 – 9203076 – 9211692

邮箱：info@ privatisation. gov. pk

网址：http：//www. privatisation. gov. pk/

关税委员会

地址：National Tariff Commission State Life Building # 5, Blue Area Sector F – 6/4, P. O. Box 1689, G. P. O Islamabad.

电话：92 51 920 2839

传真：92 51 922 1205

邮箱：ntc@ ntc. gov. pk

网址：www. ntc. gov. pk/

巴基斯坦经济事务司

联系人：Mr. Pervaiz Ahmed Junejo, Sr. Joint Secretary.

地址 Block – C, Economic Affairs Division, Islamabad.

电话：0092 – 51 – 9201682

电子邮箱：webmaster@ ead. gov. pk

网站：http：//www. ead. gov. pk/

巴基斯坦外交部

地址：Foreign Office Building, Constitution Avenue, G – 5, Islamabad.

咨询处联系人：Sartaj Aziz

电话：0092 – 51 – 9210335

传真：0092 – 51 – 9207600

网站：http：//www. mofa. gov. pk/index. php

巴基斯坦工业生产部

地址：Room No. 101, 1st Floor, A Block Pak Secretariat, Islamabad, Pakistan.

电话：0092 – 51 – 9212164, 0092 – 51 – 9203711

传真：0092 – 51 – 9205334

网站：http：//moip. gov. pk/

续表

巴基斯坦司法与人权部
联系人：Ghulam Murtaza Khan Jatoi.
地址：Room No. 101，1st Floor，A Block Pak Secretariat，Islamabad，Pakistan.
电话：0092 – 51 – 9212164，0092 – 51 – 9203711
传真：0092 – 51 – 9205334
网站：http://www.molaw.gov.pk/

巴基斯坦科技局
电话：0092 – 51 – 9202790，9208026
传真：0092 – 51 – 9204541
电子邮件：minister@most.gov.pk
网站：http://www.most.gov.pk/

巴基斯坦贸易发展署
地址：3rd Floor，Block A，Finance & Trade Centre　P. O. Box No. 1293，Shahrah – e – Faisal，Karachi 75200 Pakistan.
传真：0092 – 21 – 99206461
电话：0092 – 21 – 99206487 – 90
电子邮件：tdap@tdap.gov.pk，tdap.support2@tdap.gov.pk
网址 http://www.tdap.gov.pk/

巴基斯坦投资局
地址：Ataturk Avenue，G – 5/1，Islamabad.
电话：0092 – 51 – 92204101、0092 – 51 – 9224101
UAN：0092 – 51 111 776 348
传真：0092 – 51 – 9215554

巴基斯坦中央银行
地址：I. I. Chundrigar Road，Karachi.
电话：0092 – 21 – 9212400，9212420
传真：0092 – 21 – 9212436，9212433
网站：www.sbp.org.pk

巴基斯坦出口加工区管理局
地址：Karachi Export Processing Zone（KEPZ），Landhi Industrial Area Extension，Mehran Highway，Karachi.
电话：+92 – 42 – 35290993
传真：+92 – 42 – 35290994
邮箱：info@epza.gov.pk
网址：http://www.epza.gov.pk/index.html

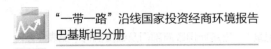

续表

旁遮普省农业部
地址：2 – Bank Road Lahore，Punjab.
电话：(042) 99210499；(042) 99210130
网址：http://www.agripunjab.gov.pk/

旁遮普省渔业部
地址：2 Sanda Road，Lahore.
电话：+92 – 42 – 9212374；+92 – 42 – 9212375
传真：+92 – 9212386
网址：http://www.punjabfisheries.gov.pk/

旁遮普省规划与发展部
地址：Planning and Development Department，Civil Secretariat，Lahore.
电话：+92 – 42 – 99210480
邮箱：info@ pndpunjab.gov.pk
网址：http://www.pndpunjab.gov.pk/

信德省投资局
地址：1st Floor，Tower B，Finance & Trade Center，Shahra – e – Faisal，Karachi.
电话：+92 – 21 – 99207512 – 4
传真：+92 – 21 – 99207515
邮箱：info@ sbi.gos.pk
网址：http://www.sbi.gos.pk/index.php

巴基斯坦证券交易委员会
电话：0092 – 51 – 9207091 – 4
传真：0092 – 51 – 9204915
地址：Securities and Exchange Commission of Pakistan National Insurance Corporation Building，Jinnah Avenue，Islamabad – 44000，Pakistan.
电子邮件：
咨询 enquiries@ secp.gov.pk
投诉：complaints@ secp.gov.pk
信息纠正：international.affairs@ secp.gov.pk

续表

巴基斯坦国家认证委员会

地址：1 - Constitution Avenue Sector G - 5/2，Islamabad，Pakistan.

电话：+92 - 51 - 9222310 - 9209509

传真：+92 - 51 - 9209510 - 9222312

网址：www. pnac. org. pk/

巴基斯坦畜牧业和奶业发展局

地址：Livestock and Dairy Development Board（LDDB），NARC Gate No. 2，Main Park Road，Islamabad.

电话：+92 - 51 - 9255701 - 2

传真：+92 - 51 - 9255703

网址：www. lddb. org. pk/

海洋渔业局

电话：（9221）2312923，2316535 - 8

传真：（9221）2316539

动物检疫局

地址：Animal Quarantine Department，69/45 - D，Nursery，Block - 6，Shahra - e - Faisal，Karachi.

电话：+92 - 21 - 34552679

传真：+92 - 21 - 34380646

网址：http：//www. mnfsr. gov. pk/

植物保护部门

地址：Department of Plant Protection（DPP），Jinnah Avenue，Shahra - e - Faisal，Malir Halt，Karachi - 27，Karachi.

电话：+92 - 21 - 99248607

传真：+92 - 21 - 99248673

网址：http：//plantprotection. gov. pk/

基础设施项目开发组

地址：Infrastructure Project Development Facility（IPDF）# 11，Street 23，Sector F - 8/2，Islamabad.

电话：+ 92 51 2851053 - 6

传真：+ 92 51 2851057

邮箱：info@ ipdf. gov. pk

网址：www. ipdf. gov. pk/

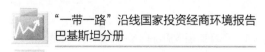

续表

旁遮普省 PPP 专项管理部门
地址：Public Private Partnership（PPP）Cell, Planning & Development Department, Government of the Punjab, Civil Secretariat, Lahore. 电话：(042) 99213964 传真：(042) 99214474 邮箱：memberppp@ pndpunjab. gov. pk 网址：http：//ppp. punjab. gov. pk/
中央棉花委员会
地址：D – 164 & D – 164/1, Block – 7, KDA Scheme No. 24, Gulshan – e – Iqbal, Karachi. 电话：+92 – 21 – 99244472 传真：+92 – 21 – 99244472 邮箱：vp@ pccc. gov. pk 网址：http：//www. pccc. gov. pk/
巴基斯坦药学委员会
地址：14 – West D Feroz Center, Blue Area, Islamabad. 邮箱：rashiddrap@ gmail. com 或 president@ pharmacycouncil. org. pk 网址：http：//www. pharmacycouncil. org. pk/
巴基斯坦医疗研究委员会
地址：Shahrah – e – Jamhuriat, G – 5/2 Islamabad. 电话：+92 – 51 – 9216793, 9207386 传真：+92 – 51 – 9216774 邮箱：pmrc@ comsats. net. pk, pmrc. rdc@ gmail. com 网址：http：//www. pmrc. org. pk/
皮革出口促进委员会
地址：3rd Floor, CMDA Tower – II, Gandhi Irwin Bridge Road, Egmore, Chennai. 电话：+91 – 44 – 28594367（5 lines） 传真：+91 – 44 – 28594363/64 邮箱：cle@ cleindia. com 网址：http：//www. leatherindia. org/

续表

可替代能源发展委员会 （总部） 地址：2nd，Floor OPF Building，Shahrah – e – Jamhuriat G – 5/2，Islamabad. 电话：051 – 9222360 – 61 传真：051 – 9222364 邮箱：support@ aedb. org （卡拉奇分部） 地址：House No. 46/2，Street No. 31，DHA，Phase – V，Karachi. 电话：+9221 – 35342708 – 10 传真：+9221 – 35847610 网址：http：//www. aedb. org/
渔业发展委员会 地址：Fisheries Development Board（FDB），Plot No. 12，Orchard Scheme，Murree Road，Islamabad. 电话：+92 – 51 – 9230352，+92 – 51 – 9230348 – 9 传真：+92 – 51 – 8358625 网址：www. fdb. org. pk
国家兽医研究室 地址：National Veterinary Laboratory（NVL），NARC Gate No. 2，Park Road，Islamabad. 电话：+92 – 51 – 9255108 传真：+92 – 51 – 9255105 网址：http：//www. mnfsr. gov. pk/
巴基斯坦竞争委员会 地址：7th Floor South，ISE Towers 55 – B，Jinnah Avenue，Islamabad，Pakistan. 电话：（+92）51 – 9100260 – 3 传真：（+92）51 – 9100251 网址：www. cc. gov. pk/
巴基斯坦私有化委员会 地址：5 – A Constitution Avenue，EDB Building Islamabad，Pakistan. 电话：0092 – 51 – 9205146，47，49，52，53，56，58 传真：0092 – 51 – 9203076 – 9211692 电子邮件 info@ privatisation. gov. pk 网站：http：//privatisation. gov. pk/

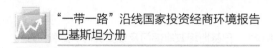
续表

巴基斯坦汽车制造商协会 地址：16 – B，Westwood Colony，Thokar Niaz Baig，Lahore. 电话：+92 – 42 – 37498474 – 5 传真：+92 – 42 – 37498476 邮箱：s. vicechairman@ paapam. com 或 vicechairman@ paapam. com 网址：http：//www. paapam. com/
巴基斯坦制革协会 地址：46 – C，21st Commercial Street，Phase – II，Extn.，Defence Housing Authority，KA-RACHI. 电话：+92 – 213 – 588 0180；+92 – 213 – 588 0184；+92 – 213 – 589 9819 传真：+92 – 213 – 588 0093 邮箱：info@ pakistantanners. org 网址：http：//www. pakistantanners. org/
巴基斯坦皮革服装制造商和出口商协会 地址：C/o National Institute of Leather Technology ST#20，Sector 7/A，Korangi Industrial Area – KARACHI. 电话：（92 – 21）35116821；（92 – 345）2322505 邮箱：plgmea@ plgmea. pk；plgmea2008@ yahoo. com 网址：www. plgmea. pk/
巴基斯坦手套制造商和出口商协会 地址：PGMEA Building，Kashmir Road，P. O. Box：1330，Sialkot – Pakistan. 电话：+92 – 52 – 4273870 / 4272959 传真：+92 – 52 – 4274860 邮箱：pgmea@ brain. net. pk ；pgmea_ skt@ yahoo. com 网址：www. brain. net. pk/
巴基斯坦鞋类制造商协会 地址：6 – F，Rehman Business Centre，32 B – III，Gulberg – III，Lahore. 电话：+ 92 42 3575 0051 传真：+ 92 42 3578 0276 邮箱：pfma@ pakfootwear. org 网址：http：//www. pakfootwear. org/

续表

巴基斯坦工商联合会

地址：Federation House, Main Clifton, Karachi – 75600.

电话：021 – 35873691 – 94

传真：021 – 35874332

电子邮件：fpcci@ cyber. net. pk

网站：www. fpcci. com. pk

畜牧与乳制品发展会

地址：Livestock & Dairy Development Board, Near National Veterinary Laboratory
　　　Gate No. 2, National Agriculture Research Center Islamabad.

电话：+92 – 51 – 9255701 – 2

传真：+92 – 51 – 9255703

邮件：ceo@ lddb. org. pk

网址：http: //lddb. org. pk/index. php

巴基斯坦大米出口商会

地址：Office No 405/421, 4th Executive Floor, Sadiq Plaza The Mall, Lahore.

电话：+92 – 42 – 36280146; +92 – 42 – 36280195

传真：+92 – 42 – 36280196

邮箱：reap@ cyber. net. pk

网址：http: //reap. com. pk/index. asp

巴基斯坦矿业发展公司

地址：PMDC 13 – H/9, Islamabad.

电话：+92 – 51 – 9265123 – 4

传真：+92 – 51 – 9265127 – 28

邮箱：pmdc@ isb. comsats. net. pk

网址：http: //www. pmdc. gov. pk/

拉合尔电力供应公司

地址：22/A Queens Road Lahore.

电话：99204820 – 30

网址：http: //www. lesco. gov. pk/

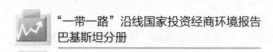
续表

民航局总部
地址：Terminal 1 Building, Karachi Airport, Karachi, Pakistan.
电话：+9221. 99071111
邮箱：support@ caapakistan. com. pk
网址：www. caapakistan. com. pk/

巴基斯坦贸易公司总部
地址：Trading Corporation of Pakistan (Pvt.) Limited, 4th & 5th Floor, FTC Building, Shara – e – Faisal Karachi.
电话：021 – 99202947 – 49（PABX）
传真：021 – 99202722
邮箱：tcp@ tcp. gov. pk
网址：www. tcp. gov. pk/

巴基斯坦农业储藏及供应公司
地址：Pakistan Agricultural Storage & Services Corporation（PASSCO）, 11 – Kashmir Road, Lahore.
电话：+92 – 42 – 99201461 – 2，+92 – 42 – 36302875 – 6
传真：+92 – 42 – 36302827
网址：www. passco. gov. pk/

附录2　中国驻巴基斯坦主要机构一览表

中国驻巴基斯坦大使馆

上班时间：8：30 - 12：00, 14：30 - 16：30（星期一至五）

电话：0092 - 51 - 8355059（办公室）0315 - 6060000（值班手机）

传真：0092 - 51 - 2872660

地址：Ramna 4, Diplomatic Enclave, Islamabad, Pakistan.

中国驻巴基斯坦大使馆经济商务参赞处

工作时间：8：30 - 12：00, 14：30 - 16：30（星期一至五）

电话：0092 - 51 - 2610828　（投资咨询）

0092 - 51 - 2610824（承包工程、中资企业协会）

0092 - 51 - 2610823（援外、培训和研讨班）

0092 - 51 - 2610825（贸易、展会）

0092 - 51 - 2610822（会计）

传真：0092 - 51 - 2651825

邮箱：pk@ mofcom. gov. cn

地址：House No. 6, Street No. 6, Sector F - 7/3, Islamabad, Pakistan.

中国驻卡奇总领事馆经济商务参赞室

电话：0092 - 21 - 34530917（礼宾、安全、综合）

0092 - 21 - 34530913（承包工程）

0092 - 21 - 34530919（贸易）

0092 - 21 - 34530917（展会、援外）

传真：0092 - 21 - 34530525, 34551156

电子邮箱：karachi@ mofcom. gov. cn

通信地址：43 - 6 - B, Block 6, P. E. C. H. S, Karachi, Pakistan.

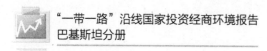
续表

中巴联合投资公司

总部地址：13th Floor，Saudi Pak Towers 61 – A，Jinnah Avenue，Blue Area，Islamabad Pakistan.

电话：0092 – 51 – 2099666，2800281 – 6

传真：0092 – 51 2800297

网址：http：//pakchinainvest. com

电子邮件：info@ pakchinainvest. com

参考文献

［1］ 商务部国际贸易经济合作研究院．对外投资合作国别（地区）指南——巴基斯坦，2014

［2］ 世界银行．世界发展数据手册 2013 年．北京：中国财政经济出版社，2013

［3］ 中国出口信用保险公司．巴基斯坦国家风险分析报告 2014 版．2014

［4］ 国家风险评级课题组．2013 年中国海外投资国家风险评级报告．

［5］ 马薇．巴基斯坦纺织厂协会要求保护国内纱线市场［J］．纺织机械，2015，（1）

［6］ 杨翠柏，刘成琼．列国志——巴基斯坦［M］．北京：社会科学文献出版社，2005

［7］ 国际货币基金组织《IMF 世界经济展望（2015）》，2015

［8］ 美国商务外事司 & 美国国家发展局．Doing business in Pakistan. 2014

［9］ 旁遮普省政府计划发展委员会．PUNJAB GROWTH STRATEGY 2018. 2015（3）

［10］ 巴基斯坦消除贫困基金会．Balochistan Strategy. 2013

［11］ 开伯尔 - 普什图省政府．INTEGRATED DEVELOPMENT STRATEGY 2014 - 2018. 2014

［12］ 王旭．中巴经贸发展：现状与挑战［R］．印度洋地区发展报告（2014）［M］．北京：社会科学文献出版社，2014

［13］ 商务部．对外投资合作国别（地区）指南——巴基斯坦．北京：中国商务出版社，2014

［14］ 中国海关信息网 http：//www. haiguan. info/

［15］ UN Comtrade 数据库 http：//comtrade. un. org/

[16] 梁明，李西林．中国自由贸易区发展报告 2012．北京：中国商务出版社，2013

[17] 巴基斯坦央行网站 http：//www. sbp. org. pk/ecodata/index2. asp. IMPORTS OF GOODS BY COUNTRY / COMMODITY AND SERVICES BY COUNTRY / TYPE. 2015（7）

[18] 涂竞．从中巴常见贸易纠纷类型析拓展欠发达地区出口市场应注意问题．中国商务部驻卡拉奇总领馆经商室，2010 － 12 － 11

[19] 中国驻巴基斯坦商赞处网站 http：//pk. mofcom. gov. cn/aarticle/jmxw/200702/20070204410751. html. 巴基斯坦通过中国经济特区一揽子经济政策．2015（8）

[20] 巴基斯坦投资局网站 http：//boi. gov. pk/

[21] 中国驻巴基斯坦商赞处 http：//pk. mofcom. gov. cn/

[22] 统计局．中国统计年鉴［M］：2003. 2006、2007、2008、2009、2010、2011、2012、2013、2014

[23] 巴基斯坦财政局．Pakistan Economic Survey 2014 – 15. 2015（3）

[24] 王旭．中巴经贸发展：现状与挑战［R］．印度洋地区发展报告（2014）［M］．北京：社会科学文献出版社，2014

[25] 丘文敏．走近海尔－鲁巴经济区［J］．大经贸，2007

[26] 李奇伟．巴基斯坦甘蔗科研生产考察报告［J］．甘蔗糖业，2010（6）：14 － 40

[27] 周行．巴基斯坦的水稻生产概况［J］．世界农业，2007（4）：1 － 3

[28] 方敏．巴基斯坦的畜牧业投资机会［R］．中国牧业通讯，2006（14）

[29] 闵宽洪．巴基斯坦渔业发展概况［R］．科学养鱼杂志，2014（4）

[30] 人民日报．投资巴基斯坦农业大有可为［J］．人民日报海外版，2004（7）：1 － 2

[31] 萨吉德·拉提夫·谢赫．中国巴基斯坦合作潜力大［EB/OL］http：//www. cottonchina. org/news/pubzmb. php? articleid = 167197

[32] 廖爱玲．中国杂交小麦将"种进"巴基斯坦［N］．新京报，2014（3）

[33] 滑国华．巴基斯坦奶业发展现状及存在的问题［J］．中国奶牛，2005（6）：56 － 58

［34］中国商务部.巴基斯坦渔业发展现状及中巴合作展望［EB/OL］

［35］刘卫国.巴基斯坦矿业资源与矿业投资政策［EB/OL］http：//karachi. mofcom. gov. cn/article/ztdy/200411/20041100309866. shtml

［36］贺斌.巴基斯坦宝石业探秘［N］.光明日报，2015（6）

［37］驻巴基斯坦使馆经商处.巴基斯坦建筑业发展现状与前景［EB/OL］ht-tp：//pk. mofcom. gov. cn/aarticle/ztdy/200803/20080305410936. html

［38］王永军.巴基斯坦房地产市场［R］.巴基斯坦：驻卡拉奇总领馆经商室，2008

［39］尹继武."一带一路"投资政治风险研究之巴基斯坦［EB/OL］http：//opinion. china. com. cn/opinion_ 83_ 128483. html，2015 – 04 – 29

［40］贺斌.巴基斯坦移动通信即将迈入 3G/4G 时代［N］.光明日报，2014 – 08 – 31（6）

［41］巴基斯坦商务部.巴基斯坦贸易政策三年战略框架（2012 – 2015）. ht-tp：//www. commerce. gov. pk/？ page_ id = 5，2012（8）

［42］巴基斯坦规划、发展和改革委员会.巴基斯坦展望 2025. http：//www. pc. gov. pk/？ p = 2461，2015

［43］巴基斯坦国家统计局数据库，http：//www. pbs. gov. pk/

［44］世界银行世界发展指数（World Development Indicator），http：//data. worldbank. org/data – catalog/world – development – indicators

［45］巴基斯政府网站 http：//www. pakistan. gov. pk/

［46］巴基斯坦央行网站 http：//www. sbp. org. pk

［47］卡拉奇政府网站 http：//www. kmc. gos. pk/

［48］中国驻巴基斯坦商赞处网站 http：//pk. mofcom. gov. cn

［49］中华人民共和国外交部网站 http：//www. fmprc. gov. cn/

［50］旁遮普省政府网站 http：//www. punjab. gov. pk

［51］费萨拉巴德政府网站 http：//www. faisalabad. gov. pk/

［52］费萨拉巴德发展委员会网站 http：//www. fda. gov. pk/

［53］拉瓦尔品第政府网站 http：//rawalpindi. gov. pk/

［54］卡拉奇港口网站 http：//kpt. gov. pk/Default. aspx

［55］卡西姆港口网站 http：//www. pqa. gov. pk

［56］瓜达尔港口网站：http：//www. gwadarport. gov. pk

［57］巴基斯坦财政局网站 http：//www. finance. gov. pk/

［58］巴基斯坦统计局网站. LABOUR FORCE SURVEY 2013 – 14. 2015（3）

［59］巴基斯坦央行. Monetary Policy Statement July 2015. 2015（7）

［60］巴基斯坦财政局. Budget in Brief 2014/2015. 2015（6）

［61］World bank. Doing Business 2015. World bank，2014

［62］WTO，https：//www. wto. org/english/res_ e/res_ e. html

［63］State bank of Pakistan Infrastructure Taskforce，The Pakistan Infrastructure Report

［64］Atul Kumar. China – Pakistan economic relations. IPCS Special Repoer，2006：30

［65］Ministry of Finance，Government of Pakistan，Pakistan Economic Survey2012 – 2013，Islamabad，2013

［66］Muhammd Asif，Energy Crisis in Pakistan［M］. Oxford University press，2011

［67］Pakistan Petroleum Information Service，Energy Infrastructure Map，2012

［68］Economic structure：IMF，International Financial Statistics；Government of Pakistan，Finance Division，Economic Survey 2010/2011

［69］WTO，Trade Policy Review – Pakistan，WTO，2015（6）

［70］State Bank of Pakistan，Annual Report FY2014 – Growth，Investment and Savings，2014

［71］Pakistan，statistics of population，labourforce，and employment，2014 – 15，2015

［72］Ministry of Finance，Pakistan Economic Survey 2014 – 15，http：// www. finance. gov. pk/survey_ 1415. html，Ministry of Finance2015

［73］Ministry of Finance，annual plan 2014 – 15，Ministry of Finance，2015

［74］Nasir Javaid Chowdhry，Growth Challenges of Pharmaceutical Industry in Pakistan，Sep. ，2014

［75］Nasir Javaid Chowdhry，Growth Challenges of Pharmaceutical Industry in Pakistan，Sep. ，2014

[76] Pakistan Pharmaceutical Manufacturers' Association, Pakistan Pharmaceutical Industry, http: //www. ppma. org. pk/PPMAIndustry. aspx, 2013

[77] Ministry of National Health Services, Regulations and Coordination, Drug Pricing Policy 2015, March, 2015

[78] Ministry of Health Services, Regulations and Coordinations and World Health Organization, Pharmaceutical Country Profile of Pakistan, November 2010

[79] Dr. Shagufta Zareen, The Role of Automobile Industry in the Economy of Pakistan Its Growth, Federal Board of Revenue, 2008

[80] Policy Research Institute of Market Economy, Policy Brief on Automobile Sector, 2015

[81] Pakistan Association of Automotive Parts & Accessories Manufacturers (PAA-PAM), Comparison of Pakistan & Indian Automobile Industry, 2015 – 1 – 12

[82] State Bank of Pakistan, Country – commodity Matrix FY14, 2014

[83] Economist Intelligence Unit, 《Country Report – Pakistan》, United Kingdom. 2015 – 3 – 20

[84] National Renewable Energy Laboratory of United States, Pakistan Annual Global Horizontal Solar Radiation, 2007（2）

[85] Dr. Muhammad Shahid Khalil, Renewable Energy in Pakistan: Status and Trends, 2010

[86] Federal Board of Finance, Highlights of the Pakistan Economic Survey 2014 – 15, Federal Board of Finance, http: //www. finance. gov. pk/survey/chapters_ 15/Highlights. pdf, 2015

[87] Punjab Board of Investment and Trade, Retail Sector Report, Punjab Board of Investment and Trade, 2012

[88] Deloitte, The Path to 2020—Taking the long view of retail market entry, Deloitte, 2013

[89] Ministry of Planning, Development and Reform, Public Private Partnerships, Ministry of Planning, Development and Reforms

[90] Government of Pakistan, Pakistan Policy on Public Private Partnerships, Government of Pakistan, 2011

［91］ WTO, Trade Policy Review of Pakistan 2015, WTO, 2015（6）

［92］ Punjab Board of Investment & Trade（PBIT） - 《PAK - CHINA ECONOM-IC CORRIDOR》, 2015

［93］ Clay, M, Hamilton. Cotton and Products Annual 2014［R］. Pakistan: USDA Foreign Agricultural Service, 2014

［94］ World Rice Production 2015/16［EB/OL］. https: //www. worldriceproduction. com.

［95］ Clay, M, Hamilton. Grain and Feed Annual 2014［R］. Pakistan: USDA Foreign Agricultural Service, 2014

［96］ Trade Development Authority of Pakistan, Report on export of kinnow, 2010

［97］ Sindh Board of Investment, Prefeasibility - Mango pulping unit and dry mango products, 2010

［98］ Food and Agriculture Organization of the United Nations. Dairy Development in Pakistan［R］. Pakistan: Umm e Zia, T. Mahmood and M. R. Ali, 2011

［99］ Orestes, H, Vasquez. Pakistan Sugar Annual［R］. Pakistan: USDA Foreign Agricultural Service, 2013

［100］ Dmitry, Prikhodko. Pakistan Review of the wheat sector and grain storage issues［R］. Pakistan: FAO Investment Center, 2013

［101］ Islamabad Chamber of Commerce&Industry, Report on mangoes from Pakistan

［102］ Dmitry, Prikhodko. Pakistan Review of the wheat sector and grain storage issues［R］. Pakistan: FAO Investment Center, 2013

［103］ Shoaib - ur - Rehman, Siddiqui. Australia plans investment in citrus sector of Pakistan［EB/OL］

［104］ Lahore Agriculture Business Division, Kinnow Processing Plant, 2011

［105］ Muhammad, Mohsin. A Preliminary Study on Fisheries Economy of Pakistan: Plan of Actions for Fisheries Management in Pakistan［R］. Pakistan: Canadian Journal of Basic and Applied Science

［106］ EconomyWatch. Pakistan Oil and Gas Industry［EB/OL］. http: // www. economywatch. com/world - industries/oil/pakistan - oil - gas. html

[107] Natural, Resource, Wing. An Overview of Mineral Potential of Pakistan [R]. Pakistan: Ministry of Petroleum&Natural Resources, 2013

[108] Government of Balochistan. Mineral Reserves in Balochistan [EB/OL]. http: //www. balochistan. gov. pk/ ~ balochi/images/minespdf/Mineral% 20 Reserves%20in%20Bln%

[109] National Mineral Policy – 2013 [R]. Pakistan: Ministry of Petroleum and Natural Resources, 2013

[110] Rizwan U Farooqui and Syed M Ahmed. Assessment of Pakistani Construction Industry – Performance and the Way Forward [R]. USA: Florida International University, 2008

[111] Build Asia. Housing & Construction Industry of Pakistan [EB/OL]. http: //www. buildasia. net/page. php? id = 143

[112] Board of Investment. Investment Policy [R]. Pakistan: Board of Investment, 2013

[113] KPMG. Investment in Pakistan. . [R]. Pakistan: KPMG, 2013

[114] Global property guide. Pakistan capital gains tax rates and property income tax [EB/OL]. http: //www. globalpropertyguide. com/Asia/Pakistan/Taxes – and – Costs

[115] Islamabad Chamber of Commerce&Industry, An overview of electricity sector in Pakistan

[116] Government of Pakistan, National Power Policy 2013

[117] Spearhead Research, Pakistan's Water Crisis, 2013

[118] Government of Pakistan Ministry of Environment, National Drinking Water Policy, 2009

[119] All Pakistan Federation of United Trade Unions. Labor Laws Pakistan [EB/OL]. http: //labourunity. org/labourlaws. html

[120] Export Processing Zones Authority. Incentives [EB/OL]

[121] Board of Investment. FDI Strategy 2013 – 17 [R]. Pakistan: Board of Investment, 2013

[122] United Nations Investment Policy Hub. Pakistan [EB/OL]. http: //in-

vestmentpolicyhub. unctad. org/IIA/CountryIris/160#iiaInnerMenu

[123] Punjab Board of Investment&Trade, Punjab Investment Guide 2012

[124] Punjab Board of Investment&Trade. Punjab Investment Highlights [EB/OL]. http://www. pbit. gop. pk/eng/punjab – investment – highlights

[125] Sindh Board of Investment. Ease of investment [EB/OL]. http://www. sbi. gos. pk/ease – of – investment. php

[126] Knowledge Management. Doing Business in Pakistan [EB/OL]. http://www. kmincorp. com/km/index2. php? option = com _ content&do _ pdf = 1&id = 19

[127] Federal Department of Foreign Affairs (Switzerland), Pakistan Business Guide, 2013

[128] SECP. Foreign Companies' Guide [R]. Pakistan: Registration Department